高职高专物流管理专业教学改革系列教材

物流运筹方法与工具

第 2 版

主 编 彭秀兰 章 良

参 编 胡姗姗

机械工业出版社

本书根据职业院校物流管理相关专业的教学要求及特点编写而成，以培养学生掌握物流系统优化的常用方法和工具为目的，以实例结合理论，将应用技术具体化；减少数学公式推导，通俗易懂，强调应用；着重讲解解决问题的方法和思路，把理论当作工具来应用；通过实例来讲解必要的理论，再配合练习来巩固基础知识。每章针对物流实践领域中的一个优化管理问题，各章内容相对独立。全书内容包括：物流运筹方法与工具概述、物流决策分析、物流资源配置规划、物流任务指派、物资调运方案优化、运输路径规划、物流项目计划技术、物流需求预测、库存水平控制等。

本书可以作为高职高专、五年制高职、应用型本科等院校物流管理相关专业的教材，也可以作为中职学校相关专业的教材，还可作为物流管理从业人员的培训教材和自学读本。

图书在版编目（CIP）数据

物流运筹方法与工具/彭秀兰，章良主编. —2版. —北京：机械工业出版社，2018.5（2023.12重印）
高职高专物流管理专业教学改革系列教材
ISBN 978-7-111-59142-9

Ⅰ. ①物… Ⅱ. ①彭… ②章… Ⅲ. ①物流管理—高等职业教育—教材 Ⅳ. ①F252

中国版本图书馆 CIP 数据核字（2018）第 027233 号

机械工业出版社（北京市百万庄大街 22 号　邮政编码 100037）
策划编辑：孔文梅　　责任编辑：孔文梅　张潇杰
责任校对：刘　岚　　封面设计：鞠　杨
责任印制：邸　敏
北京富资园科技发展有限公司印刷
2023 年 12 月第 2 版第 7 次印刷
184mm×260mm・13.5 印张・328 千字
标准书号：ISBN 978-7-111-59142-9
定价：39.00 元

电话服务　　　　　　　　网络服务
客服电话：010-88361066　　机　工　官　网：www.cmpbook.com
　　　　　010-88379833　　机　工　官　博：weibo.com/cmp1952
　　　　　010-68326294　　金　书　网：www.golden-book.com
封底无防伪标均为盗版　　　机工教育服务网：www.cmpedu.com

前　言

进入 21 世纪以来，现代物流业在我国迅速发展，物流理论研究和物流实践活动广泛开展，物流的基本概念、物流成本管理、物流质量管理、物流功能要素管理等有关物流理论的内容得到了普及，相对而言，有关物流实践活动的数量化分析方法的应用就要少得多。在物流实践活动中，还存在大量凭经验、凭勇气的粗放式管理方法。今天的竞争已经在更高的层面上展开，没有精确的、定量的、深刻的分析将会方向不明、目标不清、行动不力，使企业处在极其不利的地位。所以，有关物流实践活动的定量优化方法和技术，已成为现代物流管理者理论素养中不可或缺的部分。

本书介绍的物流运筹方法和工具是由运筹学优化模型转化而来的。运筹学作为一门以定量研究为主的应用性学科，为物流管理优化提供了有力的工具，因此被物流管理相关专业确定为专业基础课程。运筹学模型化方法（定量化分析方法）把实际问题归结为相应的模型问题并求解，然后进行定量和定性分析，进而为管理者决策提供科学的依据。但是，职业院校在校学生的数学基础知识相对薄弱，难以应对运筹学中的公式推导及解题技巧的处理，而后续专业课的学习，又需要他们了解和掌握相关的定量化分析方法去解决实际问题。为了更好地满足后续专业课的学习需要，本次修订的基本原则是，基于学生的数学知识基础状况和思维认知特点，架构在运筹学学科的基础上，借助其优化理论和定量方法，将其转化为易掌握的优化思路和具体的运筹方法与工具，培养学生的优化思维以及定量分析能力，为专业课的学习提供强有力的支撑。同时希望修订后的教材能成为更有效的教学工具，避免本科教材的理论推导和软件求解应用的研究，更不能成为一本"数学"教材。

此次修订也力争为基层管理人员提供一本实用的定量分析方法方面的培训教材和自学读本，满足其能以优化思路和方法解决实际问题、改善管理决策质量、把物流活动运作得更好的需要。

修订版以物流管理相关专业课中涉及的定量分析方法为基础，并根据我们多年教学经验，重构了内容体系。与第 1 版相比，增加了配送路线优化和库存水平控制的内容，删除了动态规划的内容，对其他章节进行了重新梳理。

修订版的编写目标是帮助学习者掌握解决实际问题的优化思路和基本方法。基于此，本书在知识点内容表达上力求通俗易懂，将数学描述语言尽可能转化为对具体问题的描述，通过具体事例直观展示原理和方法，只讲解必要的理论，简化数学公式的推导，不强求理论的完整性及解题技巧处理。例如，"线性规划"用"物流资源配置规划"来表达，直达其意；又如各章优化求解算法部分内容，将难懂的定量求解方法转化为具体问题的解决思路，把定理当工具来使用，去解决一些简单的情境问题。

书中的每一章都对应一个物流实践领域问题，各章内容相对独立。遵循学生的认知水平和认知规律，按照感性认识→抽象的概念、符号→实践应用的顺序编排各章内容结构。每章设有知识点和能力点、引导案例、问题概述、优化方法介绍、应用举例、小结、习题。

此次修订的编写者是从事物流管理、运输管理专业课教学的专业教师，熟知专业课教学中对定量分析方法的需要及要求程度，并且也长期从事"运筹学"课程的教学工作。所以，能准确把握专业课教学及物流实践对定量分析方法的教学要求，能保证修订教材内容与后续专业课程教学进行准确的对接。

  本书共分九章，编写分工如下：彭秀兰编写第一、二、六、九章，章良编写第三、四、五章，胡姗姗编写第七、八章；由彭秀兰拟订提纲，并对全书初稿进行修改和总纂。

  在本书的编写过程中，参考了大量的文献资料和相关的网络资源，引用了一些专家学者的研究成果，在此对这些文献作者表示诚挚的谢意。由于水平有限，书中难免出现不妥及错误之处，恳请广大读者批评指正。

  为方便教学，本书配备了电子课件等教学资源。凡选用本书作为教材的教师均可登录机械工业出版社教育服务网 www.cmpedu.com 免费下载。如有问题请致电 010-88379375，QQ：945379158。

编 者

目 录

前 言

第一章 物流运筹方法与工具概述 1
    第一节 物流的含义 2
    第二节 物流分析与运筹学 3
    第三节 物流运筹常用的方法与工具 7
    小结 10
    习题 10

第二章 物流决策分析 11
    第一节 决策分析概述 12
    第二节 不确定条件下的决策法 16
    第三节 风险条件下的决策法 19
    第四节 系统评价技术 23
    第五节 应用举例 29
    小结 37
    习题 37

第三章 物流资源配置规划 41
    第一节 资源配置规划概述 43
    第二节 线性规划模型及求解 44
    第三节 图解法 47
    第四节 单纯形法 51
    第五节 应用举例 57
    小结 61
    习题 61

第四章 物流任务指派 66
    第一节 任务指派概述 67
    第二节 指派问题的匈牙利法 69
    第三节 0-1 规划问题 73
    第四节 应用举例 76
    小结 80
    习题 80

第五章 物资调运方案优化 84
    第一节 物资调运问题概述 85
    第二节 表上作业法 86
    第三节 图上作业法 92
    第四节 应用举例 95

小结 98
　　习题 99

第六章　运输路径规划 103
　　第一节　运输路径规划概述 104
　　第二节　线路选择的最短路法 107
　　第三节　运输网流量分布的最大流法 109
　　第四节　线路网布局的最小树法 114
　　第五节　车辆配送路线的优化 117
　　第六节　应用举例 128
　　小结 134
　　习题 134

第七章　物流项目计划技术 144
　　第一节　网络计划技术概述 145
　　第二节　网络计划技术方法 149
　　第三节　应用举例 155
　　小结 161
　　习题 161

第八章　物流需求预测 167
　　第一节　需求预测概述 168
　　第二节　时间序列预测法 171
　　第三节　回归模型预测法 176
　　第四节　季节性变动的预测 182
　　第五节　应用举例 182
　　小结 186
　　习题 187

第九章　库存水平控制 190
　　第一节　库存控制概述 191
　　第二节　推动式库存控制法 195
　　第三节　拉动式库存控制法 196
　　第四节　应用举例 205
　　小结 206
　　习题 207

参考文献 210

第一章
物流运筹方法与工具概述

本章知识点

1. 理解物流、物流综合效益的含义。
2. 掌握物流系统分析、物流优化技术的含义。
3. 理解系统模型的含义、形式、特征及要求。
4. 了解"运筹学"的含义及其研究问题的方法。
5. 了解系统模型化方法解决问题的步骤,模型与管理者的关系。
6. 了解运筹学模型的特点及运筹学的分支。
7. 了解物流与运筹学的发展关系。
8. 理解定量分析方法的应用步骤。

作为一名物流管理从业人员,你必须时时面对各种物流项目做出决策。要想成为一名合格的物流管理人员就必须掌握物流活动的数量分析工具。在物流作业和管理中常常会有这样的问题需要你去解决,如:"路径规划"问题、"合理选址"问题、"车辆调度"问题、"货物配装"问题、"物流资源(人员或设备)指派"问题、"投资分配"问题、"合理下料"问题等。我们先看下面的案例。

引导案例

仓储产品的布局问题

超能公司是一家大型公共仓储公司的地方分公司。该公司的管理层过去成功地应用了科学管理技术,现正在考虑其布局问题,以确定科学技术是否能够在这一领域带来成本节约。公司选择了一个特定的仓库进行考查。该仓库有两个收货站(R1,R2),一个发货站(S1),六个货位,储存了经仓库流转的三种主要产品。

管理层发现,由于订单规模、收货地点、收货数量和其他类似因素的影响,每个货位供应和分拨产品所需要的时间不同,服务时间取决于产品及货位在仓库中的位置。各产品和货位的搬运成本与搬运时间有直接关系,见表1-1。

表1-1 不同区100单位产品的搬运时间[①] (单位:h)

货位	产品 i	产品 ii	产品 iii
1	0.90	0.75	0.90
2	0.80	0.65	0.95
3	0.60	0.70	0.65
4	0.70	0.55	0.45
5	0.50	0.50	0.45
6	0.40	0.45	0.35

① 3个月期间内。

> 每个货位对各种产品的储存能力不同，具体储存能力资料如表 1-2 所示。
>
> 表 1-2 各产品储存能力资料
>
> | 产品 | 货位容积 |
> | --- | --- |
> | i | 5 000 |
> | ii | 3 000 |
> | iii | 6 000 |
>
> 管理层预测，至少需要对 11 000 单位的产品 i、4 000 单位的产品 ii 和 12 000 单位的产品 iii 在未来 3 个月的库容需求进行规划。问题是：如何分配适当数量的各种产品到不同的货位，从而实现所有产品的总搬运成本最小？

上述仓储产品布局问题可以说是一个微型物流系统优化问题，要正确地回答上述问题，定量分析是必不可少的工具。本章将提供物流作业和管理中常用的物流运筹方法与工具的概貌，由于这些数量分析方法是物流系统优化的主要工具，所以本章从理解物流的含义展开，介绍物流系统分析和优化的意义，模型化方法及常用的运筹学模型等内容。

第一节 物流的含义

物流是一个富有现代内涵的概念。世界经济的迅速发展和科学技术的不断进步，使物流对经济贸易活动的影响与日俱增，受到人们越来越多的关注。在国际上，物流作为新兴的服务产业被认为是国民经济发展的动脉，被视为继原材料、劳动力之外的"第三利润源泉"。在中国加快现代物流的发展，以此不断增强企业竞争力，优化资源配置，提高经济运行质量，对推动国民经济持续良性的发展具有十分重要的意义。

物流（Physical Distribution）一词产生于 20 世纪初期的美国。1935 年美国销售协会对物流进行定义："物流是指从生产到消费，在物质资料的销售和服务过程中所伴随的经济活动。"在第二次世界大战中，围绕战争供应，美国根据战时需要，建立了"后勤"（Logistics）理论，并将其运用到战时的物资运输、补给、屯驻等全面管理。此时的"后勤"主要是指将战时物资装备的生产、采购、运输和配给等活动作为一个整体运作，以此保证物资装备补给费用最低、速度最快、服务最好，保证战争的胜利。战后，后勤理论引入到工业和商业，被人们称为"工业后勤"、"商业后勤"，这时，"后勤"包含了商品生产过程和商品流通过程的物流。"后勤"理论中的系统优化技术方法就是运筹学的主要内容。

日本的物流概念是 20 世纪 50 年代直接从 Physical Distribution 翻译过来的，当时译为"物的流通"。20 世纪 80 年代中期，日本开始采用 Logistics 一词。现在的日本已经成为世界上物流最发达的国家之一。

《中华人民共和国国家标准：物流术语（GB/T 18354—2006）》中把物流概念表述为："物品从供应地向接受地的实体流动过程。根据实际需要，将运输、储存、装卸、搬运、包装、流通加工、配送、信息处理等基本功能实施有机结合。"

随着物流概念的国际化，物流的内涵和外延有了新的发展。目前，绝大多数国家采用了后勤（Logistics）的概念。虽然对物流的理解和概念的表达方式尚存有一定的差别，但有一点已达成了共识，那就是现代物流更注重生产、采购、运输、储存、物料搬运、包装及信息等的系统整合,从而达到整个物流系统活动的整体最优化。

物流活动是一种经济活动,其实体是人,而物流概念中的实体是物质资料。这样通过人们的各种物流活动,使物质资料从供应地移动到消费地,将各种物流活动整合,从而实现其综合效益,这正是现代物流的魅力所在。所以我们需要经常进行物流系统活动分析和优化工作。即一线物流管理实际工作者需要掌握获取数据、建立模型、找出优化方案的思路和方法,以解决实际问题,实现物流系统活动"1+1>2"的综合效益。

第二节 物流分析与运筹学

一、物流活动分析和优化

1. 物流系统分析

物流系统分析是物流系统综合、优化、决策及设计的基础。物流系统分析指从系统的观点出发,对物流项目进行分析研究,寻找可能采取的方案,并通过分析对比,为达到预期目标而选出最优方案,这样一个有目的、有步骤的探索和分析的过程称为物流系统分析。

物流系统分析的对象(物流项目)可能是一项简单的作业活动,例如,对收货码头(站台)搬运进货的人员进行"时间和作业"研究,或在全国范围内甚至在世界范围内对一个企业的整个物流系统进行彻底的整合,包括该企业与许多供货厂商和用户的长期伙伴关系。物流系统分析是物流系统优化的基础。物流系统分析过程中的观察了解为统计分析提供数据,经分析建立物流网络规划模型。模型通常模拟某一现实环境条件下,显示或预测系统对各种可能发生情况的反应。在模拟或解析分析的基础上,对整个物流系统进行细心设计,以实现其整合的目标——通过组织"物"的流动,实现物流系统本身所消耗与所获得的合理比例。

2. 物流系统优化的发展

众所周知,管理科学形成初期,主要应用于生产领域,旨在提高劳动生产率。当生产发展到一定阶段,大规模生产、大量消费促使经济活动中的物流规模日趋庞大和复杂,物流活动的低效率、高成本成为社会再生产发展的制约因素,因此,管理科学与技术的重心会向流通领域转移。美国、德国、英国等国家的专家普遍认为,现代工业发达国家已从生产性社会过渡为供应性社会,经济水平的提高主要取决于物流效率,而不是生产过程本身。1997年英国物料搬运中心对全英国物料搬运费用进行调查统计,结果表明,在从原料获取到把产品送至用户的整个过程中,只有27%的费用是生产成本,其他都消耗在供应、销售、存储和运输等过程中。在这种情况下,企业把注意力重点放在降低生产劳动成本上是"不得要领",明智而有效的办法是改善物流。现代管理技术与方法应用到物流后,迅速产生了"十分惊人的效果"。1994年美国的物流年度开支恰好比GNP的10%略少。这使一些发达国家感到"物流确实是桩大生意"。

人们纷纷将视线转移到物流这个尚未被触及的新领域。学者和专家开始研究物流过程规律性及物流管理方法。研究如何对物流过程中的有限资源(如物质资源、人力资源、奖金、时间与信息等)进行计划、组织、协调和控制,以期达到最佳效率和最大效益。这就使对物流系统活动的分析和优化成为物流管理者最重要的工作之一。

3. 物流优化技术

对物流系统分析和优化的方法主要来自于自然科学和技术科学的研究方法，如信息论、系统论、经济数学和运筹学等。本教材所介绍的物流优化技术方法主要来源于运筹学这门学科。

所谓物流优化技术，是指物流活动中所采用的自然科学与社会科学方面的理论、方法以及设施、设备、装置与工艺的总和。它包括在采购、仓储、运输、装卸、流通加工和信息处理等物流活动中所使用的各种工具和其他设备，以及由科学理论知识和实践经验发展而成的各种方法、技能及作业程序等。

物流优化技术按形态可以分为硬技术和软技术。

物流硬技术是指组织实物流通所涉及的各种机械设备、运输工具、仓储设施、站场、电子计算机和通信设备等。20世纪70年代前，物流活动是硬技术为主导型，如大型货运专用船、集装箱、自动仓库、立体仓库等。目前，发达国家的物流技术发展迅速，物流设施与装备标准化程度较高，以EDI和互联网等为基础的物流信息系统得以广泛应用。

物流软技术是指以提高物流系统整体效益为中心的技术。具体包括各种物流设施、设备的优化组合、搭配与衔接；物流中心和配送中心作业、物流运输终端的合理配置；物流路径的最佳选择；物流的库存控制；物流的项目计划合理安排等。也就是说，软技术是最充分地发挥硬技术的潜力，实现最合理的运用，获得最佳经济效果的技术。当前，物流技术发展的主导方向是软技术的研究、开发和应用。

本教材属于物流软技术应用范畴。其中介绍的运筹学优化技术方法是物流实践活动中主要的优化工具之一，是物流管理人员必备的数量分析工具。运筹学是物流活动优化的技术支持，所以接下来简单介绍一下运筹学这门学科。

二、运筹技术

1. 运筹学含义

第二次世界大战时期，美军开始系统地研究军事后勤问题以及后勤中的物资和武器设备调运问题，研究成果后来分别发展为物流学和运筹学。运筹学在战后更是被应用到包括经济在内的相关行业，并迅速发展成为一门比较完备的学科。运筹学（Operation Research，简称OR）是用数学方法研究各类系统最优化问题的一门学科。它着重研究发挥各类系统的效能，应用数学模型或模拟模型来求得合理运用人力、物力和财力的最优系统方案，以提供科学决策的有关信息。因此，应用运筹学解决问题的动机是为决策者提供科学决策所需的依据，即帮助决策人员科学地决定处理问题的方针和行为。目的是求得系统最优化方案，即制订合理地运用人力、物力和财力的最佳方案。运筹学的研究对象是各类系统，它可以是工业、农业、商业、流通业、民政和国防等部门的已有系统或新建系统。可以说，运筹学是一门在实践中得到广泛应用的学科。

英文"OR"一词，直译是"作业研究"。中国科学工作者从《史记·高祖本纪》中"夫运筹于帷幄之中，决胜于千里之外"摘取"运筹"一词作为"OR"的意译，其含义是运用筹划、出谋献策，以策略取胜等，比较确切地反映了"OR"一词的内涵。

运筹学的研究方法是应用数学语言或逻辑语言描述实际对象系统，建立相应的数学模型或模拟模型并据此求得数值解。制订决策是运筹学应用的核心，建立模型是运筹学方法的精髓。学习运筹学要掌握的最重要技巧是对运筹学模型的表达、运算和分析的能力。

2．运筹学模型

运筹学中的各种模型，统称为系统模型。

（1）系统模型　首先把我们所研究的问题看作一个系统，用系统的观点分析和解决问题。所谓系统模型，就是把构成系统（所研究的问题）的各个要素，通过适当的筛选后，用数学方程、图表及实物形式来描述系统的结构和系统未来行为的一种简明映像。一般在解决问题之前，为了观察和分析所研究问题的结构和其未来的行为，可以依靠所建的系统模型来有效地获得解决该问题所需的参数和设定各种制约条件；并通过系统模型对系统的各种替代方案进行定量计算和定性分析，以提供科学决策所需要的信息。对于规模庞大结构复杂的大问题，系统模型的建立尤为重要。

简单说，模型是对客观实体或事态的描述，有不同的表现形式。例如，仿真飞机是飞机的模型，玩具卡车是真卡车的模型，这样的模型称为形象模型；汽车里的速度表，指针的位置是真实车速的表现，温度计也是一样，这样的模型称为模拟模型；还有用点和线连接起来的表示公路网、地下管道网等的网络图模型；第四种模型是运用一系列符号和数学关系对事物进行描述，一般称为数学模型，它是定量分析中的关键环节，是本书后面章节中的重点内容。

系统模型有如下三个特征：①它是现实世界一部分的抽象和模仿；②它是由那些与分析的问题有关的要素所构成；③它表明了系统有关要素间的逻辑关系或定量关系。

系统模型可以保证用较少时间和费用、较小的风险来开发最优系统并提供信息。由于系统模型在系统分析和优化实践中有着重要地位，因此对系统模型有如下的基本要求：①现实性，即要求所构造的系统模型在一定程度上能够确切反映系统客观实际状况；②简洁性，即在对现实性要求的基础上，尽可能使模型简单明了，以节约构模和求解的时间；③适应性，即随着建模时某些具体条件等的变化，要求系统模型具有一定的适应能力。上述对系统模型的基本要求，存在着一定的矛盾，如果所建模型较为复杂，虽然较好地满足现实性要求，但却使建模和求解困难，也会影响适应性的要求。为此必须根据具体情况来确定不同程度的要求。一般在满足一定的现实性基础上力求达到简洁性要求，然后再考虑适应性要求。

（2）系统模型化方法　系统模型化方法即模型的建立、求解和解释。系统模型的建立通常是在系统目标、约束条件及外部环境分析等工作基础上进行的。①建模，就是在充分占有资料数据的基础上，选择一种合适的方式或语言表达对象某方面的特征或关系；②求解与仿真，就是针对已经建立的模型运用数学方式求出解析解或者数值解；③结果的解释，对模拟或计算结果（答案、数据或图像）进行解释，目的是阐明它们的实际含义，将抽象的数字、图表或图像与实际的对象及其行为联系起来。

（3）运筹学模型技术方法　运筹学模型当然也是系统模型，它也符合上述的系统模型的含义、特征和要求。运筹学应用的实质在于模型的建立和求解。一般说来，应用运筹学模型处理问题时，首先要求从全面观点出发来分析问题，即不仅要求提出需要解决的问题和希望达到的目标，而且要弄清问题所处的环境及其约束条件。这些约束条件包括时间、地点、资金、原材料、设备、动力、人力、信息及技术等。同时要抓住所处理问题中的主要因素、各种环境和约束条件等之间的制约关系。这就要求掌握运筹学理论和方法的人员同有关行业的专家汇集一起，发挥各自的特长，从不同角度出发，共同针对问题的性质，商讨问题的处理方法。只有这样，才可以建立运筹学模型，以寻找问题的最优解答。

运筹学模型多数是数学模型，但也有图像模型和仿真模型。建立模型有许多优点。例如，将一个企业的生产计划问题用数学模型描述后，能使企业在计划实施前就可以检验所制订的计划是否符合原定的要求，否则可以修订某些可控参数或约束条件，直至找到最优计划方案。应用数学模型有利于对事物做更好的描述和理解。它还能反映进行文字描述时易被忽略的一些因素和未包含的关系。

总之，运筹学模型是对客观现实问题的一种描述，它必须反映客观实际，因此在建模前必须明确目标，并分析其背景和约束条件；但它又高于实际，是现实世界的一种抽象，只有这样，才便于研究其共性，使模型达到一定的要求和水平。

三、运筹学模型求解与计算机

运筹学是一门多分支的应用性学科，其主要分支有：线性规划、整数规划、非线性规划、动态规划、网络分析、排除论、决策论、存贮论、可靠性理论等。随着系统新问题的不断出现，在已有分支的基础上，又开发了许多新的内容，如网络计划（又名网络协调技术——PERT）和图解协调技术（GERT）等。

在现代管理和信息技术高速发展情况下，计算机是运筹学发展的基本因素。因为如果没有使用计算机来产生最终结果，大多数运筹技术是完全不能实现的。大多数大规模运筹技术的应用只需一台计算机几分钟的时间，而用人工则要几周、几月甚至几年的时间。更为重要的是，计算机能快速利用某些类型的管理信息，没有这些信息许多运筹设计是没有意义的。毫无疑问，随着时间的推移，运筹学模型将会越来越多地以计算机为工具来求解，它们之间将以一种更广泛、更通用的管理科学的形式出现在人类面前。

模型对管理者来说仅仅是达到目的的工具和手段，管理者不必亲自去构造和求解模型，完全可以依靠数学家和专门的研究人员去完成。事实上，许多有用的模型数学家们早已作过专门研究，有不少现成的方法可供利用。但是，运用模型解决问题是管理人员的重点和强项，这正是本书后续章节编写内容的重点。

四、运筹学模型在物流中的应用

物流与运筹学具有紧密的联系，它们作为科学概念都起源于20世纪40年代的第二次世界大战，从一开始，两者就是互相渗透、交叉发展。然而，运筹学发展较快，已形成了比较完备的理论体系和多种专业学科，而物流科学发展比较迟缓，理论体系尚不完备，包含的专业学科也很少。

在第二次世界大战期间，运筹学家在解决后勤保障（Logistics）和潜艇战术等一系列军事问题上取得了巨大的成就。战后运筹学受到美国一些大公司的重视，它们把运筹学应用到企业管理之中，在部分企业取得成功以后，运筹学的应用得到了迅速的发展。随后，几乎在所有发达国家都掀起了一股研究和应用运筹学和科学管理的热潮。运筹学是一门实用性很强的学科，它的方法广泛应用于各个领域。如果查阅运筹学方面的著作，就会发现运筹学应用的典型案例大都是物流作业及其管理。这也说明物流与运筹学的密切关系，物流业的发展离不了运筹学的技术支持。

追求物流系统的运行效益，需要我们研究资源（资金、设备、能源、原材料、人力和信息等）的利用以及与环境协调等总体优化问题。系统资源的优化配置与合理利用问题是运筹学应用的一个重要方面。所以物流活动的优化问题需要借助于运筹学的有关优化技术来解决。

运筹学模型方法主要有单纯形方法、多阶段决策分析法、图论方法（统筹方法）、列表分析法、预测计算方法和模拟方法等。

运筹学模型技术方法可解决的物流问题主要有以下几种。

1）规划论方法可以解决物流作业和管理中的资源分配问题，如何合理安排和分配有限的人力、物力和财力等资源。从各种可行的分配方案中，找出能使他（它）们充分发挥潜力、达到目标为最大（如利润最大）或最小（如成本最小）的物流系统解决方案。

如运用规划论方法可以解决："运输问题"、"合理选址问题"、"车辆调度问题"、"货物配装问题"、"物流资源（人员或设备）指派问题"、"投资分配问题"等。

2）存贮论主要用于分析物流中的库存问题。在保证生产过程顺利进行的前提下，如何合理确定生产物资的存贮数量和订购周期等，使物资订购费用、存贮费用和因缺少物资等影响生产所造成的损失费用的总和为最小的优化问题。

3）图论和网络分析方法主要用于解决物流中的运输路径规划和运输量规划等问题，例如，在一定的输送条件下，如何使输送距离最短、输送量最大、输送运费最少等的优化问题。

4）排队论广泛地应用在物流过程中，主要用于物流系统设计和设备、人力安排等方面。如机场跑道设计和机场设施数量问题，如何才能既保证飞机起降的使用要求，又不浪费机场资源；又如码头的泊位设计和装卸设备的购置问题，如何达到既能满足船舶到港的装卸要求，而又不浪费港口资源；再如能保证仓储保管业务和物流机械的正常运转，又不造成人力浪费等，这些问题都可以运用排队论方法加以解决。

5）决策论方法在物流系统开发和经营管理中得到了广泛的应用。由于影响技术经济问题的因素愈来愈多，解决物流运作问题的途径和措施也日益多样化。因此，需要通过许多行之有效的评价和决策技术，从各有利弊的替代方案中，选出所需的最优方案。

6）对策论主要用于在物流市场竞争中寻求最佳策略。

7）仿真技术是通过对系统的动态模型性能的观测来求解问题的技术，可应用在配送中心设计、自动化仓储系统设计和物料搬运系统设计等方面。

物流系统中不同类型的优化问题，各有其不同的优化技术，而这些优化技术绝大多数属于运筹学的有关分支。所以说，运筹学中模型方法技术是物流系统分析、优化的主要方法与工具。

第三节　物流运筹常用的方法与工具

在学习了物流的含义、物流分析与运筹学模型的关系等背景知识之后，接下来就要研究物流系统优化常用的方法和工具，本书称之为物流运筹方法和工具。这些方法和工具是由运筹学模型转化而来，在接下来的章节中将逐一介绍这些模型工具能解决哪些物流管理问题、如何求解以及最优方案如何实施应用。本书重点阐述模型工具解决实际问题的优化思路和基本方法，把定理当工具来使用，简化数学公式的推导，不强求理论的完整性。

一、定量模型分析方法简介

定量模型分析方法即前述的系统模型化方法，是指运用程式化的办法，找出一个最适合的解决方案，并将此方案推荐给决策的制订者。定量分析的精髓是建模和求解过程，下面简单介绍定量分析方法的应用步骤。

1. 建立模型

以数学模型为例，例如，总利润等于单位利润与单位数量的乘积。现在，用 x 代表产品的卖出数量，用 p 代表总利润，而卖出一件产品所带来的利润是 10 元，那么模型的数学形式就可以用下式描绘：

$$p=10x$$

通过对模型进行分析和研究，可以对真实情况进行一定的预测，这就是建立模型的价值和意义。对于上式来说，当卖出 6 件产品时（$x=6$），所得总利润就是 60 元（$p=10×6=60$）。定量分析方法建立在数学建模的基础之上，在对数学建模的过程进行仔细分析后可以发现，在思考管理问题时，具体的目标以及可能的约束条件总是产生在问题的定义阶段，如利润的最大化或成本的最小化、企业的生产能力等都是如此。定量分析和数学模型能否成功，关键要看建立的数学公式能否准确地描述问题的目标及约束条件。

目标函数是用来描述一个问题的目标的数学表达式。例如，一个公司的目标是使其利润最大化，那么利润方程 $p=10x$ 就是它的目标函数。企业的生产能力也需要考虑，假设制造每件产品需要 5 小时，而每周总工作时间只有 40 小时。若用 x 代表周生产产品数，则 $5x$ 就是生产 x 件产品需要的总时间，符号≤表示用于生产的总时间小于或等于 40 小时。

于是，这个问题的完整数学模型如下：

最大化 $p=10x$ （目标函数）

满足（约束条件）

$$\begin{cases} 5x \leqslant 40 \\ x \geqslant 0 \end{cases}$$

其中 x 表示生产的产量必须大于或等于零。这个模型的最优解很容易得出，即 $x=8$，由此得出利润是 80 元。这就是一个线性规划模型。

2. 数据准备

定量分析方法中有一个阶段是准备模型所需要的数据，这里所说的数据是指模型的非可控因素的值。通常，那些能够影响目标函数和约束条件，管理者和决策者却又无法对其进行控制的因素称为非可控因素；那些可以被管理者和决策者所控制的因素称为可控因素。在对模型进行分析，并由此得到解决问题的结果之前，所有的非可控因素都必须明确。

但是对于很多数学模型来说，非可控因素的值并非唾手可得。例如，在上面提到的例子中，管理学家需要知道生产单位产品所得的利润、单位产品的制造时间以及每周的生产时间这几个数值。可是在对会计、制造、工程这几个部门进行咨询以前，人们无法得到模型所需要的这些数据。所以，分析人员都会先用一些通用的符号来代替它们，并以此建立数学模型，然后再进行数据准备，即得到需要的具体数据。数据准备不是一件简单的事情，在收集过程中极可能产生错误，这样的错误会使一个完美的模型产生明显的错误结论。

3. 模型求解

一旦模型建立，且数据准备工作也已完成，就可以进入模型求解阶段。在此阶段分析人员将明确可变量的具体值，以获得模型的最佳结果。这些具体的值，或者说能够得到的最佳答案的值，通常被称为模型的最优解。

在所有的解中，那些不能满足约束条件的解（无论对应的目标函数数值是多少）都是不可行解，也就不能被采用；如果一个备选方案满足所有的约束条件，则它就是可行解，是最优解的一个候选项。需要注意的是，建立模型与模型求解不能截然分开，分析人员既希望能建立一个可以准确描述实际问题的模型，又希望能够对其进行求解。如果一味追求模型的准确性和真实性，那么很可能出现的情况是，模型非常巨大，根本无法求解。这时，我们更欣赏那些简单、易懂的，而且是可以求解的数学模型——即使它只能得到一个近似的最优解。

模型的解求出以后，管理学家和管理者将对解的好坏进行判断。通常所采用的方法是将一些比较简单的，且已知道答案的问题代入模型中，以验证模型的好坏与对错。无论采取何种纠错方式，在模型通过验证之前，不能将其直接运用到实际工作中。

4．编写报告

定量分析中很重要的一环就是为管理者编写报告。报告内容应建立在模型解答的基础之上，因为定量分析的解是管理者做出决策的依据之一。因此，报告的内容必须简单、易懂，报告中应包含 3～5 个推荐方案和一些有助于决策的相关信息。

5．具体实施中需注意的问题

所制订的方案能否成功实施，对管理学家和管理者都很重要。如果定量分析所得到的方案不能正确实施，那么所做的工作就毫无意义。制订出的方案如果总不能得到成功实施，管理学家便会停止建模人员的工作。由于在方案的实施阶段，通常会要求人们改变以往的工作方法，所以一般都会遭到不同程度的阻挠。人们会问"以前的方法有什么错"这样的问题。确保方案成功实施的有效方法是：让那些新方案的直接使用者参与模型的建立。如果他们感到自己是建模和求解的参与者，必然会更加关心方案的实施。这样建立的模型，方案实施的成功率会大大提高。

二、物流运筹常用的方法与工具

物流运筹常用的方法和工具主要有下列 10 种。

（1）决策分析（Decision Analysis）　当遇到有多种备选方案或危机四伏的情况，可以用这种方法来选择最优策略。

（2）线性规划（Linear Programming）　线性规划是运筹学中的一个重要分支，是理论上比较成熟，应用较为广泛的一个分支。其研究内容，总体来说是解决资源合理利用和资源合理调配问题。线性规划研究和应用的内容是实现系统的投入产出的极值问题，就是用最少的劳力和物力消耗，获得更多更好的社会需求产品。所以，它是辅助实现系统的科学管理，加强企业经营决策，提高社会经济效益的一种有用的方法。

（3）整数线性规划（Integer Linear Programming）　如果要求一道线性规划问题的解必须是整数，这时可以用整数线性规划的方法来求解。

（4）运输问题（Transportation Method of L.P.）　在物流计划工作中，经常遇到物资调运的问题。例如，煤、钢材、粮食、木材等物资，在全国都有若干生产基地，需要将这些物资调运到各消费地区去。根据现有的运输网，如何组织最优调运？运输问题模型可以帮助解决这类问题。

（5）网络模型（Network Model）　网络模型采用图形来描述问题，且图形是由一些点以及一些点之间的边线表示的。这种模型可以帮助我们很快解决运输路径规划和行车路线安排等问题。

（6）项目计划（Project Scheduling）　很多时候，管理者都需要对项目进行计划，列出时间表，并对其进行管理，而某些项目往往是巨大的。由于这些大型项目往往包含许多工种、部门和员工等，所以利用该方法可以帮助管理者完成计划时间表的制订。

（7）预测模型（Forecasting Model） 预测模型是一项用来对库存需求或市场需求的发展趋势、进程和可能导致的结果进行推断或测算的技术。

（8）库存模型（Inventory Model） 库存模型所解决的问题是，一方面必须保证库存量以保证需求，另一方面必须尽可能降低库存以减少库存费用。

（9）目标规划（Goal Programming） 目标规划的概念是由线性规划发展演变而产生的，它主要用于解决具有多个考虑目标的管理问题。在实际问题中我们考虑要实现的目标往往不止一个，而且有时这些目标之间还有冲突，在这种情况下，目标规划的模型方法可以解决问题。

（10）仿真技术（Simulation Technology） 仿真技术是一项用来模拟系统运转的技术。这项技术使用计算机程序模拟运转过程，得出设计、分析、评价和预测系统所需的各种信息。

小　　结

物流系统是由仓储、运输、配送、包装、流通加工、信息处理等主要功能构成，物流的真正含义是关注物流活动整体的系统化和最优化问题，追求物流系统的整合效应。

运筹学模型方法是物流系统优化过程中的主要优化技术方法。随着经济的高速发展和竞争的日趋激烈，仅仅靠定性分析已经越来越不能适应现代物流管理的要求，特别是当涉及一些与数量有关的决策，如配送中心的设备的合理使用、材料的合理加工、最短运输路径的选择、总成本最小的库存策略的制订等。我们不满足初步的、大体的、定性的估计和模糊判断，我们需要进行精确分析、计算和"算计"。运筹学中的模型方法就是能满足上述要求的"常规武器"。模型方法包括建模、求解（模拟）、解释与应用三个基本环节。

本章最后列举了物流运筹常用的模型方法与工具，以下各章将逐一介绍这些常用的模型方法与工具。

注意，本书重点介绍模型工具解决实际问题的优化思路和基本方法，把定理当工具来使用，简化数学公式的推导，不强求理论的完整性，所以想更深入地研究，你需要阅读相关的书籍。

习　　题

1. 什么是物流？如何理解物流系统活动的"1+1＞2"的综合效益？
2. 什么是物流系统分析？其分析和优化方法主要来自哪些学科？
3. 什么是物流优化技术？物流优化硬技术和软技术各指什么？二者是什么关系？
4. 什么是"运筹学"？它的研究方法是什么？
5. 什么是系统模型？模型的表现形式有哪几种？其特征有哪些？其要求是什么？
6. 系统模型化方法解决问题的步骤是什么？模型与管理者的关系是怎样的？
7. 运筹学模型有什么特点？运筹学有哪些分支？
8. 物流与运筹学的发展关系是怎样的？
9. 定量模型分析方法的步骤是什么？

第二章
物流决策分析

本章知识点

1. 理解决策分析的含义。
2. 了解决策分析问题的类型及各类型必须具备的条件。
3. 了解决策分析过程及决策分析步骤。
4. 掌握不确定条件下的最大—最大法、最小—最大法、"遗憾值"法、等概率法的决策分析及求解过程。
5. 掌握风险条件下的期望值法、决策树法的决策分析及求解过程。
6. 了解系统评价技术方法的重要性。
7. 掌握系统问题评价常用的评分法、关联矩阵法、层次分析法的评价及求解过程。

本章能力点

1. 能够运用不同的决策准则对不确定型决策问题进行分析求解。
2. 能够运用期望值法、决策树法对风险型决策问题进行分析求解。
3. 能够运用评分法、关联矩阵法、层次分析法对多目标、评价因素难以量化的系统决策问题进行评估优选。

关于决策的重要性,诺贝尔经济学奖获得者赫伯特·西蒙有一句名言:"管理就是决策。"意即管理的核心就是决策。决策是一种选择行为,最简单的选择是回答是与否,例如,选择生产某种新产品还是不生产。较为复杂的决策是从多种方案中选取一种。研究决策的方法,并将现代科学技术应用于决策,称之为决策科学。决策是行动的基础,正确的行动来源于正确的决策,在日常业务中,决策贯穿于管理工作的各个方面。决策包括战略性的经营决策、战术性的资源开发利用决策,以及技术管理方面的决策等。决策是管理人员不可或缺的工作,高层管理人员(如企业经理)要进行战略性决策,中下层管理人员(如部门经理、作业调度指挥人员等)要进行战术性决策或技术性决策。请看下面的实践案例。

引导案例

运输方式的选择

某物流公司与某工厂签订了一年期的货物运输合同,物流公司负责将该工厂的产品运往全国各销售地。为了完成货运合同任务,物流公司运输主管有两种运输方式可供选择:一是公司自有车辆运输,二是外包运输。如果外包运输,所支付的运费要高一些,如果使用自有车辆运输,运费支出会低一些,但要添置车辆,每年增加固定成本。另据客户工厂产品以前的市场销售行情，此项产品今年的年运输量及对应的概率如表 2-1 所示，并计算了两种运输方式在不同运输量情况下的益损值，表中的益损值为年运输成本。

表 2-1　益损值表　　　　　　　　　（单位：万元/年）

运输方案 \ 运量状态及概率	16t 以下	16~18t	18~20t	20~22t	22~24t	24t 以上
	0.05	0.15	0.20	0.30	0.20	0.10
增购车辆	184	192	200	208	216	224
外包运输	160	180	200	220	240	260

从结果看来，方案各有优劣，难以比较。作为运输主管，要根据实际情况，权衡利弊，在这两种运输方式中选择一种，这就是一个决策分析问题。

在物流企业的基础设施建设与运营管理过程中，往往会遇到一系列重大问题需要决策。例如，某仓储公司打算新建一座专业仓库，现有几个建造方案可供选择。这个问题的决策应考虑如下的因素，投资费用、仓库未来的仓储需求情况估计、风险的度量和评价；又如，多个配送中心的物资调运问题，即如何调运才能使总的运输费用最低？物流公司是否开辟新的运输专线？等等。面对日益增多的物流决策问题，决策者需要全面、科学地对问题涉及的各种情况进行分析、判断，从而做出正确的决策。而这些决策往往涉及技术、经济、社会、政治环境及心理等多种因素，决策者已难以单凭个人经验做出可靠的优劣分析、判断和抉择，而需要借助科学的决策分析方法。

决策论是运筹学的一个分支，主要应用于竞赛、赌博、游戏和军事方面，在市场经济环境下，决策论广泛应用于管理决策中。本章将介绍其决策的技术和方法，以及在物流管理领域中的应用。

第一节　决策分析概述

一、决策分析基本概念

所谓决策分析，就是对各种需要进行科学决策的系统问题，提出一套决策时所必需的推理方法、逻辑步骤和科学手段，根据系统评价时所能取得的信息，对决策问题的各种替代方案在不同的自然状态下做出定性分析和定量计算，以此提供决策人员做出科学抉择的依据。

决策是人类活动中的基本特征。同样，一个企业、一个公司在其生产经营活动中经常存在着大量需要决策的问题。例如，企业新产品品种的规划、开发和年产量的决策；产品市场规模和销售机制的策划；原有产品结构和生产工艺的修改和更新；基建投资和流动资金的合理分配和使用等，都需要通过科学决策来实施。可以说，决策分析的正确与否，都会直接影响一个企业或公司的技术和经济效益，甚至还会关系它们的盛衰和兴亡。总之，决策是管理的核心，决策分析是各级管理人员的基本职能。

在多数情况下，由于需要决策的问题普遍具有复杂性和不确定性，因此，决策分析不是选择某个替代方案的瞬时行动，而是一个过程。决策过程也就是对决策对象进行分析、加深认识并给予评价的过程。

正确的决策必须建立在认识和了解问题内部关系以及环境状况的基础上。首先，必须掌握决策对象的运动规律，占有必要的资料和信息；其次，还要掌握辅助决策的技术和方法，遵守必要的决策程序和步骤。决策分析的理论和方法涉及面广，本章主要就不确定型决策、风险型决策有关内容进行介绍；另外，还简要介绍层次分析法等系统评价技术方法。

二、决策分析类型

在解决一个实际决策问题时，一般都会面临着几种客观状态和几种可供选择的替代方案。在这里，把客观状态称作"自然状态"，简称"状态"，把可供选择的替代方案称作"行动方案"，简称"方案"，从而可以构成一个决策分析问题。为了进一步说明决策分析问题，举例如下。

例 2-1 某物流中心有一配套的基建工程。现施工部门要决定下月是否开工，经评价估算后可知，如果下月基建开工，遇上好天气，则工程可当月完工，使招商项目得以顺利进行，为此可获得收益 50 000 元；若开工后遇上坏天气，不能正常施工，则要损失 10 000 元；若不论天气好坏均不开工，那么都要付出一笔停工损失费 5 000 元。现要求对下月是否开工做出决策。

从上述例子可知，所谓"好天气"或"坏天气"，就是两种不同的"自然状态"，而"开工"或"不开工"则是两种"行动方案"，现将不同的行动方案在不同的自然状态下的益损值用表格形式列举出来，如表 2-2 所示，称作益损值表。这样，要决定"开工"还是"不开工"的问题，就是面对两种自然状态下的决策分析问题。

表 2-2　益损值表　　　　　　　　　　（单位：元）

自然状态 行动方案	好天气	坏天气
开工	50 000	-10 000
不开工	-5 000	-5 000

决策分析问题根据问题性质和所处条件的不同，通常可以分成三种类型，即确定型决策问题、风险型决策问题、非确定型决策问题。

1. 确定型决策问题

在例 2-1 中，如果决策人已经获得可靠的天气预报信息——下个月是好天气，那么决策人就决定开工，这样可获得 50 000 元收益，若不开工就要损失 5 000 元，如表 2-3 所示。通过比较，自然是选择收益大的行动方案，即开工方案。这就是确定型决策分析问题。

表 2-3　确定型决策分析益损值表　　　　（单位：元）

自然状态 行动方案	好天气
开工	50 000
不开工	-5 000

由上述可知，确定型决策分析问题必须具备如下四个条件：
1）存在着决策人期望达到的目标（这里的决策目标是收益值最大）。
2）只存在一个确定的自然状态（这里是"好天气"）。

3）具有两个或两个以上可供选择的行动方案（这里是"开工"或"不开工"）。

4）不同行动方案在确定的自然状态下，其益损值可以定量地估算出来（这里如表2-3所示）。

当然，在实际问题中，确定型决策问题并非像上述那样简单，尤其当行动方案为数较多时，就很难直观地找出其中的最优方案，必须借助一定的优化技术来求解，如第三章的线性规划方法，在此不多赘述。

2．风险型决策问题

风险型决策又称统计型决策。在上例中，如果决策人在决策前只能获得下个月出现"好天气"和"坏天气"的可能性（概率 p）大小的信息，在这两种自然状态下决策问题就构成了风险型决策问题。表2-4所示为风险型决策分析表。

表2-4　风险型决策分析益损值表　　　　　　　　（单位：元）

自然状态 行动方案	好天气 $p=0.4$	坏天气 $p=0.6$
开工	50 000	−10 000
不开工	−5 000	−5 000

由表2-4所示可知，构成风险型决策问题要具备如下五个条件。即

1）存在着决策人期望达到的目标（这里是益损期望值最大）。

2）有两个或两个以上不以决策人意志为转移的自然状态（这里是"好天气"和"坏天气"）。

3）有两个或两个以上可供选择的行动方案（这里是"开工"或"不开工"）。

4）不同行动方案在各种自然状态下其益损值可以定量地估算出来（这里如表2-4所示）。

5）在各种自然状态中，未来究竟出现哪一种自然状态，决策人无法肯定，但对各种自然状态出现的可能性——概率，决策人可以通过一定的手段或渠道，在事先可以得到必要的信息。如表2-4所示，"好天气"的概率为0.4，"坏天气"的概率为0.6。

3．不确定型决策问题

确定型决策问题的特点是只有一种确定的自然状态，而风险型决策问题虽不知哪种自然状态会在今后发生，但其发生概率的信息是可以事先掌握的。如果某个决策问题连这种概率的信息都不掌握，即缺少构成风险型决策的第5个条件，那么，这种决策问题就称作不确定型决策问题。

三、决策分析过程

决策分析不是选择方案的瞬时行动而是一个过程。具体地说，决策过程可以分为四个活动阶段。

1．信息活动

信息活动主要为决策分析提供足够的信息。这是保证决策能够正确、顺利进行的基本前提。活动的主要内容有收集和整理已有的足够而又可靠的信息，并对决策对象有关问题

进行预测和判断等。另外,还须收集各种状态可能会出现的概率、各种方案在不同状态下的益损值估算等信息。

2．设计活动

设计活动的主要内容是选择决策目标,即决策的依据和准则,这是个很重要的活动。不同的决策准则会有不同的决策方法。另外,设计活动也是寻求多种途径解决所需决策问题的过程,即设计若干可供决策人进行分析、比较的方案,如果仅有一个方案,就没有选择余地,那也就无所谓决策与否了。

3．抉择活动

抉择活动是根据已经确定的决策准则和决策方法,对各种行动方案进行分析、计算和评价,最后选出一个最优方案的活动过程。

4．实施活动

实施活动是对选出的方案付诸实施、跟踪和学习等的活动。实践证明,一旦选出一个较为满意的方案,若要付诸实施,并不是下一个命令或指示就能顺利地进行了的,还需要制订实施计划,并为实施决策方案在各方面创造条件。另外,在实施过程还要进行跟踪、学习和监督等活动。

四、决策分析步骤

决策分析的步骤有七个环节,简要说明如下。

1．确定决策模型结构

决策模型多数采用决策树形式(决策树将在第三节介绍)。决策树能形象地、简单地描述决策过程各阶段的状态及相应方案的益损值等各种信息。一般待决策人确定了决策准则、备选的方案和各种状态后,即可据此确定决策树的结构。

2．估算各种方案的益损值

通过有关销售、经济核算等统计资料和预测信息来估算各种方案在不同状态下的益损值,这是决策分析定量计算的主要依据之一。

3．确定主观概率

收集和估算各种状态未来可能出现的概率值。

4．评价方案

根据各方案的益损值及主观概率,可以计算各方案的益损值等,然后根据决策准则选择最优方案。

5．灵敏度分析

由于所估算的行动方案益损值和确定的主观概率都含有主观臆断的成分,据此评定的最优方案是否正确可靠,灵敏度分析就是检验这种情况所做的工作,即按照一定规则改变决策树模型的有关参数,据此分析其对方案益损值的影响程度,直到因此使方案优先顺序变更时为止。从而就能找出各参数的允许变动范围,若各参数在允许范围内变动,则可以认为原来选择的最优方案的结论仍然可信。

6．收集信息

通过灵敏度分析后，若发现方案的优先顺序对某些参数变化反应十分灵敏，则必须进一步收集有关信息加以慎重分析。一般收集信息总要支付一定费用，所以有时需要进行信息价值的分析。

7．方案选择

上述各决策步骤完成后，便可选择方案，并准备组织实施。

第二节　不确定条件下的决策法

确定型决策问题的特点是只有一种确定的自然状态，而风险型决策问题虽然不知道哪种自然状态会在今后发生，但其发生概率的信息是可以事先掌握的。如果某个决策问题连这种概率的信息都不掌握，那么，这种决策问题就称作不确定型决策问题。现举例说明不确定型决策问题并简单介绍其求解方法。

例 2-2　沈阳某物流货运公司计划开辟一条新的运输专线，即沈阳至天津零担货物运输专线。公司拟定的对外报价方案有三个：较高运价、中等运价、较低运价；公司估计该专线运营开通后，会出现的零担市场需求状态（自然状态）也有三种：需求较好、需求一般、需求较差。根据以往的零担运输市场行情，公司计算出三个方案在三种不同的需求状态下的收益值如表 2-5 所示，由于是新开辟的专线，所以未来的零担客户需求情况好坏发生的概率无法确切知道。那么物流货运公司该如何选择报价方案呢？

表 2-5　不确定型决策分析表　　　　　　　　　（单位：元）

状态（需求） 方案（报价）	需求较好	需求一般	需求较差
较高运价（A_1）	200 000	120 000	80 000
中等运价（A_2）	160 000	160 000	100 000
较低运价（A_3）	120 000	120 000	120 000

不确定型决策问题的求解方法很多，现结合例 2-2 做一简单介绍。

一、最大—最大法

最大—最大法也称乐观法。但是这种乐观不应是盲目乐观，应该是经过积极争取，大致上可以达到的最乐观的情况。它的主要特点是实现方案选择中的乐观原则。决策时，决策者不放弃任何一个获得最好结果的机会，争取大中之大，充满着乐观冒险精神。它的决策步骤是

1）先找出每个方案在不同自然状态下的最大收益值。

A_1 方案：max{200 000, 120 000, 80 000} = 200 000

A_2 方案：max{160 000, 160 000, 100 000} = 160 000

A_3 方案：max{120 000, 120 000, 120 000} = 120 000

2）再从各方案的最大收益值中找出最大值。

max{200 000, 160 000, 120 000} = 200 000

3）所求得的最大收益值 200 000 对应的方案是 A_1，故选择 A_1 为最优方案，即根据最大—最大决策标准，该公司应以较高运价对外报价，在零担市场需求较好的情况下，可得年收益值 200 000 元。

二、最小—最大法

最小—最大法也称悲观法。采用这种决策标准，决策者比较谨慎小心，总是从未来的市场需求情况可能较差的状态考虑，然后再选择最优的可行方案。它的决策步骤是

1）先找出每个方案在不同自然状态下的最小收益值。

A_1 方案：min{200 000, 120 000, 80 000} = 80 000

A_2 方案：min{160 000, 160 000, 100 000} = 100 000

A_3 方案：min{120 000, 120 000, 120 000} = 120 000

2）再从各方案的最小收益值中找出最大值。

max{80 000, 100 000, 120 000} = 120 000

3）所求得的最大收益值 120 000 对应的方案是 A_3，故选择 A_3 为最优方案，即根据最小—最大决策标准，该公司应以较低运价对外报价，即使在零担市场需求较差的情况下，但因报价低，市场需求相对较好，公司仍可得年收益值 120 000 元。

三、"遗憾值"法

在决策过程中，当某一种自然状态可能出现时，决策者必然首先要选择收益最大的方案，如果决策者由于决策失误未选取这一方案，而是选了其他方案，因而会感到遗憾而后悔，这两个方案的收益值之差叫遗憾值或后悔值，这个标准就是以要在决策时避免将来的遗憾为原则。它的决策步骤是

1）先找出对应于各种自然状态下每种方案的最大益损值。

A_1 方案：max{200 000, 160 000, 120 000} = 200 000

A_2 方案：max{120 000, 160 000, 120 000} = 160 000

A_3 方案：max{80 000, 100 000, 120 000} = 120 000

2）再求出各方案在不同自然状态下的遗憾值，如表 2-6 所示。

计算遗憾值的逻辑原则：如果在市场需求较好的状态下，决策者应采用较高运价报价方案 A_1。在这种情况下，该公司可获得年收益值 200 000 元，这是最高兴的事，该公司当然一点也不会感到遗憾或后悔，因此在此状态下采用 A_1 方案的遗憾值为 0。但是如果在市场需求较好的状态下，决策者采用中等运价报价方案 A_2，他们就会感到遗憾或后悔，因为由于选错了方案，公司的年收益值白白地减少了 40 000 元（即 200 000 元-160 000 元），40 000 元就是在此状态下采用 A_2 方案所造成的遗憾值。以此类推，求得在不同的状态下的遗憾值。

表 2-6　遗憾值表　　　　　　　　　　　　　　　　　　（单位：元）

状态（需求） 方案（报价）	需求较好	需求一般	需求较差	取最大遗憾值
较高运价（A_1）	0	40 000	40 000	40 000
中等运价（A_2）	40 000	0	20 000	40 000
较低运价（A_3）	80 000	40 000	0	80 000

3）从表 2-6 的遗憾值中选出每个方案的最大遗憾值，列入表的最右列中。

A_1 方案：max{0, 40 000, 40 000} = 40 000

A_2 方案：max{40 000, 0, 20 000} = 40 000

A_3 方案：max{80 000, 40 000, 0} = 80 000

4）最后从三个方案的最大遗憾值中，选出其中最小的，表中 A_1、A_2 方案遗憾值最小，均为 40 000，故 A_1、A_2 方案为最优方案，即物流公司采用较高运价方案或中等运价方案对外报价，在这两种情况下，公司由于选择方案不当，可能造成的遗憾值最小，都各为 40 000。

四、等概率法

乐观法决策标准实际上是把每个方案在未来可能遇到最佳的自然状态（即需求较好）的概率定为 1；而悲观法的决策标准实际上是把未来可能遇到最差的自然状态（即需求较差）的概率定为 1。而等概率法（平均法）即假定各种自然状态出现的概率相等。本例中有三种状态，则每种状态出现的概率均为 1/3；如果有 n 种状态，则每种状态出现的概率均为 1/n，这样就把不确定型决策问题变成风险型决策问题来求解了。

本例中，各种状态发生的概率为 0.33，三个方案的等概率的收益值计算如下：

A_1 方案：200 000×0.33 + 120 000×0.33 + 80 000×0.33 = 132 000

A_2 方案：160 000×0.33 + 160 000×0.33 + 100 000×0.33 = 138 600

A_3 方案：120 000×0.33 + 120 000×0.33 + 120 000×0.33 = 118 800

按等概率法计算收益值最大为 138 600 元，对应的方案为 A_2 最优，即以中等运价为报价方案。

五、折中法

这种准则的思路是对乐观准则和悲观准则的折中。决策时，决策者先根据个性、经验选择一个乐观系数 α，然后对每一个方案按乐观、悲观两个方面算出一个折中收益值。本例中则把每个方案在未来可能遇到销路较好的概率定义为 α，而把遇到销路差的概率定义为（$1-\alpha$），α 在 0 与 1 之间，这样，对于未来可能遇到的自然状态，采取了比较现实的处理方法，同时也把决策者对未来状态的估计融合到待定的概率值 α 之中。

关于每个方案的折中收益值可按下式计算：

折中收益值=最大收益值×α+最小收益值×（$1-\alpha$）

其中 α 为乐观系数（显然 α 越大，最大收益值对方案评价的结果影响越大，反之最小收益值对方案评价的结果影响越大），若 $\alpha=1$，就是乐观准则；若 $\alpha=0$，就是悲观准则。在所有方案中选择那个折中收益值最大对应的方案为最优方案。

在本例中，若取 $\alpha=0.8$，有关三个方案的折中收益值的计算如下：

A_1 方案：200 000×0.8 + 80 000×（1−0.8）= 176 000
A_2 方案：160 000×0.8 + 100 000×（1−0.8）= 148 000
A_3 方案：120 000×0.8 + 120 000×（1−0.8）= 120 000

最大的折中收益值为 176 000 元，对应的方案为 A_1，即以较高运价为报价方案。

综上所述，对于不确定型决策问题，若采用不同的决策方法，则求得的决策结果也各不相同。因此，具体采用何种方法一般视决策人的态度而定，也可以把在不同的决策标准中入选率最高的方案定为最优方案。如上例中 A_1 方案入选率最高，可列入备选最优方案之列。

★ 关于实践中不确定型决策问题的分析过程，请看本章第五节应用举例一。

第三节 风险条件下的决策法

在实际工作中所遇到的决策问题，对于各种状态可能出现的概率一无所知的情况是极为少见的。通常根据以往的统计资料和积累的工作经验，或根据一定的调查研究所获得的信息，总可以对各种状态的概率做出估计。这种在事前估算和确定的概率叫作"主观概率"。所以说，在实际中需要进行的决策问题绝大多数是属于风险型决策问题。为此，本节将介绍这类决策分析问题的决策方法。

一、期望值法

风险情况下的决策所依据的标准主要是期望值标准。期望值在概率论中是指随机变量的数学期望，就是不同方案在不同的自然状态下能得到的加权平均值。数学期望值并不一定是真实的结果，我们以此为标准来进行决策，是有一定风险的。在经营管理中由于经营水平不同，存在着盈亏问题，因此，期望值就有期望收益值和期望损失值两个目标，目标不同，决策标准也就不同。

例 2-3 某汽车运输公司要制订下年度的运输生产计划，以便及早做好生产前的运力（运输生产能力）准备工作，生产计划中的主要指标之一——车辆数及其类型结构的确定，则要根据道路运输市场的货源行情好坏而定。根据以往道路运输市场货源资料及区域经济发展预测信息得知，未来的货源出现上升、不变、下降三种状态的概率分别为 0.3、0.5 和 0.2。若按车辆数量及类型均增加、不变、减少三种车辆计划方案准备运力，则下一年度在不同货源行情市场状态下的益损值可以估算出来，如表 2-7 所示。现要求通过决策分析来确定下年度究竟采用哪种车辆计划方案，使该运力准备方案下企业获得的收益期望值为最大？

此例是一个面临三种状态和三种方案的风险型决策问题，现应用期望值法求解如下：

表 2-7　益损值（收益）表　　　　　　　　（单位：万元/年）

市场状态及概率 投资方案	货源上升 $p=0.3$	货源不变 $p=0.5$	货源下降 $p=0.2$
车辆数增加 A_1	40	36	−6
车辆数不变 A_2	36	34	24
车辆数减少 A_3	20	16	14

1）根据表 2-7 所列各种状态的概率和不同方案在各种状态下的益损值，用 $E_{(x)}=\sum_{j=1}^{m}p_j x_j$ 公式算出每种方案的益损期望值分别为

A_1 方案：$E_{A_1}=40\times 0.3+36\times 0.5-6\times 0.2=28.8$

A_2 方案：$E_{A_2}=36\times 0.3+34\times 0.5+24\times 0.2=32.6$

A_3 方案：$E_{A_3}=20\times 0.3+16\times 0.5+14\times 0.2=16.8$

2）通过上述计算并比较后可知，方案 A_2 的数学期望值 32.6 为最大，所以，选择方案 A_2 为最优方案，也就是下年度的车辆计划方案按车辆数不变准备运力能获得收益期望值为最大。

二、决策树法

1. 单级决策问题

如果决策分析问题只需做一次决策，其分析求解即告完成并能做出决策，则这种决策分析问题就叫作单级决策。我们先来研究单级决策问题。

所谓决策树法就是利用树形图模型来描述决策分析问题，并直接在决策树图上进行决策分析的一种方法。现仍以例 2-3 有关信息为例，介绍决策树法的决策分析求解步骤。

1）绘制决策树图。按表 2-7 所示各种信息，由左至右顺序画出决策树图如图 2-1 所示。图中：

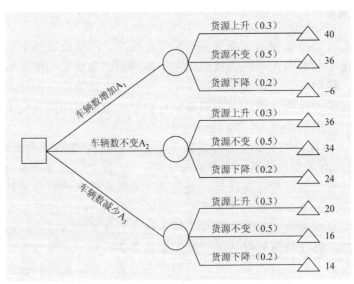

图 2-1　例 2-3 的决策树

□——表示决策节点。从决策节点引出的分枝叫作方案分枝。分枝数与方案数相同。如例 2-3 有三个方案，则图 2-1 上就有三个方案分枝。决策节点表明：从它引出的方案需要进行分析和决策。

○——表示状态节点。从状态节点引出的分枝叫作状态分枝或概率分枝，要在每一状态分枝上注明状态名称及其概率。状态分枝数与状态数相同。

△——表示结果节点。即将不同方案在不同状态下的结果（如益损值等）注明在结果节点的右端。

2）计算各方案的益损期望值，并将计算结果标注在相应的状态节点上。图 2-2 所示为方案 A_2 的益损期望值。

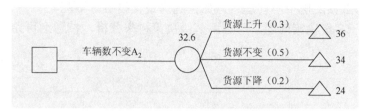

图 2-2　方案 A_2 的益损期望值

3）将计算所得的各方案的益损期望值加以比较，选择其中最大的期望值标注在决策节点上，如图 2-3 所示。与最大益损期望值相对应的方案是 A_2，则 A_2 即为最优方案。然后，在其余的方案分枝上画上 "//" 符号，表明这些方案已被舍弃。图 2-3 所示即是一个经过决策分析选择方案 A_2 为最优方案的决策树图。

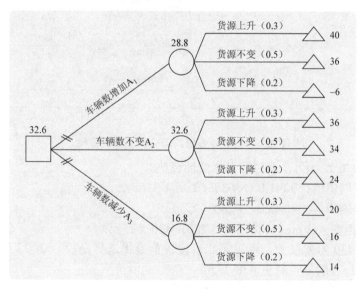

图 2-3　例 2-3 的决策结果

2. 多级决策问题

从例 2-3 中可知只需做一次决策，其分析求解即告完成并能做出决策，这是单级决策问题。但现实中有些决策问题需要经过多次决策才能完成，则这种决策问题就叫作多级决策问题。多级决策问题需要用多级决策树（含二个及二个以上决策节点）进行决策分析。

例 2-4　某配送中心以仓储和配送生活快速消费品为主，近年来业务量逐渐增加，原有的仓储能力明显不足，已经影响了配送作业效率。为此，配送中心管理层拟订了如下投资方案，然后再从中做出选择。

1）新建一座仓库，投资 300 万元 据估计，如果仓储配送业务量景气，每年可获利 90 万元；如果不景气，每年将亏损 20 万元。服务期限为 10 年。

2）扩建旧仓库，投资 140 万元　如果仓储配送业务量景气，每年可获利 40 万元，3 年后再建新仓库，需投资 200 万元，服务期限为 7 年，每年估计获利 90 万元；如果仓储配送业务量一直不景气，则不再考虑建新仓库，但每年仍可获利 30 万元。

根据该地区生活快速消费品需求市场预测，仓储配送业务量景气的概率为 0.7，不景气的概率为 0.3。那么该配送中心管理层该如何选择最优投资方案呢？

这个问题属于多级决策问题，可运用多级决策树来分析。按题意可绘出多级决策树，如图 2-4 所示。

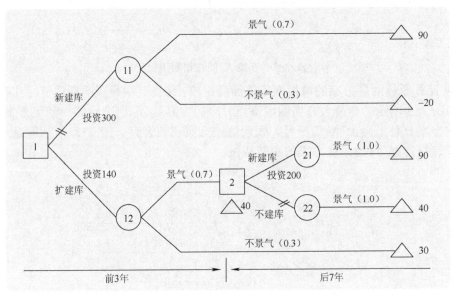

图 2-4　例 2-4 多级决策分析多级决策树

1）先计算决策节点②对应的最大收益期望值。

节点㉑收益期望值：$90 \times 1.0 \times 7 = 630$（万元）

节点㉒收益期望值：$40 \times 1.0 \times 7 = 280$（万元）

节点②收益期望值：$\max\{630-200, 280\} = 430$（万元）

收益期望值 430 万元最大，所以第二阶段决策最优选择是投资 200 万元建新库，这样第二阶段可获得最大期望收益值 430 万元。

2）再计算决策节点①对应的最大收益期望值。

节点⑪收益期望值：$[90 \times 0.7 + (-20) \times 0.3] \times 10 = 570$（万元）

节点⑫收益期望值：$430 \times 0.7 + 40 \times 0.7 \times 3 + 30 \times 0.3 \times 10 = 475$（万元）

节点①收益期望值：$\max\{570-300, 475-140\} = \max\{270, 335\} = 335$（万元）

收益期望值 335 万元最大，所以第一阶段决策最优选择是投资 140 万元扩建旧库，这样第一阶段可获得最大期望收益值 335 万元。

所以，配送中心管理层应选择先扩建旧仓库，3 年后，配送业务量景气的话再投资 200 万元建新仓库，再经营 7 年。这样这个投资方案在整个 10 年期间共计获得期望收益 335 万元。

从上述求解过程可知，进行多级决策时，决策分析在多级决策树上由右向左进行，先选择舍弃右边的某一非优的决策分枝，依次向左推进，最后留下最左边的一个方案分枝，该方案分枝对应的方案即为第一阶段的最优选择,然后沿着此决策分枝再从左到右找出下一阶段最优选择,直到最后的阶段最优选择,把这些最优选择串联起来即为整个问题的最优方案。

★ 关于实践中风险型决策问题的分析过程,请看本章第五节应用举例二。

第四节 系统评价技术

一、系统评价技术的含义

前文所介绍的决策方法主要面对的是单一目标问题的抉择,如收益期望值最大或损失期望值最小。但是,对于有些物流系统优化问题来说,追求的往往不是一个目标而是多个目标,而且目标的属性又是各种各样和难以量化的。这样"最优"这个词就不十分明确了。而且评价是否"最优"的尺度和准则也会随着评价者的不同立场或不同时间而有所发展和变化。例如,对开发城市交通系统进行决策,以前只是对交通工具的动力、推进等技术方面以及交通线路的建设费用和日常经营费用等经济方面进行考虑。但随着技术经济的不断发展,现在,除了上述方面的考虑外,还要求从交通工具的及时性、方便性、舒适性、安全性、美观性等使用方面进行评价;从减少空气污染和降低噪声等环境保护及公共利益方面进行评价;以及从节能、能源政策等国家利益方面进行评价等。由此可见,对于这些评价因素难以量化的问题进行决策选择的工作既极为重要又十分困难。

这里所说的系统评价技术,就是将定性分析进行量化,以便用数字显示各替代方案的差异,用来提供决策的参考。即将定性分析和逻辑判断转化成定量化的评价过程,评定系统的价值,为在众多的替代方案中做出正确抉择提供足够的信息。这里的价值是从经济学意义上讲的,价值通常被理解为根据评价主体的效用观点对评价对象能满足某种需求的认识或估计。

系统评价的任务主要在于:从评价主体根据具体情况所建立的、可能的模糊的评价尺度出发,进行首尾一贯的、无矛盾的价值测定,以获得对多数人来说都能接受的评价结果,为正确进行决策提供所需信息。在许多情况下,评价的过程也就是决策的过程。

系统评价技术方法发展到今天已不下数十种。下面仅就常用的方法进行简单的介绍。

二、评分法

评分法是系统评价时常用的一种评价方法。评分法又可分为加法评分法、连乘评分法和加乘评分法等。下面以加法评分法为例对评分法介绍如下。

首先设计方案评分表。表 2-8 所示为加法评分法的实例,主要是对某物流公司新业务开发计划进行初期评价。由表中可知,该例共确定了 8 个评价项目,每个评价项目又有 3 个或 4 个评分等级,每个评分等级相应赋予不同的分数。如 8 个项目全部属最高等级,则累加分数是 100 分,若全部属最低等级,则累加分数是 25 分。

接着可以对该新业务开发计划的各替代方案进行评分,即分别评定各替代方案对应的系统价值,累加分数最高的方案为最优方案。

表 2-8 加法评分法实例——新业务开发计划评分表

评价项目	评分等级		评价分数
质量目标	货主对新业务质量要求，与其他业务比较	非常高 高 一般 不高	14 10 6 3
市场规模		需求景气 需求一般 需求不景气	14 8 3
同行竞争		完全不存在强大的竞争公司 存在着强大竞争公司，但能进行对抗 只能独占一部分竞争公司的市场 强大的竞争公司多，很难进入独占市场	10 8 5 2
业务所处生命期		导入期 成长期 成熟期 衰退期	8 6 4 2
信息技术能力	用现有的信息人员和技术	具有充分可靠的开发能力 需要增加若干措施后才有可能开发 需要增加相当多的措施后才能开发	12 10 5
运输能力	用现有运输人员、车辆和设备	有充分的生产可能性 增加若干措施后才有可能生产 增加相当多的措施后才能生产	10 8 4
货运网点	用现有的货运网点和运输人员	有充分承运可能性 增加若干措施后才有可能承运 增加相当多措施后才有承运可能 增加措施后承运也有困难	14 10 6 3
收益性	预计收益率	40%以上 30%以上 25%以上 15%左右	18 10 6 3
评价分数累加			100～25

加法评分法应用简单，而其缺点在于当各替代方案的累加分数差距不大时，则对于哪个方案属于最优方案就较难得到明确回答。为此出现了另一种评分法，即连乘评分法。连乘评分法的特点是将各项评价分数予以连乘，这样可以使各替代方案的累计评价分数的差距拉大，所以具有灵敏度高的优点，但由于连乘后分数值相应增大，因此评分等级不宜过多，为此又出现一种加乘评分法。加乘评分法的特点是将同类评价项目所得分数相加，然后将相加的各类分数连乘，通过加乘，各替代方案的累计分数就可相应拉大。

三、关联矩阵法

配送中心、基层仓库、零担集散站点常常是物流分拨网络中的最后储存点，对这些点的选址决策分析通常会对收入、可达性等因素高度敏感，而不仅是成本因素。通常，这些因素是难以量化或者量化成本较高。但是若决策分析中没有在一定程度上进行量化，是很难对不同选址点进行比较的。对于这类决策分析问题，我们常用的方法是用关联矩阵法（也称加权清单法）来进行评价和选择。

关联矩阵法是系统综合评价的常用方法。它是通过关联矩阵中的价值评定量来显示各替代方案的差异而对系统进行评价的。下面通过实例来说明此种方法的评价过程。

例 2-5 某大型油漆生产厂的各类油漆涂料产品，都是经由经销商渠道销售的。目前油漆生产厂管理层决定要自建一批油漆店网点，用以扩大本厂油漆产品的销售量。油漆店网点选址布局要考虑物流成本节约问题。现在要对某地区的油漆店选址点进行决策，有二个备选地址方案，那么油漆生产厂该如何选择呢？

1）首先，确定决策问题的评价项目并确定各评价项目的相对权重。

本例，生产厂管理者先咨询外部专家并共同讨论确定该选址问题的评价项目（选址因素）清单为：接近竞争性商店、场地租金、停车场地、店面现代化程度、顾客可达性、地方税、社区服务、接近交通干线八个因素。

对于油漆店选址问题来说，这八个因素的重要性是不一样的。重要程度用权重值来表示，相对重要的因素，我们赋予它的权重值相对就高一些，相对不重要的，我们赋予它的权重值就低一些。本例，设定权重值（w）为 1 到 10，10 表示最重要，1 表示最不重要，值越小说明该因素越不重要。在咨询专家的帮助下，生产厂最终确定这八个因素的权重值分别为 8、5、8、6、9、3、3、8。

2）结合备选方案，建立关联矩阵评价表。

关联矩阵评价表的结构如表 2-9 所示。表中间的数字为第 i 个替代方案 A_i 关于评价项目 X_j 的评价值。这样关联矩阵评价表的元素就由替代方案、评价项目、评价项目的权重、各替代方案在各评价项目下的评价值组成。

表 2-9 油漆店选址问题的关联矩阵评价表

评价项目 X_j 备选方案 A_i	接近竞争性商店 $w=8$	场地租金 $w=5$	停车场地 $w=8$	店面现代化程度 $w=6$	顾客可达性 $w=9$	地方税 $w=3$	社区服务 $w=3$	接近交通干线 $w=8$
选址点 A_1	5	3	10	9	8	2	4	7
选址点 A_2	7	4	8	5	4	4	6	2

3）对各替代方案在各评价项目下逐一评价，将评价值（得分）填入表中。

本例，在咨询专家的帮助下，对各备选地址方案在各因素下逐一进行 1~10 的打分，将得分结果填入表中，10 代表某一方案在某一评价项目下的最理想的状态，数字越小说明此方案越不理想。如在接近竞争性商店因素下，选址点 A_1 得 5 分，选址点 A_2 得 7 分，说明选址点 A_2 比选址点 A_1 要理想；而在接近交通干线因素下，选址点 A_1 得 7 分，选址点 A_2 得 2 分，选址点 A_1 要比选址点 A_2 理想得多。

4）计算各备选方案的综合评价值（总得分）。

各评价项目下的评价值的加权和，即为综合评价值。据此计算各替代方案的综合评价值。其中，综合评价值最大的替代方案即为最优方案。本例，各因素的权重乘以各因素下选址点的得分后加总就得到该选址点的总得分。选址时将优先考虑得分值高的选址点，再考虑分值低的选址点。

选址点 A_1 的总得分：$8×5+5×3+8×10+6×9+9×8+3×2+3×4+8×7=335$

选址点 A_2 的总得分：$8×7+5×4+8×8+6×5+9×4+3×4+3×6+8×2=252$

所以，结论是该油漆生产厂应优先考虑选址点 A_1 建油漆店，其次考虑选址点 A_2。

要特别注意的是对不同选址点打分时态度要保持一致，这样才可以对总得分进行合理比较。

四、层次分析法

层次分析法（The Analytic Hierarchy Process，AHP）是在 20 世纪 70 年代中期由美国运筹学家萨蒂（T.L.Saaty）正式提出。它是一种定性和定量相结合的、系统化、层次化的分析方法。主要适用于结构较为复杂、决策准则较多而且不易量化的决策问题。由于它在处理复杂的决策问题上的实用性和有效性，很快在世界范围得到重视。它的应用已遍及经济计划和管理、能源政策和分配、行为科学、军事指挥、物流、农业、教育、人才、医疗和环境等领域。

以旅游地选择为例，层次分析法的基本思路大致是这样的：假如有 3 个旅游胜地 A、B、C 供你选择，你会根据诸如景色、费用和居住、饮食、旅途条件等一些评价准则去反复比较这 3 个候选地点。首先，你会确定这些准则在你心目中各占多大比重，如果你经济宽绰、醉心旅游，自然更看重景色条件，而平素俭朴或手头拮据的人则会优先考虑费用。其次，你会就每一个评价准则对 3 个地点进行对比，譬如 A 景色最好，B 次之；B 费用最低，C 次之；C 居住条件较好等。最后，你要对这两个层次的比较判断进行综合，在 A、B、C 中确定一个最佳旅游地点。

下面通过一个具体事例来说明这一方法的使用。

例 2-6 某物流公司总部在公司内部选拔一名新建的分支机构负责人，经过领导推举确定了三个候选人甲、乙、丙，现在的问题是如何在这三名候选人里选拔出一位合适人选呢？公司结合岗位的实际需要，经过研究讨论，决定从品德、才能、资历、年龄和群众关系这五个评价标准来评价三人，从中选拔出较为合适的人选。

1）为了解决这个问题，首先画出其层次结构图，此结构图中分三个层次：目标层、评价标准层和决策方案层，如图 2-5 所示。

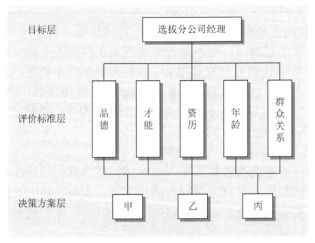

图 2-5　层次结构图

从图 2-5 可知，一个合适的人选是通过品德、才能、资历、年龄和群众关系这五个评价标准综合衡量的。但是，这五个标准项目相对上一层选拔经理总目标来说，其重要程度是不一样的，有的重要一些，有的可能相对不那么重要，这需要我们予以量化，即求得它们在总目标下的相对权重。另外，我们还需要评估在每一个评价标准项目下这三个候选人的情况，实际上是求得每一个评价标准项目下的各方案的相对权重。

2）为了计算相对权重，层次分析法常用的判断尺度如表2-10所示。

表2-10 判断尺度的定义

判断尺度 a_{ij}	定义
1	因素 i 和因素 j 同样重要
3	因素 i 比因素 j 略重要
5	因素 i 比因素 j 重要
7	因素 i 比因素 j 重要得多
9	因素 i 比因素 j 绝对重要
2、4、6、8	其重要程度介于上述两个相邻判断尺度中间
倒数	$a_{ji} = 1/a_{ij}$

表2-10中的因素 i 和因素 j 表示两个进行比较的评价标准或在某一评价标准下比较的两个方案。根据判断尺度 a_{ij} 为元素建立的矩阵称为判断矩阵。

下面我们对五个评价标准在选拔经理这个总目标下的重要程度进行两两比较，得到判断矩阵如表2-11所示。

表2-11 总目标下的判断矩阵表

评价标准	品德	才能	资历	年龄	群众关系
品德	1	2	7	5	5
才能	1/2	1	4	3	3
资历	1/7	1/4	1	1/2	1/3
年龄	1/5	1/3	2	1	1
群众关系	1/5	1/3	3	1	1

在表2-11中，显然每个评价标准与自己相比都同等重要，因此对角线元素都为1，而品德比才能稍微略好，因此 $a_{12}=2$；品德比资历重要得多，因此 $a_{13}=7$；品德比年龄和群众关系重要，因此 $a_{14}=a_{15}=5$；由判断尺度倒数的定义，可知 $a_{21}=1/a_{12}=1/2$，其他的 a_{ij} 的取值同理，不再一一介绍。

3）计算相对权重，先计算五个评价标准在选拔经理总目标下的相对权重。

第一步，先求出判断矩阵每列的总和，如表2-12所示。

表2-12 判断矩阵每列求和

评价标准	品德	才能	资历	年龄	群众关系
品德	1	2	7	5	5
才能	1/2	1	4	3	3
资历	1/7	1/4	1	1/2	1/3
年龄	1/5	1/3	2	1	1
群众关系	1/5	1/3	3	1	1
总和	143/70	47/12	17	21/2	31/3

第二步，把判断矩阵的每一元素除以其相应列的总和，所得商组成的新的矩阵称为评价标准判断矩阵，如表 2-13 所示。

表 2-13　评价标准判断矩阵表

评价标准	品德	才能	资历	年龄	群众关系
品德	70/143	24/47	7/17	10/21	15/31
才能	35/143	12/47	4/17	6/21	9/31
资历	10/143	3/47	1/17	1/21	1/31
年龄	14/143	4/47	2/17	2/21	3/31
群众关系	14/143	4/47	3/17	2/21	3/31

第三步，计算评价标准判断矩阵的每一行的平均值，这些平均值就是各评价标准在选拔经理这一总目标下的权重，如表 2-14 所示。

表 2-14　评价标准相对权重计算表

评价标准	品德	才能	资历	年龄	群众关系	行平均值
品德	0.489 5	0.510 6	0.411 8	0.476 2	0.483 9	0.474 4
才能	0.244 8	0.255 3	0.235 3	0.285 7	0.290 3	0.263 3
资历	0.069 9	0.063 8	0.058 8	0.047 6	0.032 3	0.054 5
年龄	0.097 9	0.085 1	0.117 6	0.095 2	0.096 8	0.098 5
群众关系	0.097 9	0.085 1	0.176 5	0.095 2	0.096 8	0.110 3

这种求各因素的权重的方法叫作规范列平均法，是一种求权重的近似计算方法，其他的方法如方根法、幂乘法等不再介绍。

从表 2-14 中可见品德、才能、资历、年龄和群众关系在总目标选拔经理下的得分（权重）分别为 0.474 4、0.262 3、0.054 5、0.098 5、0.110 3，其和为 1，它反映了决策者选拔经理时，认为品德条件最重要，其次是才能，再次是群众关系、年龄因素，最后才是资历。

同样我们可以求得候选人分别在品德、才能、资历、年龄和群众关系五个评价标准下的判断矩阵，如表 2-15 所示。

表 2-15　五个评价标准下的候选人方案判断矩阵表

品德	甲	乙	丙	才能	甲	乙	丙	资历	甲	乙	丙	年龄	甲	乙	丙	群众关系	甲	乙	丙
甲	1	1/3	1/8	甲	1	2	5	甲	1	1	3	甲	1	3	4	甲	1	1	1/4
乙	3	1	1/3	乙	1/2	1	2	乙	1	1	3	乙	1/3	1	1	乙	1	1	1/4
丙	8	3	1	丙	1/5	1/2	1	丙	1/3	1/3	1	丙	1/4	1	1	丙	4	4	1

同样我们可以从表 2-15 的判断矩阵求得候选人甲、乙、丙分别在品德、才能、资历、年龄和群众关系方面的得分（权重），如表 2-16 所示。

表 2-16　候选人方案相对权重计算表

相对权重	品德	才能	资历	年龄	群众关系
甲	0.082	0.594	0.429	0.633	0.167
乙	0.236	0.277	0.429	0.192	0.167
丙	0.682	0.129	0.142	0.175	0.666

4）判断矩阵的一致性检验。判断矩阵的元素是通过对两个因素进行两两比较得到的，评价主体不可能精确地判断出矩阵元素 a_{ij} 的数值，因此不可避免会有误差，导致与真实情况不一致。判断矩阵要满足一致性的要求，由此计算的相对权重才是可靠的。一致性检验的方法这里不做介绍，感兴趣的读者可查阅相关书籍。

5）依据相对权重数值计算各方案的综合重要度，依此对各方案的优劣排序。在上面我们已经求出了五个标准的相对权重，以及三个候选人甲、乙、丙在单一标准下的相对权重，如表 2-17 所示。

表 2-17 各级相对权重表

相对权重	品德	才能	资历	年龄	群众关系
	0.474	0.263	0.054	0.099	0.110
甲	0.082	0.594	0.429	0.633	0.167
乙	0.236	0.277	0.429	0.192	0.167
丙	0.682	0.129	0.142	0.175	0.666

候选人甲在品德中得分 0.082，而品德在选拔经理总目标中所占的重要性（权数）为 0.474，因此，候选人甲由于品德使得他在总目标中的得分为 0.474×0.082；同样可知候选人甲由于其才能在总目标中的得分为 0.263×0.594；由于其资历在总目标中的得分为 0.054×0.429；由于其年龄在总目标中的得分为 0.099×0.633；由于其群众关系在总目标中的得分为 0.110×0.167，故候选人甲在总目标中的总得分为

0.474×0.082＋0.263×0.594＋0.054×0.429＋0.099×0.633＋0.110×0.167≈0.299

同理可知候选乙和丙的总得分分别为：

0.474×0.236＋0.263×0.277＋0.054×0.429＋0.099×0.192＋0.110×0.167≈0.245

0.474×0.682＋0.263×0.129＋0.054×0.142＋0.099×0.175＋0.110×0.666≈0.455

通过比较可知候选人丙的得分最高，候选人甲次之，而候选人乙得分最少。故可知候选人丙应为第一经理人选。

★ 关于实践中层次分析法的应用，请看下面第五节应用举例三。

第五节 应 用 举 例

一、集装箱船舶航次空舱量准备问题

国内某船运公司根据以往的资料统计可知，一条集装箱船舶每个航次从天津到厦门港所需的舱位数可能是下面数量中的某一个：100、150、200、250、300，而其概率分布未知。如果一个舱位空着，则在开船前 24 小时内以 80 美元低价售出。每个舱位预定的运价为 120 美元，每个舱位的运输成本是 100 美元。该船运公司一般从舱位市场需求量的几种可能性中任意选一个为本航次空舱量准备方案，即

1）准备的空舱量为 100。
2）准备的空舱量为 150。

3）准备的空舱量为200。

4）准备的空舱量为250。

5）准备的空舱量为300。

在这种情况下，该船运公司该如何合理地准备空舱量方案，改善决策质量呢？

上述船公司航次空舱量准备问题显然是一个决策问题，即需要确定每个航次计划应准备多少空舱数量。但只知道市场需求量可能是100、150、200、250、300中的某一个，而对每种状态发生的概率则无法掌握，所以只能从这几种可能性中选择一个作为航次计划空舱量准备方案。因此，这是一个不确定型的决策分析问题。

针对上述问题，我们需要先完成不同空舱量方案在各种自然状态下的益损值估算工作。设需求量为 A_i，准备量为 B_j，益损值为 C_{ij}，根据以往资料估算可得到各个方案的益损值，如表2-18所示。

表2-18　空舱量方案益损值表　　　　　　　　　　　　（单位：美元）

需求量（状态） 准备量（方案）	A_1 （100）	A_2 （150）	A_3 （200）	A_4 （250）	A_5 （300）
B_1（100）	2 000	2 000	2 000	2 000	2 000
B_2（150）	1 000	3 000	3 000	3 000	3 000
B_3（200）	0	2 000	4 000	4 000	4 000
B_4（250）	−1 000	1 000	3 000	5 000	5 000
B_5（300）	−2 000	0	2 000	4 000	6 000

由于决策者对未来所遇到的不确定状态的估计常有不同的考虑，因此，在不确定状态下进行决策分析时，决策者可依据不同的决策准则对问题进行分析。常用的有乐观准则、悲观准则、遗憾准则、平均准则及折中准则等。接下来我们分别对每种决策准则进行应用计算、求出结果，以此供决策者选择。

1．乐观准则的计算及结果

乐观准则的思路是从最有利的自然状态出发，以在最有利的自然状态下取得最有利结果的方案作为最优方案。

首先考虑每一方案的最大收益值，再选取最大收益值中最大的那个，如表2-19所示。

表2-19　最大收益值表　　　　　　　　　　　　（单位：美元）

需求量 准备量	A_1 （100）	A_2 （150）	A_3 （200）	A_4 （250）	A_5 （300）	最大 收益值
B_1（100）	2 000	2 000	2 000	2 000	2 000	2 000
B_2（150）	1 000	3 000	3 000	3 000	3 000	3 000
B_3（200）	0	2 000	4 000	4 000	4 000	4 000
B_4（250）	−1 000	1 000	3 000	5 000	5 000	5 000
B_5（300）	−2 000	0	2 000	4 000	6 000	6 000*

因此，方案 B_5 为最优方案。事实上，这种方法就是选取最有利情况下的最有利方案，它期待今后出现最有利的自然状态，因此过分乐观容易引起冒进。这可以在表2-20的有关数据（某决策问题）中得到说明。

表 2-20　最大收益值表　　　　　　　　　　（单位：美元）

方案	各自然状态下的益损值			最大收益值
	状态 A	状态 B	状态 C	
方案 1	10	−30	<u>100</u>	100*
方案 2	80	70	<u>90</u>	90

按乐观准则，应选方案 1 为最优方案，但直观上很明显地看出，在状态 C 下，两方案的收益值相差无几，而在状态 A 和状态 B 下，方案 1 的收益值远远低于方案 2，由于决策者的过分乐观，而忽略了可能在状态 A 和状态 B 下出现的风险。

2．悲观准则的计算及结果

悲观准则处理问题的思路是从最不利的结果出发，以在最不利的结果中取得最有利结果的方案作为最优方案。

首先考虑每一方案的最小收益值，再从最小收益值中选择最大的那个，如表 2-21 所示。

表 2-21　最小收益值表　　　　　　　　　　（单位：美元）

准备量＼需求量	A_1（100）	A_2（150）	A_3（200）	A_4（250）	A_5（300）	最小收益值
B_1（100）	2 000	2 000	2 000	2 000	2 000	2 000*
B_2（150）	1 000	3 000	3 000	3 000	3 000	1 000
B_3（200）	0	2 000	4 000	4 000	4 000	0
B_4（250）	−1 000	1 000	3 000	5 000	5 000	−1 000
B_5（300）	−2 000	0	2 000	4 000	6 000	−2 000

因此，方案 B_1 为最优方案。事实上，这种方法就是选取最不利情况下的最有利方案。

显然，这种准则所得的决策结果最为保险，无论自然状态如何，总能保证得到这一准则的决策结果。其缺点是过于保守，这可以在表 2-22 的有关数据（某决策问题）中得到说明。

表 2-22　最小收益值表　　　　　　　　　　（单位：美元）

方案	各自然状态下的益损值			最小收益值
	状态 A	状态 B	状态 C	
方案 1	<u>12</u>	80	100	12
方案 2	<u>15</u>	20	25	15*

按悲观准则，应选方案 2 为最优方案，但直观上很明显地看出，在状态 A 下，两方案的收益值相差无几，而在状态 B 和状态 C 下，方案 1 的收益值远远高于方案 2，由于决策者的过分保守，而放弃了可能得到的在状态 B 和状态 C 下的高额收益。

3．遗憾准则的计算及结果

通常决策做出后，若客观情况的发展与决策时的估计相差较大，决策者便有遗憾或后悔的感觉。遗憾值法的思路是希望找到一个方案，当此方案执行后，无论自然状态如何变化，决策者产生的遗憾情绪都为最小，遗憾情绪的大小用遗憾值表示。每一种自然状态下，该方案收益值与此状态下的最大收益值之差的绝对值就是遗憾值。

上述问题的遗憾值计算如表 2-23 所示。

表 2-23　最大遗憾值表　　　　　　　　　　　　　　　　（单位：美元）

准备量＼需求量	在每一自然状态下的遗憾值					最大遗憾值
	A_1（100）	A_2（150）	A_3（200）	A_4（250）	A_5（300）	
B_1（100）	0	1 000	2 000	3 000	4 000	4 000
B_2（150）	1 000	0	1 000	2 000	3 000	3 000
B_3（200）	2 000	1 000	0	1 000	2 000	2 000*
B_4（250）	3 000	2 000	1 000	0	1 000	3 000
B_5（300）	4 000	3 000	2 000	1 000	0	4 000

因此，方案 B_3 为最优方案。此时无论自然状态如何变化，决策者产生的遗憾情绪都为最小。

4．平均准则的计算及结果

这种准则的出发点是，既然不能肯定哪种状态比另一种状态更可能出现，只好认为各种状态出现的概率相等。

一般地，在进行决策分析前，可首先大致观察一下各方案的收益值，如发现某一方案相对另一方案在任何一种自然状态下都处于不利的地位，则该方案相对另一方案为劣势方案，可马上淘汰该方案。决策将在剩下的方案中选择一个最优方案。

上述问题的五个方案的平均收益值计算结果如表 2-24 所示。

表 2-24　平均收益值表　　　　　　　　　　　　　　　　（单位：美元）

准备量＼需求量	A_1（100）	A_2（150）	A_3（200）	A_4（250）	A_5（300）	平均收益值
B_1（100）	2 000	2 000	2 000	2 000	2 000	2 000
B_2（150）	1 000	3 000	3 000	3 000	3 000	2 600
B_3（200）	0	2 000	4 000	4 000	4 000	2 800*
B_4（250）	−1 000	1 000	3 000	5 000	5 000	2 600
B_5（300）	−2 000	0	2 000	4 000	6 000	2 000

显然，方案 B_3 的平均收益值最高，因此，根据平均准则，方案 B_3 作为最优方案。

根据平均准则，在决策矩阵中，如增加或减少一种状态时，往往会使原方案的优劣发生改变，这反映了这种准则对信息掌握程度的依赖性较强，以表 2-25 的有关数据（某决策问题）为例。

表 2-25　平均收益值表　　　　　　　　　　　　　　　　（单位：美元）

方案	各自然状态下的益损值		平均收益值
	状态 A	状态 B	
方案 1	50	20	35*
方案 2	−30	70	20

该决策问题现有 2 种自然状态，如经过调查研究发现还可能存在第三种状态，两种方案在第三种状态下的收益值也可得到，如表 2-26 所示。

表 2-26　平均收益值表　　　　　　　　　　　　　　　　（单位：美元）

方案	各自然状态下的益损值			平均收益值
	状态 A	状态 B	状态 C	
方案 1	50	20	30	33.3
方案 2	−30	70	80	40*

显然,增加了一种状态,最优方案就从原来的方案 1 变成为方案 2。

5. 折中准则的计算及结果

这种准则的思路是对乐观准则和悲观准则的折中。决策时,决策者先根据个性、经验选择一个乐观系数 α,然后对每一个方案按乐观、悲观两个方面算出一个折中收益值。

在折中法下,决策步骤为

1)编制决策益损表;

2)计算每个方案折中收益值:

$$折中收益值 = \alpha \times 最大收益值 + (1-\alpha) \times 最小收益值$$

其中 α 为乐观系数(显然 α 越大,最大收益值对方案评价的结果影响越大,反之最小收益值对方案评价的结果影响越大),α 在 0 与 1 之间,可自行主观选定。若 $\alpha=1$,就是乐观准则;若 $\alpha=0$,就是悲观准则。

3)在所有方案中选择那个折中收益值最大对应的方案为备选方案。

上述问题中,若取 $\alpha=0.3$,则决策过程如表 2-27 所示。

表 2-27 折中收益值表 （单位:美元）

需求量 准备量	A_1 （100）	A_2 （150）	A_3 （200）	A_4 （250）	A_5 （300）	最大 收益值	最小 收益值	折中 收益值
B_1（100）	2 000	2 000	2 000	2 000	2 000	2 000	2 000	2 000*
B_2（150）	1 000	3 000	3 000	3 000	3 000	3 000	1 000	1 600
B_3（200）	0	2 000	4 000	4 000	4 000	4 000	0	1 200
B_4（250）	−1 000	1 000	3 000	5 000	5 000	5 000	−1 000	800
B_5（300）	−2 000	0	2 000	4 000	6 000	6 000	−2 000	400

因此,方案 B_1 为最优方案。

若取 $\alpha=0.7$,则决策过程如表 2-28 所示。

表 2-28 折中收益值表 （单位:美元）

需求量 准备量	A_1 （100）	A_2 （150）	A_3 （200）	A_4 （250）	A_5 （300）	最大 收益值	最小 收益值	折中 收益值
B_1（100）	2 000	2 000	2 000	2 000	2 000	2 000	2 000	2 000
B_2（150）	1 000	3 000	3 000	3 000	3 000	3 000	1 000	2 400
B_3（200）	0	2 000	4 000	4 000	4 000	4 000	0	2 800
B_4（250）	−1 000	1 000	3 000	5 000	5 000	5 000	−1 000	3 200
B_5（300）	−2 000	0	2 000	4 000	6 000	6 000	−2 000	3 600*

因此,方案 B_5 为最优方案。

由此我们可以看出,乐观系数 α 的选取对最终结果影响很大。

对于不确定型的决策分析问题,我们知道有不同的决策方法供采用,所求得的决策结果也各不相同,具体采用何种方法一般视决策人的态度而定。通常,我们会建议综合应用,即将几种决策准则应用计算、选择的结果进行综合评定,将被选中次数最多的方案,作为最优决策方案。上述问题的几种决策准则（不考虑折中准则）下,方案 B_3 被选中二次,方案 B_1、方案 B_5 分别被选中 1 次,故方案 B_3 应是备选方案中的最优方案。

二、物流公司新仓库投资建设计划问题

某物流公司由于业务量增加,需要增加仓储空间,计划新建一个仓库。现有两个可行方案:方案Ⅰ是一开始就建 6 万 m² 仓库;方案Ⅱ是先建 3 万 m²,3 年后决定是否再建 3 万 m² 仓库。根据市场调查预测分析,前 3 年需求高的概率是 0.7,需求低的概率是 0.3。如果前 3 年需求高,则后 7 年需求高的概率是 0.9;如果前 3 年需求低,则后 7 年需求高的概率是 0.4。

一次性投资的建设费用是 60 元/m²,分两次投资的建设费用是 70 元/m²。建成之后的收益情况估算是:对 6 万 m² 仓库来说,需求高时每年可获利 150 万元,需求低时可获利 30 万元;对 3 万 m² 仓库来说,需求高时每年可获利 80 万元,需求低时可获利 50 万元。物流公司仅仅考虑 10 年的投资效果,那么该物流公司如何选择新仓库的投资建设计划,保证新仓库建成运营后 10 年内总的收益最大?

这个问题根据投资计划方案的要求在时间上需要区分为前 3 年和后 7 年两个阶段来考虑,因此是属于多阶段决策问题。市场需求行情的概率可以估算出来,所以这是一个风险型决策分析问题。多阶段决策是对决策比较复杂,而要进行的多次序列的决策。多阶段决策应用决策收益表不易表达,而用决策树来表达就比较形象直观。

本问题根据题意可画出决策树如图 2-6 所示。

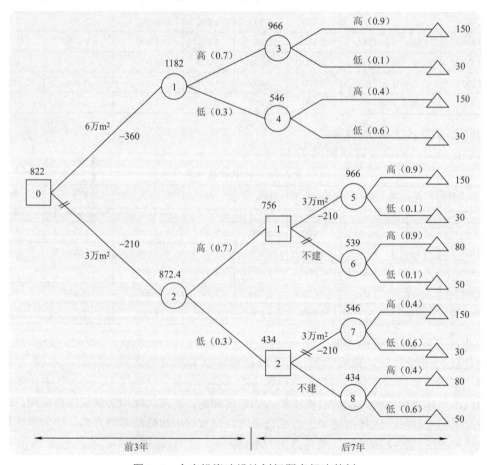

图 2-6 仓库投资建设计划问题多级决策树

本问题为二级决策，所以我们分两段来计算各节点的期望收益值，从最后决策向前考虑。

1）先对第二阶段进行计算分析。

考虑决策节点①，先计算各状态节点的期望收益值（单位：万元）。

节点⑤：后 7 年总收益 =（150×0.9 + 30×0.1）×7 = 966

节点⑥：后 7 年总收益 =（80×0.9 + 50×0.1）×7 = 539

节点⑤对应建仓库方案分枝，需投资 70×3 = 210，节点⑥对应不建仓库，所以决策节点①的两个方案分枝最终期望收益值是（966–210）= 756 和 539，756 > 539，因此选择投资建仓库方案，舍弃不建方案分枝。

同理考虑决策节点②，计算各状态节点的期望收益值（单位：万元）。

节点⑦：后 7 年总收益 =（150×0.4 + 30×0.6）×7 = 546

节点⑧：后 7 年总收益 =（80×0.4 + 50×0.6）×7 = 434

比较（546–210）= 336 < 434，因此选择不建仓库方案，舍弃建仓库方案分枝。

2）对第一阶段进行计算分析。

节点③：后 7 年的期望收益值 =（150×0.9 + 30×0.1）×7 = 966

节点④：后 7 年的期望收益值 =（150×0.4 + 30×0.6）×7 = 546

节点①：(3+7) 年的期望收益值 =（150×0.7×3 + 966×0.7）+（30×0.3×3 + 546×0.3）= 1 182

节点②：(3+7) 年的期望收益值 =（80×0.7×3 + 756×0.7）+（50×0.3×3 + 434×0.3）= 872.4

节点①对应建 6 万 m² 仓库方案分枝，需投资 60×6 = 360，节点②对应建 3 万 m² 仓库方案分枝，需投资 70×3 = 210，所以决策节点⓪的两个方案分枝 10 年的期望收益值是 1182–360 = 822 和 872.4–210 = 662.4，822 > 662.4，因此选择投资建 6 万 m² 仓库方案，舍弃建 3 万 m² 仓库方案分枝。

经过上述分析计算得知，一次性投资建 6 万 m² 仓库方案和分二次投资建两个 3 万 m² 仓库方案的 10 年收益值分别为 822 万元和 662.4 万元，所以该物流公司最佳决策是：一开始就建 6 万 m² 仓库，10 年后可获得的收益值为 822 万元。

三、物流货运公司运力准备方案选择

某物流货运公司与某大型制造企业签订了一年期的货物运输合同，内容是承担制造企业下线产品的全国分拨运输任务。该货运公司为完成合同运输任务，需要对自身的运输生产能力（运力）进行评估并提前做出运力准备安排。现在有三个运力准备方案供选择。它们是

1）购置国产货车，

2）购置进口货车，

3）改装旧车。

公司管理层讨论后，决定用如下 5 个评价项目对运力准备方案进行综合评价，它们是期望利润、货运安全率、市场占有率、购置费用、客户满意度。根据有关人员的预测和估计，实施这三种方案后关于五个评价项目的效果如表 2-29 所示。

表 2-29 替代方案效益表

替代方案 \ 评价项目	期望利润（万元）	货物安全率（%）	市场占有率（%）	购置费用（万元）	客户满意度
购置国产货车	650	95	30	110	满意
购置进口货车	730	97	35	180	较满意
改装旧车	520	92	25	50	满意

试对这三个方案做出优先顺序评价。

1）首先，确定各评价项目的权重。确定权重的有效方法之一是逐对比较法。具体做法是：对各评价项目逐对进行比较，比较结果相对重要的评价项目得1分，反之得零分，当逐对比较完毕后累计各评价项目的得分，经过归一化计算以求得各评价项目的权重。

本例权重确定过程如表 2-30 所示。表中，期望利润与货运安全率相比，前者重要得1分，则后者得零分。余可类推，最后根据各评价项目的累计得分用归一化计算方法计算权重，如期望利润权重 $w_1 = \dfrac{期望利润累计得分}{各累计得分之和} = \dfrac{4}{4+3+1+2+0} = 0.4$。如表 2-30 所示。

表 2-30 用逐对比较法求得的权重表

评价项目	得分序号										累计得分	权重
	1	2	3	4	5	6	7	8	9	10		
期望利润	1	1	1	1							4	0.4
货运安全率	0				1	1	1				3	0.3
市场占有率		0			0			0	1		1	0.1
购置费用			0			0		1		1	2	0.2
客户满意度				0			0		0	0	0	0.0

2）再根据评价主体给定的评价尺度，对各替代方案的评价项目一一进行评价，得到每一评价项目的评价值。本例由公司管理层讨论后设定的评价尺度如表 2-31 所示。用评价尺度对各替代方案在各评价项目下逐一打分，见表 2-32 中数值，如三个方案在期望利润评价项目下得分分别为 3、4、2。

表 2-31 评价主体设定的评价尺度表

评价项目 \ 评价尺度	5	4	3	2	1
期望利润	800 以上	701～800	601～700	501～600	500 以下
货运安全率	97%以上	96～97%	91～95%	86～90%	85%以下
市场占有率	40%以上	35～39%	30～34%	25～29%	25%以下
购置费用	20 以下	21～80	80～120	120～160	160 以上
客户满意度	非常满意	满意	较满意	一般	不满意

3）根据权重和评价值得分，计算各替代方案综合评价值（加权和）如下：

方案 1）总评定值 = 0.4×3 + 0.3×3 + 0.1×3 + 0.2×3 + 0.0×4 = 3.0

方案 2）总评定值 = 0.4×4 + 0.3×4 + 0.1×4 + 0.2×1 + 0.0×3 = 3.4

方案 3）总评定值 = 0.4×2 + 0.3×3 + 0.1×2 + 0.2×4 + 0.0×4 = 2.7

以上评价计算过程和结果可用关联矩阵评价表汇总，如表 2-32 所示。由表可知，方案 2）（购置进口货车）的综合评价值为最大，是最佳的选择。

表 2-32　关联矩阵评价表

替代方案 \ 评价项目	期望利润（万元）0.4	货物安全率（%）0.3	市场占有率（%）0.1	购置费用（万元）0.2	客户满意度 0.0	综合评价值
购置国产货车	3	3	3	4	4	3.0
购置进口货车	4	4	4	1	3	3.4
改装旧车	2	3	2	4	4	2.7

小　结

20 世纪以来，随着生产社会化的发展，社会生产、科学研究以及其他社会活动规模越来越大，社会系统活动愈来愈复杂，涉及因素也更多，从而使得人类决策活动的不确定性因素与风险都相应地增加了许多，稍有不慎就可能造成重大的决策失误。将决策问题上升到理论高度是西方现代管理理论对人类文明的贡献。决策学派的代表人西蒙曾经系统地研究了决策的理论，提出决策是统筹管理的一项中心活动，它存在于管理活动的任何一个环节、贯穿于管理全过程的重要思想，并因此而成为管理方面唯一获得诺贝尔经济学奖的人。

现代物流管理中，往往面临多种多样的物流决策问题，例如，运输方式的选择：自有车辆运输还是外包车辆运输？配送中心仓库建设计划：新建、维持或旧库改建？新业务投放规模：大、中或小？这些决策问题是摆在物流管理者面前的重要难题。运筹学的一个分支——决策论就是专门研究决策分析的理论和方法，它为管理者做出最优决策提供了有效的科学处理方法，极大地提高了他们的管理水平和绩效。

决策分析的理论和方法涉及面广，本章主要讨论了不确定型决策、风险型决策、系统评价技术等有关的内容。不确定型决策问题的分析方法主要用于求解未来状态信息发生的概率都不掌握的决策问题；而未来状态信息发生的概率可以估算的决策问题，则可以用风险型决策问题的分析方法求得结果。对于追求多个目标，而且目标的属性又是各种各样和难以量化的决策问题，可以运用系统评价技术方法求得最优方案。

总之决策分析是一种对已知目标和方案的选择过程，不是瞬时的行动，是企业各级管理人员既极为重要又十分困难的一项工作。

习　题

1. 决策分析的含义是什么？
2. 决策分析问题通常分哪几类？每一类必须具备的条件是什么？
3. 不确定条件下的决策准则有哪些？运用不同决策准则的求解结果一样吗？如何选用这些准则？
4. "风险型的决策分析问题"中的"风险"一词如何理解？
5. 什么是系统评价技术？并回答评价技术方法的重要性。
6. 某港口现有桥吊 4 台。由于今年航运市场特别兴旺，夏季（旺季）时全部满载也不能满足来船需求，致使部分船只不得不延长在港时间，造成港口资金白白流失，冬季（淡季）时也基本每天都有船进出港。因此港口领导想扩大生产能力，再购置一台桥吊，但同时也害怕市场有变，于是有三种方案：维持4台（S_1）、增加1台（S_2）、减少1台（S_3），未来航运市场需求可能出现三种情况：上升（N_1）、持平（N_2）、下降（N_3）。三种方案在不同情况下能给港口带来的收益如表2-33所示。

表2-33 益损值表

市场情况 方案	收益值（万元）		
	上升 N_1	持平 N_2	下降 N_3
4台 S_1	10	0	-5
5台 S_2	20	10	-15
3台 S_3	5	-5	-2

试分别用乐观准则、悲观准则、遗憾值准则、等概率准则、折中准则（取乐观系数 $\alpha=0.5$）进行决策。

7. 某货场计划贷款修建一个仓库，初步考虑了三种建仓库的方案：修建大型仓库、修建中型仓库、修建小型仓库。由于对货物量的多少不能确定，对不同规模的仓库，其获利情况、支付贷款利息及营运费用的情况都不同。经初步估算，编制出每个方案在每种不同货物量下的益损值，如表2-34所示。试分别用乐观准则、悲观准则、遗憾值准则、等概率准则、折中准则（取乐观系数 $\alpha=0.7$）进行决策。

表2-34 不同货物量的益损值表

货物量 方案	收益值（万元）		
	货物量大	货物量中	货物量少
建大型仓库	100	50	30
建中型仓库	60	80	50
建小型仓库	40	60	70

8. 某商店欲订购下一年度的挂历。据往年统计信息及市场预测推算，下一年度挂历销售量可能为0.5万本、1.0万本或1.5万本，最多为2.0万本。但不知道其概率为多大。已知订购挂历的成本为15元/本，售价为25元/本，每本可赢利10元。但挂历有时间性，过期后处理价平均为5元/本。试分别用乐观准则、悲观准则、后悔值准则、等概率准则、折中准则（取乐观系数 $\alpha=0.5$）进行决策，确定挂历的订购数量。（提示：此处订购数量取0.5万本，1.0万本，1.5万本，2.0万本等整数。）

9. 某商店准备下个月的某种饮料的存储量。据统计，饮料的日需求量为70箱、100箱、130箱三种情况之一。已知这种饮料进价为5元/箱，零售价为8元/箱，若当天不能售完，则第二天可以以4元/箱售完。为获得最大利润，商店每天应进多少箱饮料。请分别用乐观准则、悲观准则、折中准则（$\alpha=0.4$）的方法进行决策。

10. 试对本章引导案例中的运输方式选择问题运用期望值法进行决策。

11. 某物流管理专业毕业大学生有两种工作可供选择，工作Ⅰ：去市场部做营销业务员，月收入与工作效益挂钩，效益好时5 000元；一般情况下3 000元；效益差时1 000元。这3种情况出现的概率分别是0.5、0.3、0.2。工作Ⅱ：去运输部做现场理货员，通常情况下，月收入3 500元，最差时也有2 000元，但这种情况出现的可能性仅为5%。对两个工作岗位进行决策。

12. 某公司的仓储部门自行加工包装一种新规格产品,每箱成本 30 元,售价 80 元,但当天卖不掉的产品要报废。据以往统计资料预计新产品销售量的规律如表 2-35 所示。

表 2-35　新产品销售量统计表

需求数（箱）	100	110	120	130
新产品占的比例	0.2	0.4	0.3	0.1

问：1）今年每天应当加工包装出多少箱新规格产品可获利最大？

2）如公司市场调查部门能调查销售量的确切数字,该仓储部门愿意付出多大的调查费用？

13. 某物流公司的货物运输网络一直以来只在本省地区运营,公司业务前景看好。现在公司打算通过向全国扩张运营网络来增加利润。经市场调查,了解到全国和本省地区对该项运输业务的高需求概率都是 0.5,中等需求的概率都是 0.25,低需求的概率都是 0.25。本省业务和全国业务在各种需求的影响下的收益如表 2-36 所示。问：是继续在本省地区运营业务获利大,还是扩大到全国运营获利大？

表 2-36　益损值表　　　　　　　　　　（单位：万元）

方案＼需求	高需求	中等需求	低需求
本省地区运营	6	4	2.5
全国运营	4	3.8	3.5

14. 某配送公司考虑是否参加为运动会提供配送服务的投标,以取得饮料或面包两者之一的配送特许权。两者中任何一项投标中标的概率为 40%。配送公司的获得情况取决于天气,若获得的是饮料配送特许权,则当晴天时可获利 2 000 元,当雨天时,损失 2 000 元。若获得的是面包配送特许权,则不论天气如何都能获得 1 000 元,已知天气晴好的可能性为 70%,投标费用为 300 元。该配送公司应不应该参与投标？投哪个标？（请用决策树法完成决策过程）

15. 某仓储公司计划新建一个大型仓库,现有两种方案可供选择：方案一是一次性建设 5 万 m^2 的仓库,方案二是先建设 2 万 m^2 的仓库,三年后再决定是否再建设 3 万 m^2。估计前三年市场需求高的概率是 0.6,市场需求低的概率是 0.4。若前三年市场需求高,则后七年市场需求高的概率是 0.8,若前三年市场需求低,则后七年市场需求高的概率是 0.3。若一次性建设,投资费用是 50 元/m^2,若分两次建设,投资费用是 55 元/m^2。建成投入使用后,5 万 m^2 的仓库在市场需求高的情况下年获利 120 万元,在市场需求低的情况下年只能获利 20 万元,而 2 万 m^2 的仓库在市场需求高的情况下年获利 45 万元,在市场需求低的情况下年仍能获利 40 万元。仓储公司需要考虑 10 年内的投资收益。试用决策树法求解最优决策。

16. 某物流公司想承运一大型制造企业的成品向全国各地的分拨运输项目,但是,为了得到运输合同必须参加投标。已知投标的准备费用为 40 000 元,中标的可能性是 40%。如果不中标,准备费用得不到补偿。如果中标,可采用两个运输方案中的一个完成运输任务。方案Ⅰ成功的可能性为 80%,费用为 260 000 元；方案Ⅱ成功的可能性为 50%,费用为 160 000 元。如果每个运输方案实施顺利,该公司均可获利 600 000 元；如果运输合同中标但运输方案实施不顺利（客户企业不满意）,则该公司需赔偿 100 000 元给客户企业。现在要决策是否参加投标？若中标了,采用哪个运输方案完成客户企业的运输任务？

17. 某交通系统为提高城市交叉路口的安全通行能力,设计了 3 种替代方案以供选择：

①守护栏杆，②人行天桥，③信号设备。

经过评价人员的选择共确定 5 个评价项目：①减少死亡人数，②减少负伤人数，③减少经济损失，④景观，⑤实施费用。并确定其权重值分别为 10、8、6、3、4。确定的评价尺度如表 2-37 所示。

表 2-37 评价尺度表

评价尺度 效果值 评价项目	评价等级得分				
	5	4	3	2	1
减少死亡人数	8 以上	6～7	4～5	2～3	1
减少负伤人数	18 以上	14～17	9～13	4～8	4 以下
减少经济损失 / 万元	18 以上	12～17	8～11	5～7	4 以下
景观	非常好	很好	较好	一般	坏
实施费用 / 万元	10 以下	11～30	31～50	51～80	81 以上

据同类城市信息统计可知，在实施 3 种方案后关于 5 个评价项目的效果如表 2-38 所示。

表 2-38 方案实施效果表

评价项目 替代方案	减少死亡人数	减少负伤人数	减少经济损失（万元）	景观	实施费用（万元）
护栏杆	5	10	10	坏	20
人行天桥	6	15	20	很好	100
信号设备	3	8	5	一般	15

试对三个方案评价选优。

18. 某设备制造企业准备将本企业的成品向全国各地的送货任务外包给第三方物流公司，经过市场排查，有甲、乙、丙三家物流公司进入备选之列。该企业讨论决定评价标准为 5 项，分别是物流公司的规模、效益、安全、服务水平、管理水平。已知，经过因素两两比较并归一化处理，得到 5 项评价因素对于选择物流供应商目标而言，它们的相对重要度分别为 0.25、0.19、0.38、0.13、0.05。对于评价标准规模而言，甲、乙、丙三家物流公司的评价值分别为 0.6、0.24、0.16；对于效益而言，评价值分别为 0.5、0.33、0.17；对于安全性而言，评价值分别为 0.42、0.35、0.23；对于服务水平而言，评价值分别为 0.29、0.24、0.47；对于管理水平而言，评价值分别为 0.3、0.38、0.32。试画出层次结构图并排列三家物流公司的优先顺序。

第三章
物流资源配置规划

本章知识点

1. 了解线性规划问题的基本概念及其数学模型的形式。
2. 掌握线性规划模型的建立方法及应注意的问题。
3. 理解线性规划图解法的基本原理。
4. 掌握图解法求解线性规划模型的基本方法。
5. 理解单纯形法求解线性规划问题的基本原理。
6. 掌握单纯形法求解线性规划模型的基本方法。

本章能力点

1. 能够对一些相对简单的物流资源配置问题建立线性规划模型。
2. 能够运用线性规划模型解决一些简单的物流资源优化配置问题。

在物流管理领域中，常常会遇到这样的问题：当一项任务确定后，应如何统筹安排才能做到用最少的人力、物力等资源去完成？如何合理地安排使用现有的人力、物力资源使得创造的利润（财富）最多？我们先看下面的案例。

引导案例

物流网络结构布局方案的确定

如图3-1所示。现有三个客户需要两种产品。有两个工厂向仓库提供产品，每个工厂都可以生产其中任何一种产品，但每种产品的单位生产成本不同。

工厂P_1的生产能力有限制，可生产6万件产品1，5万件产品2；工厂P_2生产任何一种产品均无生产能力的限制。

每个客户只能由同一个仓库供货。已知仓库W_1的货物搬运处理成本为2元/件，该仓库如投入营运，固定成本为每年10万元，处理能力为每年11万件；仓库W_2的货物搬运处理成本为1元/件，固定成本为每年50万元，处理能力无限制；不存在维持仓库营运的最低数量限制。

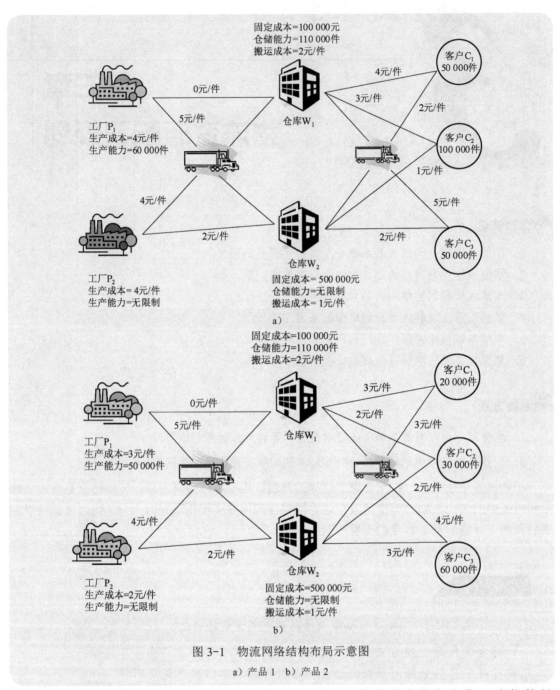

图 3-1　物流网络结构布局示意图
a) 产品 1　b) 产品 2

问题是该使用哪些仓库，客户需求如何分配，各工厂向各仓库供多少货，才能使经济上总花费最小？

要正确地回答上述问题，物流管理者需要做大量的工作，在此过程中定量分析是必不可少的。我们可以通过建立恰当的混合—整数线性规划模型，可以很快得出相应的最优的物流网络布局方案。本章将为物流管理者介绍物流活动中常用的定量分析工具之一——线性规划模型，主要介绍线性规划的概念、建模、求解及应用等内容。

第一节　资源配置规划概述

一、资源配置规划的含义

在物流管理的日常工作中，每当遇到一个比较重大的问题需要进行决策时，总要进行规划，选择最优方案。规划的目的，就是在现有的人力、物力和财力等资源条件下，如何合理地加以利用和调配，使我们在实现预期目标的过程中，耗费的资源最少，获得的收益最大。

资源配置规划是指使用某种数学方法使有效资源的运用达到最优化。它是运筹学的一个重要分支，在运筹学中称之为规划论。其主要包括线性规划、非线性规划、整数规划、目标规划和动态规划。这些规划方法是协助解决资源配置问题的一种有效工具。本章主要讲述线性规划问题。

二、线性规划的含义及应用

线性规划（Linear Programming，简称LP）是运筹学中研究较早、发展较快、应用广泛、方法较成熟的一个重要分支。其研究内容，总起来说是解决资源合理利用和资源合理调配问题。它涉及两个方面的具体问题：

1）计划任务确定，如何统筹安排，精心策划，用最少的资源来实现这个任务。这方面的问题涉及系统的投入和求极小值问题。

2）资源的数量确定，如何合理利用，合理调度，使得完成的任务最大。这方面的问题涉及系统的产出和求最大值问题。

因此，线性规划研究和应用的内容是实现系统的投入产出的极值问题，就是用最少的劳力和物力消耗，获得更多更好的社会需求产品。所以，线性规划是辅助实现系统的科学管理，加强企业经营决策，提高社会经济效益的一种有用的方法。它已广泛应用于军事、工业、商业、农业等各部门的规划中，取得了较好的效果。特别是计算机等高速运算工具的发展，使得线性规划模型解题的范围更加广泛，使它在国民经济各个部门中实现系统化、信息化，辅助经营决策，发挥了重要作用，在实践中取得了显著的效果。

线性规划的基本特点是模型中的线性函数，因此，在讲述建立线性规划问题模型及求解以前，理解线性规划的概念是很必要的。"线性"是用来描述在两个或多个变量之间的关系是直接成正比例的。例如，对 $y=f(x)$，这时，f 是一个线性函数。x 的任何变化都会引起 y 按一定比例的变化。如果用图形表示，这个关系将是一条直线，因此称线性。"规划"的含义，是指使用某种数学方法使有限资源的运用达到最大化。换句话说，规划就是计算，以数学形式表达的一定条件下的一组方程式和/或一组不等式中求某些未知量。

将线性规划这两个词的概念集中在一起就可理解为线性规划是一种合理利用资源、合理调配资源的应用数学方法。

下面通过一个简单实例来说明线性规划的应用。

例 3-1　某工厂在计划期内安排生产甲、乙两种产品，已知生产单位产品所需的 A、B 两种原材料的消耗情况如表 3-1 所示，同时已知该厂每生产一件甲产品可获利 2 元，每生产一件乙产品可获利 3 元，问应如何安排生产计划，才能使该厂获利最多？

表 3-1 甲、乙产品资料 （单位：kg）

	甲	乙	原材料库存量
原材料 A	4	0	16
原材料 B	0	4	12

这就是一个典型的线性规划问题，可以通过建立线性规划模型，然后通过数学方法进行求解。

第二节　线性规划模型及求解

一、线性规划的模型结构

从上面的概述中，可从数学角度理解线性规划的定义，即求取一组变量 x_i（$i=1, 2, \cdots, n$）的值，在满足一组约束条件下，求得目标函数最优解，使决策目标达到最优。根据这个定义，可确定线性规划的模型结构。

1．变量　变量是指实际系统或决策问题中有待确定的未知因素，也是指系统中的可控因素，又称决策变量。例如，决定企业经营目标（利润、产值等）的产品和数量。一个模型的决策变量的多少，决定于所要决策问题需控制的粗细程度。要求控制的程度越细，则需考虑的因素和约束条件越多。模型的变量越多，就越能反映实际问题，但模型的求解也越复杂。

2．目标函数　线性规划模型的目标是求系统目标的极值，是一个极值问题，即极大值或极小值。要具体结合决策问题的实际情况来确定模型的目标函数，如在物流管理中：产量最大、利润最大、成本最低、费用最小、时间最短、距离最短等。

3．约束条件　约束条件是指实现目标的限制因素。如物流中心的可以利用的设备能力、原材料供应数量、货品的流通能力、销售数量，等等。这部分要根据实际问题的要求来建立约束，因为每个企业面临的环境和所拥有的资源是不一样的。

4．线性规划的变量应为正值　以上就是线性规划模型的基本结构，据此，可以给线性规划下一个明确定义：线性规划是求一组变量 $x_1, x_2, x_3, \cdots, x_n$ 的值，在满足一组约束条件下，求得目标函数值（极大值或极小值）的最优解问题。

二、线性规划模型的数学表达式

线性规划的数学模型的一般表达式如下。

求一组决策变量 $x_1, x_2, \cdots, x_n$ 的值，使得

$$\max（或 \min）Z = c_1 x_1 + c_2 x_2 + \cdots + c_n x_n \tag{3-1}$$

$$\text{s.t.} \begin{cases} a_{11} x_1 + a_{12} x_2 + \cdots + a_{1n} x_n \leqslant (\geqslant, =) b_1 \\ a_{21} x_1 + a_{22} x_2 + \cdots + a_{2n} x_n \leqslant (\geqslant, =) b_2 \\ \qquad\qquad\qquad \vdots \\ a_{m1} x_1 + a_{m2} x_2 + \cdots + a_{mn} x_n \leqslant (\geqslant, =) b_m \\ x_j \geqslant 0, j=1, 2, \cdots, n \end{cases} \tag{3-2}$$

其中 a_{ij}，b_i，c_j ($i=1, 2, \cdots, m$；$j=1, 2, \cdots, n$) 为已知常数，式（3-1）称为目标函数，式（3-2）为约束条件，满足约束条件的 ($x_1, x_2, \cdots, x_n$) 称为可行解，用 Z 表示；而使目标函数达到最大值的可行解 ($x_1, x_2, \cdots, x_n$) 称为最优解。

简记形式为

$$\max（或\min）Z = \sum_{j=1}^{n} c_j x_j$$

$$\text{s.t.} \begin{cases} \sum_{j=1}^{n} a_{ij} x_j \leqslant (\geqslant 或 =) b_i, (i=1, 2, \cdots, m) \\ x_j \geqslant 0, (j=1, 2, \cdots, n) \end{cases}$$

例 3-2 判断下面的数学模型是不是线性规划：

1) $\max Z = 4x_1^2 + 3x_2^2 - 5x_1x_2 - 2x_1 - 2x_2$

$$\text{s.t.} \begin{cases} x_1 + x_2 \leqslant 3 \\ x_1 + 5x_2 \leqslant 6 \\ x_1, x_2 \geqslant 0 \end{cases}$$

2) $\min Z = 3x_1 + 4x_2$

$$\text{s.t.} \begin{cases} x_1^2 + x_2^2 \leqslant 12 \\ x_1, x_2 \geqslant 0 \end{cases}$$

解 1)：不是。因为目标函数中出现自变量的非线性函数。

解 2)：不是。因为约束条件中出现自变量的非线性函数。

三、线性规划建模的步骤

一般在应用线性规划方法解决实际问题时要经过下列四个步骤：1) 明确问题，确定目标，列出约束因素；2) 收集资料，确立模型；3) 模型求解与检验；4) 优化后分析。其中较为困难的是建立模型，而建模的关键是提出问题，明确问题，确定目标。但建模过程中花时间、花精力最大的是收集资料和数据，这涉及信息化基础工作问题。

建立线性规划问题的数学模型一般要经过四个步骤。

1. 设置决策变量

决策变量是模型中的可控而未知的因素，描述变量的数学符号一般是应用一个或几个英文字符以不同的下标，如用 $x_1, x_2, x_3, \cdots, x_n$ 来表示。

2. 建立目标函数

这是决策者对决策问题目标的数学描述，式（3-1）就是最优化目标函数，简称为目标函数，根据实际问题要求的不同，可以表示为最大化（max）或最小化（min）。

3. 列出约束条件

约束条件是指实现系统目标的限制性因素，这些限制因素，反映到模型中，就是需要满足的基本条件，即约束方程。约束条件具有三种基本类型：大于或等于（$\geqslant$）；等于（=）；小于或等于（$\leqslant$）。所以线性规划模型的约束方程，一般是一组联立方程组或不等式方程组的数学形式。

4. 设立非负限制

由于在实际生产问题中，资源总是代表一些可以计量的实物或人力，一般情况下不能是负数。如式（3-2）所示。要建立一个完整的线性规划数学模型，非负限制不可缺少。

下面通过两个实际例子说明建模思想和具体过程。

例 3-3 某物流生产车间生产甲、乙两种产品，每件产品都要经过两道工序，即在设备 A 和设备 B 上加工，但两种产品的单位利润却不相同。已知生产单位产品所需的设备台时、A 和 B 两种设备在计划期的有效台时及单位产品的利润，见表 3-2。

表 3-2　甲、乙产品资料　　　　　　　　　　　　　　　（单位：h）

	甲	乙	设备有效台时
设备 A	2	3	24
设备 B	3	2	26
单位产品利润（元/件）	4	3	—

问：如何安排生产，所获利润最大？

解：该问题所需确定的是甲、乙两种产品的产量。本节先建立其数学模型。

设 x_1、x_2 分别表示产品甲和乙的产量。根据问题所给的条件有

$$\begin{cases} 2x_1 + 3x_2 \leqslant 24 & (\text{设备A受使用的有效台时限制}) \\ 3x_1 + 2x_2 \leqslant 26 & (\text{设备}B\text{受使用的有效台时限制}) \end{cases}$$

又因产量 x_1、x_2 不能是负值，故

$$x_1 \geqslant 0,\ x_2 \geqslant 0$$

以上是决策变量 x_1、x_2 受限的条件，把它们合起来称之为约束条件：

$$\text{s.t.} \begin{cases} 2x_1 + 3x_2 \leqslant 24 \\ 3x_1 + 2x_2 \leqslant 26 \\ x_1,\ x_2 \geqslant 0 \end{cases}$$

上述问题要确定的目标是如何确定产量 x_1 和 x_2，才能使所获利润为最大。利润的获取和 x_1、x_2 密切相关，以 Z 表示利润，则得一线性函数式：

$$Z(x_1,\ x_2) = 4x_1 + 3x_2$$

所给问题目标是要使线性函数 Z 取得最大值（用 max 表示），即目标函数为

$$\max Z = 4x_1 + 3x_2$$

综上所述，本例的数学模型可归结为

$$\max Z = 4x_1 + 3x_2$$

$$\text{s.t.} \begin{cases} 2x_1 + 3x_2 \leqslant 24 \\ 3x_1 + 2x_2 \leqslant 26 \\ x_1,\ x_2 \geqslant 0 \end{cases}$$

这里"s.t."是"subject to"的缩写，表示"在……约束条件之下"，或者说"约束为……"

例 3-4 已知某工厂现有Ⅰ、Ⅱ、Ⅲ三种原材料，可加工出 A、B 两种产品，每吨原材料加工情况及对 A、B 两种产品的需求情况见表 3-3。

表 3-3 产品 A、B 材料

加工件数\原材料 产品	I	II	III	需要数（件）
A	2	5	0	200
B	0	3	4	150
单价（万元/t）	2	3	5	

问如何配用原材料，既满足需要，又使原材料耗用的总成本最低？

解：因目标是原材料耗用的总成本最低（用 min 表示），故设 I、II、III 种原材料需求量分别为 x_1、x_2、x_3，则问题可写成如下数学模型：

$$\min Z = 2x_1 + 3x_2 + 5x_3$$

$$\text{s.t.} \begin{cases} 2x_1 + 5x_2 \geq 200 \\ 3x_2 + 4x_3 \geq 150 \\ x_j \geq 0, \ j=1, 2, 3 \end{cases}$$

四、线性规划模型的求解

1947 年，美国数学家丹齐格（George Bernard Dantzig）在研究美国空军资源配置问题时，提出了求解线性规划问题的一般解法——单纯形法（Simplex Method），从而为线性规划这门学科奠定了基础，使求解大规模决策问题成为可能。20 世纪 50 年代初，应用电子计算机求解线性规划问题又获得了成功。1960 年，康托洛维奇以《最佳资源利用的经济计算》一文获诺贝尔奖。从此线性规划方法用来解决企业的生产经营活动问题并取得了良好的效果。目前，大多数计算中心都有线性规划的商用计算机程序可供使用。线性规划已发展成为物流系统现代化管理的有力工具之一。

第三节 图解法

一、图解法的基本步骤

建模的目的是求解，求解线性规划最简单的方法就是图解法，即用几何作图的方法分析并求出线性规划最优解的过程，其优点是简单、直观，并且有助于理解线性规划问题的几何意义和解的基本情况，以及之后要介绍的单纯形法原理。但是，图解法应用范围较小，一般只能用来解两个变量的线性规划问题，这也是图解法的使用条件。

图解法的基本思想是先将约束条件加以图解，求得满足约束条件的可行域，然后结合目标要求从可行域中求得最优解。一般步骤如下：

第一步，建立直角坐标系。

第二步，根据约束条件和非负条件画出可行域。

第三步，做出目标函数等值线，确定使目标函数递增（减）的方向，然后结合目标要求平移等值线到可行域的最远点，即可求得该线性规划的最优解。

例 3-5 用图解法求解线性规划问题：

$$\max Z = 3x_1 + 5x_2$$

$$\text{s.t.} \begin{cases} x_1 \leq 8 \\ 2x_2 \leq 12 \\ 3x_1 + 4x_2 \leq 36 \\ x_1, x_2 \geq 0 \end{cases}$$

解：在 x_1Ox_2 直角坐标平面上作直线（见图 3-2），

$$l_1 : x_1 = 8$$
$$l_2 : 2x_2 = 12$$
$$l_3 : 3x_1 + 4x_2 = 36$$

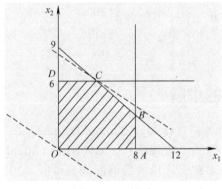

图 3-2 图解法

由于有非负约束，因此只需要画出第一象限。约束条件的每一个不等式都表示一个半平面，满足约束条件的点集是四个不等式所对应的四个半平面的公共部分，即图中三条直线及两条坐标轴的边界所围成的凸多边形 OABCD 的内部及边界（图 3-2 阴影部分）。

根据以上分析可知，在这个阴影部分的所有点（包括边界上的点），满足该问题的所有约束条件，这个范围以外的点，则不能同时满足上述各约束条件。

满足所有约束条件的点称为可行点。每一点代表该线性规划问题的一个可行方案，即一个可行解。

所有可行点的集合，是该问题的可行域，图 3-2 中五边形 OABCD 内部及边界构成的阴影部分即为可行域，故该问题的可行解有无数个。

一般说来，决策者感兴趣的不是可行域中所有的可行解，而是能使目标函数值达到最优值（最大值或最小值）的可行解，这种解称为最优可行解，简称最优解。为寻找最优解，将目标函数写成：$3x_1 + 5x_2 = k$，其中 k 为任意常数。当 k 为不同值时，此函数表示相互平行的等值线。

令 $k = 0$，先作通过原点的等值线

$$l_4 : 3x_1 + 5x_2 = 0$$

它与可行域有交点。将这条直线沿目标函数增大的右上方平移，过顶点 C 时，Z 在可行域中取最大值；如继续向右上方平移，则等值线将离开可行域（等值线与可行域没有交点）。故 C 点坐标就是最优解。求 l_3 和 l_2 交点 C 坐标，得到 $x_1 = 4, x_2 = 6$，这时最优值 $Z = 42$。

以上举例说明了图解法求解线性规划问题的基本步骤,在实际运用中还需注意以下几点:

1)若函数约束原型就是等式,则其代表的区域仅为一条直线,而且问题的整个可行域(若存在的话)也必然在此直线上;也就是说,如果该线性规划问题有解,则其解必然在此直线上。

2)在画目标函数等值线时,需要确定等值线的斜率。我们只需要令 $k=15$,找到其中一条等值线,从而确定其斜率。

3)在找出最优点后,关于其坐标值有两种确定方法。即在图上观测最优点坐标值和通过解方程组得出最优点坐标值。

4)从图解法可以看出,在一般情况下,具有两个变量的线性规划问题的可行域是凸多边形;且若线性规划问题存在最优解,它一定在可行域的某个顶点得到。

二、线性规划解的几种形式

线性规划问题可能有以下四种结果。

1. 唯一最优解

如例题 3-5,其可行域一般情况下为凸多边形,这种情况一般只有一个最优点,且最优点就是顶点。

2. 无穷多个最优解

如例题 3-6,其可行域一般情况下为凸多边形,此时,利用目标函数做出的等值线在向右上方平移时,会与可行域的边界发生重合,也就是说,边界上所有的点都是最优解。

3. 无可行解

如果约束条件中存在相互矛盾的约束条件,则导致可行域是空集,此时问题无可行解,如例题 3-7。

4. 无有限最优解

如果利用约束条件做出的可行域无界,在可行域中找不到最大极值点,目标函数值可以增大到无穷大(或减少到无穷小),称这种情况为无有限最优解或无界解,如例题 3-8。

例 3-6 用图解法求解下列线性规划问题:

$$\max Z = 6x_1 + 8x_2$$

$$\text{s.t.} \begin{cases} x_1 \leqslant 8 \\ 2x_2 \leqslant 12 \\ 3x_1 + 4x_2 \leqslant 36 \\ x_1, x_2 \geqslant 0 \end{cases}$$

解:在 $x_1 O x_2$ 直角坐标系中作直线(见图 3-3),

$$l_1 : x_1 = 8$$
$$l_2 : 2x_2 = 12$$
$$l_3 : 3x_1 + 4x_2 = 36$$

得可行域 $OABCD$。

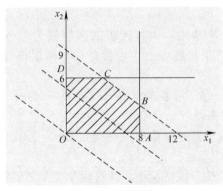

图 3-3　图解法

作 0 等值线　　　　　　　$l_4: 6x_1 + 8x_2 = 0$

该等值线 l_4 斜率与 l_3 斜率相等，$l_4 \parallel l_3$，当 l_4 向右上方平移到与边界线 BC 重合时，目标函数值最大。故边界 BC 上的所有点，包括两个端点 B（8，3）和 C（4，6）都是此问题的最优解，此时目标函数的最优值为：

$$Z(8, 3) = Z(4, 6) = 72$$

这是线性规划问题有无穷多个最优解的情况。它同时说明，即使在最优解非唯一时，最优解还是会出现在可行域的一个顶点上。

在实际应用中，决策者面临多个最优方案的选择，究竟选哪一组解，再结合实际问题进行分析对比，从而做出决策。

例 3-7　用图解法求解下列线性规划问题：

$$\max Z = x_1 + x_2$$

$$\text{s.t.} \begin{cases} x_1 - x_2 \geqslant 2 \\ -x_1 + x_2 \geqslant 4 \\ x_1, x_2 \geqslant 0 \end{cases}$$

解：在 $x_1 O x_2$ 直角坐标系中作直线（见图 3-4），

$$l_1: x_1 - x_2 = 2$$
$$l_2: -x_1 + x_2 = 4$$

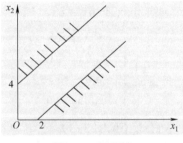

图 3-4　图解法

各不等式对应的半平面无公共部分，即可行域是空的。不存在任一可行解，更没有最优解。

在实际应用中,可去掉一些互相矛盾的约束条件,再求解。

例 3-8 用图解法求解下列线性规划问题:

$$\max Z = x_1 + x_2$$

$$\text{s.t.} \begin{cases} x_1 - x_2 \leqslant 2 \\ -x_1 + x_2 \leqslant 4 \\ x_1, x_2 \geqslant 0 \end{cases}$$

解:在 $x_1 O x_2$ 直角坐标系中作直线(见图 3-5),

$$l_1 : x_1 - x_2 = 2$$
$$l_2 : -x_1 + x_2 = 4$$

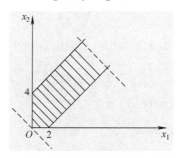

图 3-5 图解法

由图可知,可行域沿 x_1 轴无限延伸。作 0 等值线 $l_3 : x_1 + x_2 = 0$,并将它向右上方平移,因可行域无界,目标函数趋于无穷,该线性规划问题无有限最优解。

在实际应用中,应对数学模型认真检查,适当修改,增加必要的约束条件,使可行域变为有界,再求解。

第四节 单 纯 形 法

一、线性规划标准形式

图解法只能用来求解含有两个(最多三个)决策变量的线性规划,一般的线性规划必须采用更通用的方法来求解,单纯形法就是一种在实践上既方便又有效的通用算法。

为了使用单纯形法求解线性规划问题,首先必须把一般的线性规划问题化成统一的标准格式即标准形式。

1. 标准形式

线性规划模型的标准形式要求:
1)所有决策变量全大于或等于零;
2)约束条件全为线性等式;
3)约束条件右端的常数全部为非负;
4)目标函数求最大值(也可用求最小值问题作为标准形式,本书对目标函数统一成求最大值)。

故线性规划模型的标准形式为

$$\max Z = c_1x_1 + c_2x_2 + \cdots + c_nx_n$$

$$\text{s.t.} \begin{cases} a_{11}x_1 + a_{12}x_2 + \cdots + a_{1n}x_n = b_1 \\ a_{21}x_1 + a_{22}x_2 + \cdots + a_{2n}x_n = b_2 \\ \qquad\qquad\vdots \\ a_{m1}x_1 + a_{m2}x_2 + \cdots + a_{mn}x_n = b_m \\ x_j \geq 0, \ j=1, 2, \cdots, n \end{cases}$$

简记为

$$\max Z = \sum_{j=1}^{n} c_j x_j$$

$$\text{s.t.} \begin{cases} \sum_{j=1}^{n} a_{ij}x_j = b_i, \ (i=1, 2, \cdots, m) \\ x_j \geq 0, \ (j=1, 2, \cdots, n) \end{cases}$$

标准形式的线性规划问题，有时简称为 LP。

2．一般形式化为标准形式的方法

线性规划问题的一般形式都能变换成标准形式。变换的方法主要有以下四种：

1）若所给问题是求目标函数的最小值（如成本、消耗），可用-1乘目标函数，化为求最大值；

2）若约束条件有不等式时，可在不等式的左边加上或减去一个非负变量，使之成为等式。加入的变量叫松弛变量，减去的变量则叫剩余变量，它们在目标函数中系数为0；

3）某变量没有非负限制，可采取新增加两个非负决策变量相减替代该变量的方式。

4）转化为标准型的约束条件，在等号右边的取值要求是非负。若不是非负，则在等号两边同时乘以-1，将其变成非负。

例 3-9 将线性规划问题化为标准形式：

$$\max Z = 4x_1 + 3x_2$$

$$\text{s.t.} \begin{cases} 2x_1 + 3x_2 \leq 24 \\ 3x_1 + 2x_2 \leq 26 \\ x_1, x_2 \geq 0 \end{cases}$$

解：引入松弛变量 x_3、x_4，可得标准形式：

$$\max Z = 4x_1 + 3x_2 + 0x_3 + 0x_4$$

$$\text{s.t.} \begin{cases} 2x_1 + 3x_2 + x_3 = 24 \\ 3x_1 + 2x_2 + x_4 = 26 \\ x_1, x_2, x_3, x_4 \geq 0 \end{cases}$$

例 3-10 将例 3-4 线性规划问题化为标准形式:

$$\min Z = 2x_1+3x_2+5x_3$$

$$\text{s.t.} \begin{cases} 2x_1 + 5x_2 \geqslant 200 \\ 3x_2 + 4x_3 \geqslant 150 \\ x_j \geqslant 0, \ j=1,\ 2,\ 3 \end{cases}$$

解:引入剩余变量 x_4、x_5,并将最小值问题反号,转化为最大值问题,可得标准形式:

$$\max Z' = -Z = -2x_1 - 3x_2 - 5x_3$$

$$\text{s.t.} \begin{cases} 2x_1 + 5x_2 - x_4 = 200 \\ 3x_2 + 4x_3 - x_5 = 150 \\ x_j \geqslant 0, \ j=1,\ 2,\ 3,\ 4,\ 5 \end{cases}$$

例 3-11 将下列线性规划问题化为标准形式:

$$\min Z = 3x_1 - 2x_2 + 4x_3$$

$$\text{s.t.} \begin{cases} 2x_1 + 3x_2 + 4x_3 \geqslant 300 \\ x_1 + 5x_2 + 6x_3 \leqslant 400 \\ x_1 + x_2 + x_3 \leqslant 200 \\ x_1 \geqslant 0, \ x_2 \geqslant 0 \end{cases}$$

解:引入剩余变量 x_4,松弛变量 x_5 和 x_6,因 x_3 无非负限制,为自由变量,为此令 $x_3 = x_3' - x_3''$,可得标准形式:

$$\max Z' = -3x_1 + 2x_2 - 4x_3' + 4x_3''$$

$$\text{s.t.} \begin{cases} 2x_1 + 3x_2 + 4x_3' - 4x_3'' - x_4 = 300 \\ x_1 + 5x_2 + 6x_3' - 6x_3'' + x_5 = 400 \\ x_1 + x_2 + x_3' - x_3'' + x_6 = 200 \\ x_1,\ x_2,\ x_3',\ x_3'',\ x_4,\ x_5,\ x_6 \geqslant 0 \end{cases}$$

正确变换出 LP 的标准形式,为下一步利用单纯形法求解做好准备。

二、表格单纯形法的求解步骤

表格单纯形法是求解线性规划问题的一种通用有效的方法,它是将线性规划问题的表达式列成表格形式,然后通过数学的迭代过程,逐步求得最优解的方法。

下面通过一个计算实例来说明。

例 3-12 用单纯形法求解例 3-3 的线性规划问题:

$$\max Z = 4x_1 + 3x_2$$

$$\text{s.t.} \begin{cases} 2x_1 + 3x_2 \leqslant 24 \\ 3x_1 + 2x_2 \leqslant 26 \\ x_1,\ x_2 \geqslant 0 \end{cases}$$

解：先引入松弛变量 x_3、x_4，将问题化为标准形式：

$$\max Z = 4x_1 + 3x_2 + 0x_3 + 0x_4$$

$$\text{s.t.} \begin{cases} 2x_1 + 3x_2 + x_3 = 24 \\ 3x_1 + 2x_2 + x_4 = 26 \\ x_j \geq 0, \ j = 1, 2, 3, 4 \end{cases}$$

将约束条件的增广矩阵和目标函数的系数填入表 3-4 中。

表 3-4 单纯形表

基变量	x_1	x_2	x_3	x_4	b
x_3	2	3	1	0	24
x_4	3	2	0	1	26
Z	4	3	0	0	0

单纯形表中，约束条件的系数矩阵中出现一个 m 阶单位矩阵，b 列非负，Z 行对应于单位矩阵的元素为 0，这时其余的元素即为检验数。

由表 3-4 可看出，系数矩阵中已有 2 阶单位矩阵，其所在的列对应的变量 x_3、x_4 叫基变量，置于左列，x_1、x_2 叫非基变量，现令 $x_1=0$、$x_2=0$，由标准形式等式可得 $x_3=24$、$x_4=26$，于是得到一个基本可行解，记为 $X^{(0)}=(0,0,24,26)^T$，这是初始可行解，其对应的目标函数值 $Z^{(0)}=0$（将其填入表中右下角）。它表示：没有安排生产甲、乙产品，设备 A、B 的有效台时剩余 24、26，利润为 0 元。

最优解判定准则：当所有检验数非正时，这个解就是最优解，否则解仍可改善。

事实上，如果检验数有正数，则以该检验数为系数的非基变量取值大于 0 时，目标函数值仍可增大，所以这个解不是最优解；而当所有检验数非正时，非基变量取值为 0，目标函数已取得极大值，所以这个解就是最优解。

观察表 3-4 中检验数，4、3 均为正数，解仍可改善。若将 x_1 或 x_2 变为非零变量都可使目标函数值增加。其中 x_1 的价值系数更大，它能让目标函数增加较快，故先将 x_1 转变为基变量，这时称之为**进基变量**，之后有一个基变量被换出，称为**离基变量**。变量调换完成之时，即可得到一个改善后的基本可行解。具体调换程序如下：确定 x_1 为进基变量后，用最小比值法则

$$\min\left\{\frac{b_i}{a_{ik}} \mid a_{ik} > 0, 1 \leq i \leq m\right\}$$

确定主元及离基变量，因 $\min\left\{\dfrac{24}{2}, \dfrac{26}{3}\right\} = \dfrac{26}{3}$，故 3 为主元，其所在行为主元行，主元行对应的基变量 x_4 为离基变量。将主元用中括号标志，见表 3-5。

表 3-5 单纯形表的迭代

基变量	x_1	x_2	x_3	x_4	b
x_3	2	3	1	0	24
x_4	[3]	2	0	1	26
Z	4	3	0	0	0

对主元行作初等变换，使主元变为 1，得表 3-6。

表 3-6　单纯形表的迭代

基变量	x_1	x_2	x_3	x_4	b
x_3	2	3	1	0	24
x_4	1	2/3	0	1/3	26/3
Z	4	3	0	0	0

作行初等变换，将主元列其余元素变为 0，得表 3-7。

表 3-7　单纯形表

基变量	x_1	x_2	x_3	x_4	b
x_3	0	5/3	1	−2/3	20/3
x_1	1	2/3	0	1/3	26/3
Z	0	1/3	0	−4/3	−104/3

新基变量为 x_3、x_1，令非基变量 x_2、x_3 为 0，得一基本可行解：$X^{(1)} = (\frac{26}{3}, 0, \frac{20}{3}, 0)^T$，对应目标函数值 $Z^{(1)} = \frac{104}{3}$。

观察表 3-7 中检验数，仍有正数 $\frac{1}{3}$，故其所在列对应变量 x_2 确定为进基变量。

最小比值 $\min\left\{\dfrac{\frac{20}{3}}{\frac{5}{3}}, \dfrac{\frac{26}{3}}{\frac{2}{3}}\right\} = \dfrac{\frac{20}{3}}{\frac{5}{3}} = 4$，故主元为 $\frac{5}{3}$，x_3 为离基变量。对 $\frac{5}{3}$ 进行标志，得表 3-8。

表 3-8　单纯形表的迭代

基变量	x_1	x_2	x_3	x_4	b
x_3	0	[5/3]	1	−2/3	20/3
x_1	1	2/3	0	1/3	26/3
Z	0	1/3	0	−4/3	−104/3

对主元行作初等变换，使主元变为 1，得表 3-9。

表 3-9　单纯形表的迭代

基变量	x_1	x_2	x_3	x_4	b
x_3	0	1	3/5	−2/5	4
x_1	1	2/3	0	1/3	26/3
Z	0	1/3	0	−4/3	−104/3

作行初等变换，将主元列其余元素变为 0，得表 3-10。

表 3-10　单纯形表

基变量	x_1	x_2	x_3	x_4	b
x_2	0	1	3/5	−2/5	4
x_1	1	0	−2/5	3/5	6
Z	0	0	−1/5	−6/5	−36

表 3-10 中检验数非正，得最优解：$X^{(2)} = (6, 4, 0, 0)^T$，对应目标函数值 $Z^{(2)} = 36$。它表示：甲产品生产 6 件，乙产品生产 4 件时，利润最大，最大利润为 36 元。

上述求解过程可用表 3-11 综述：

表 3-11 单纯形表

序号	基变量	x_1	x_2	x_3	x_4	b
Ⅰ	x_3	2	3	1	0	24
	x_4	[3]	2	0	1	26
	Z	4	3	0	0	0
Ⅱ	x_3	0	[5/3]	1	−2/3	20/3
	x_1	1	2/3	0	1/3	26/3
	Z	0	1/3	0	−4/3	−104/3
Ⅲ	x_2	0	1	3/5	−2/5	4
	x_1	1	0	−2/5	3/5	6
	Z	0	0	−1/5	−6/5	−36

因表中检验数非正，得最优解 $X=(6,4,0,0)^T$，除去松弛变量后得 $Z(6,4)=36$。

例 3-13 用单纯形法求解下面的线性规划问题：

$$\max Z = 2x_1 + 3x_2$$

$$\text{s.t.} \begin{cases} 2x_1 + 3x_2 \leqslant 24 \\ 3x_1 + 2x_2 \leqslant 26 \\ x_1, x_2 \geqslant 0 \end{cases}$$

解：引入松弛变量 x_3、x_4，得标准形式为

$$\max Z = 2x_1 + 3x_2 + 0x_3 + 0x_4$$

$$\text{s.t.} \begin{cases} 2x_1 + 3x_2 + x_3 = 24 \\ 3x_1 + 2x_2 + x_4 = 26 \\ x_j \geqslant 0, \ j=1,2,3,4 \end{cases}$$

作单纯形表并进行迭代计算，见表 3-12。

表 3-12 单纯形表

序号	基变量	x_1	x_2	x_3	x_4	b
Ⅰ	x_3	2	[3]	1	0	24
	x_4	3	2	0	1	26
	Z	2	3	0	0	0
Ⅱ	x_2	2/3	1	1/3	0	8
	x_4	5/3	0	−2/3	1	10
	Z	0	0	−1	0	−24

由表 3-12（Ⅱ）可知，检验数非正，这时已有最优解：$X^{(1)}=(0,8,0,10)^T$，除去松弛变量后得目标函数最大值 $Z(0,8)=24$。又因非基变量 x_1 的检验数也为零，因此该问题有无穷多个最优解。

一般来说，在一个已出现最优解的线性规划问题的单纯形表中，如非基变量的检验数

中有零,则该问题就有无穷多个最优解。

另外,如在单纯形表中,某非基变量的检验数为正,但此时该非基变量的价值系数全非正,则该问题无有限最优解。

对于目标函数求最小值的线性规划问题,一般都会涉及更为复杂的人工变量法等,本书不做阐述。

第五节 应 用 举 例

本节只介绍线性规划在物流领域的一些简单应用,略去实际的求解过程和结果,重点叙述线性规划模型的建立,确定变量的定义,以及阐明如何写出目标函数和约束条件。通过这些简化的应用案例,提高学习者建立线性规划应用模型的技巧。在实践中,这些 LP 模型可以很方便地用现成软件求解,也就是说借助于计算机求得的结果(解)要比建立正确的 LP 问题数学模型容易得多。

一、运输生产计划安排问题

运输生产计划安排问题是一种特殊的线性规划问题,我们可以建立线性规划模型来进行求解。下面来看一个货物运输问题模型的建立。

某煤炭集团有 A_1、A_2、A_3 三个煤矿,下属的煤炭物流公司每天都要把生产的煤炭运往 B_1、B_2、B_3、B_4 四个地区。各煤矿的产量、各地区的需求量以及各地区与煤矿之间的单位运价如表 3-13 所示。问:如何组织调运才能使总运费最少?

表 3-13 各煤矿与地区之间供需及运价情况

煤矿 \ 地区	B_1	B_2	B_3	B_4	产量(t)
A_1	6	3	2	5	5
A_2	7	5	8	4	2
A_3	3	2	9	7	3
需求量(t)	2	3	1	4	—

设 x_{ij} 为每天从 A_i 矿运往 B_j 地区的煤炭数量,Z 为总运费,每个煤矿的产量分别为 a_i,每个地区的需求量分别为 b_j,可建立数学模型如下:

$$\min Z = 6x_{11} + 3x_{12} + 2x_{13} + 5x_{14} + 7x_{21} + 5x_{22} + 8x_{23} + 4x_{24} + 3x_{31} + 2x_{32} + 9x_{33} + 7x_{34}$$

$$\text{s.t.} \begin{cases} x_{11} + x_{12} + x_{13} + x_{14} = 5 \\ x_{21} + x_{22} + x_{23} + x_{24} = 2 \\ x_{31} + x_{32} + x_{33} + x_{34} = 3 \\ x_{11} + x_{21} + x_{31} = 2 \\ x_{12} + x_{22} + x_{32} = 3 \\ x_{13} + x_{23} + x_{33} = 1 \\ x_{14} + x_{24} + x_{34} = 4 \\ x_{ij} \geq 0, \quad (i = 1, 2, 3; j = 1, 2, 3, 4,) \end{cases}$$

二、流通加工中心加工作业优化问题

先来看一个流通加工中心合理下料问题。

某流通加工中心开展钢材的裁剪加工业务,定点供应某机床厂使用。机床厂成批生产一种机床,需要甲、乙、丙三种型号相同而不同规格(尺寸)的圆钢作为轴的毛坯,其规格和需要量如表 3-14 所示。机床厂一次向流通加工中心订购 100 台机床的材料,而圆钢的原有长度是 5.5m,如何裁断,才能使所用圆钢最少?

表 3-14 每台机床所需的三种毛坯的规格和数量

毛坯的种类	规格(m)	数量(件)
甲	3.1	1
乙	2.1	2
丙	1.2	4

一根钢材(圆钢)截成所需的甲、乙、丙三种毛坯具有多种截法,如表 3-15 所示。

表 3-15 圆钢截取方法及剩余废料

序号	甲(截 3.1m/根)	乙(截 2.1m/根)	丙(截 1.2m/根)	剩余尺寸(m)
1	1	1	0	0.3
2	1	0	2	0
3	0	2	1	0.1
4	0	1	2	1
5	0	0	4	0.7

这是一个长短搭配的问题。此问题是五种方式各截几根才能配成 100 套,并且使所用的原材料最少。

设 x_j($j=1,2,3,4,5$)表示用方式 j 下料的根数,可得该问题数学模型:

$$\min Z = x_1 + x_2 + x_3 + x_4 + x_5$$

$$\text{s.t.} \begin{cases} x_1 + x_2 \geq 100 \\ x_1 + 2x_3 + x_4 \geq 200 \\ 2x_2 + x_3 + 2x_4 + 4x_5 \geq 400 \\ x_j \geq 0, \ j=1,2,3,4,5 \end{cases}$$

再来看一个设备的合理利用问题。

某物流公司生产车间用机床 A_1,A_2,…,A_m 加工 B_1,B_2,…,B_n 种零件。表 3-16 给出了在生产周期内,该生产车间必须要加工的零件数量,以及各机床工作的机时数、加工每个零件所用时间。表 3-17 给出了各机床加工每个零件的成本。问应怎样安排生产才能既完成加工任务,又使加工零件的总成本最低?

表 3-16 零件加工的资料

加工一个零件的时间 \ 零件 \ 机床	B_1	B_2	…	B_n	工作机时(h)
A_1	c_{11}	c_{12}	…	c_{1n}	a_1
A_2	c_{21}	c_{22}	…	c_{2n}	a_2
⋮	⋮	⋮	⋮	⋮	⋮
A_m	c_{m1}	c_{m2}	…	c_{mn}	a_m
需加工零件数(件)	b_1	b_2	…	b_n	

表 3-17 加工成本

加工一个零件的成本 \ 零件 机床	B_1	B_2	⋯	B_n
A_1	d_{11}	d_{12}	⋯	d_{1n}
A_2	d_{21}	d_{22}	⋯	d_{2n}
⋮	⋮	⋮		⋮
A_m	d_{m1}	d_{m2}	⋯	d_{mn}

设 x_{ij} 为机床 A_i 加工零件 B_j 的数量（$i=1, 2, \cdots, m$；$j=1, 2, \cdots, n$），由表 3-17 得总成本为

$$Z = d_{11}x_{11} + d_{12}x_{12} + \cdots + d_{1n}x_{1n} + d_{21}x_{21} + d_{22}x_{22} + \cdots + d_{2n}x_{2n}$$
$$\vdots$$
$$+ d_{m1}x_{m1} + d_{m2}x_{m2} + \cdots + d_{mn}x_{mn}$$

由各机床工作机时的限制，由表 3-16 得

$$c_{i1}x_{i1} + c_{i2}x_{i2} + \cdots + c_{in}x_{in} \leq a_i \quad (i=1, 2, \cdots, m)$$

又因各机床加工零件 B_j 的总数不能少于生产周期内所需要的数量 b_j，即

$$x_{1j} + x_{2j} + \cdots + x_{mj} \geq b_j \quad (j=1, 2, \cdots, n)$$

故该问题数学模型为

$$\min Z = \sum_{i=1}^{m} \sum_{j=1}^{n} d_{ij} x_{ij}$$

$$\text{s.t.} \begin{cases} \sum_{j=1}^{n} c_{ij} x_{ij} \leq a_i \ (i=1, 2, \cdots, m) \\ \sum_{i=1}^{m} x_{ij} \geq b_j \ (j=1, 2, \cdots, n) \\ x_{ij} \geq 0 \ (i=1, 2, \cdots, m; j=1, 2, \cdots, n) \end{cases}$$

三、物流网络配送优化问题

物流网络配送优化问题往往都是求得成本最低的配送方案，从而降低企业的总成本。见下面这个例子。

某销售系统需确定一种产品的最优配送策略。有两个工厂 P_1 和 P_2 生产该产品，工厂 P_2 年生产能力为 60 000 单位；两个工厂具有相同的生产成本；两个现行仓库 W_1 和 W_2，这两个仓库具有相同的搬运成本；三个市场 C_1、C_2 和 C_3，其需求量分别为 50 000 单位、90 000 单位和 50 000 单位。表 3-18 提供了每单位产品的配送成本。试找出在不违背工厂 P_2 生产能力的约束条件下，确定从供应商到仓库到市场的产品最优配送策略。

表 3-18 每单位产品的配送成本

	P_1	P_2	C_1	C_2	C_3
W_1	0	4	3	4	5
W_2	5	2	2	1	2

设变量 x_{ij} 表示由起始点 d_i 流向接收点 d_j 的产品数量（用一网络图来说明问题，见图 3-6，在该图中，工厂 P_1、P_2 分别由 d_1、d_2 表示，仓库 W_1、W_2 分别由 d_3、d_4 表示，市场 C_1、C_2 和 C_3 分别由 d_5、d_6、d_7 表示）。

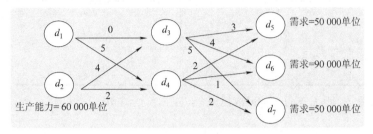

图 3-6 物流网络流量情况

该问题的数学模型为

$$\min Z = 0x_{13}+5x_{14}+4x_{23}+2x_{24}+3x_{35}+4x_{36}+5x_{37}+2x_{45}+1x_{46}+2x_{47}$$

$$\text{s.t.} \begin{cases} x_{23} + x_{24} \leqslant 60\,000 \\ x_{13} + x_{23} = x_{35} + x_{36} + x_{37} \\ x_{14} + x_{24} = x_{45} + x_{46} + x_{47} \\ x_{35} + x_{45} = 50\,000 \\ x_{36} + x_{46} = 90\,000 \\ x_{37} + x_{47} = 50\,000 \\ x_{ij} \geqslant 0 \end{cases}$$

四、仓储产品布局问题

请看第一章引导案例"仓储产品的布局"问题。超能仓储公司的管理层应用线性规划模型优化管理技术，对其仓库中的主要流转产品的储位布局进行了科学规划，科学技术的应用为该仓储公司带来大量的成本节约。他们的做法是：

仓储管理人员根据所有产品的总搬运成本最小化的总目标要求，依据每个货位对各种产品的储存能力资料，以及每个货位供应和分拨产品所需要的时间资料，列出了如下的线性规划优化模型。通过模型求解，他们找到了产品布局的最佳方案。

设决策变量为 x_k，$k = 1，2，3，\cdots，18$，其中 x_1、x_2、x_3 表示产品 i、ii、iii 放在货位 1 的数量，x_4、x_5、x_6 表示产品 i、ii、iii 放在货位 2 的数量，以此类推，取每 100 单位产品为一个单元单位。目标函数为 Z，Z 表示产品经过货位的总搬运时间，因为搬运成本与搬运时间成正比，所以，目标函数 Z 也反映总成本的变化情况。根据储位储存能力的限制、搬运产品总量的要求，最终形成该问题的线性规划数学模型表达如下：

$$\min Z = 0.90x_1 + 0.75x_2 + 0.90x_3 +$$
$$0.80x_4 + 0.65x_5 + 0.95x_6 +$$
$$0.60x_7 + 0.70x_8 + 0.65x_9 +$$
$$0.70x_{10} + 0.55x_{11} + 0.45x_{12} +$$
$$0.50x_{13} + 0.50x_{14} + 0.45x_{15} +$$
$$0.40x_{16} + 0.45x_{17} + 0.35x_{18}$$

$$\text{s.t.} \begin{cases} \frac{1}{50}x_1 + \frac{1}{30}x_2 + \frac{1}{60}x_3 \leqslant 1 \\ \frac{1}{50}x_4 + \frac{1}{30}x_5 + \frac{1}{60}x_6 \leqslant 1 \\ \frac{1}{50}x_7 + \frac{1}{30}x_8 + \frac{1}{60}x_9 \leqslant 1 \\ \frac{1}{50}x_{10} + \frac{1}{30}x_{11} + \frac{1}{60}x_{12} \leqslant 1 \\ \frac{1}{50}x_{13} + \frac{1}{30}x_{14} + \frac{1}{60}x_{15} \leqslant 1 \\ \frac{1}{50}x_{16} + \frac{1}{30}x_{17} + \frac{1}{60}x_{18} \leqslant 1 \\ x_1 + x_4 + x_7 + x_{10} + x_{13} + x_{16} \geqslant 110 \\ x_2 + x_5 + x_8 + x_{11} + x_{14} + x_{17} \geqslant 40 \\ x_3 + x_6 + x_9 + x_{12} + x_{15} + x_{18} \geqslant 120 \\ x_k \geqslant 0, (k = 1, 2, 3, \cdots, 18) \end{cases}$$

对于上述应用问题的线性规划数学模型，建议有条件的学习者利用数学规划软件进行求解，找出最优的产品仓储布局方案。

小 结

本章主要介绍了线性规划模型的建立过程，并讨论了图解法与表格单纯形法两种计算方法，最后给出了物流领域的几个应用案例。图解法主要是针对两个决策变量线性规划问题的求解，它直观展示了线性规划问题的几何意义及求解的基本过程，帮助我们理解单纯形法原理。单纯形法是从标准形式入手，从线性规划问题的可行域中的某一个基本可行解出发，转换到另外一个基本可行解，直至使得目标函数最大。它是求解线性规划问题的常用算法。

线性规划问题主要研究在既定的目标和条件下，如何最大限度地发挥有限资源的作用，从而完成最多最大的任务。它主要包括两方面内容：一是目标一定，如何以最少的资源来完成任务；二是资源一定，如何最大限度地完成任务。

线性规划问题在实际中应用范围很广，本章主要讲述其在物流的几个重要领域的应用。

由于单纯形法的计算过程相当复杂，因此本书略去了难于理解的单纯形法的基本原理部分内容。通过介绍图解法的几何求解过程及表格单纯形法的迭代优化过程，为以后能熟练利用计算机软件求解和解决物流资源规划问题奠定了坚实的基础。

习 题

1. 将下列 LP 问题化为标准形式。

（1）max $Z = x_1 - 3x_2$ （2）max $Z = 3x_1 + 4x_2$

$$\text{s.t.} \begin{cases} -x_1 + 2x_2 \leq 5 \\ x_1 + 3x_2 = 10 \\ x_1, x_2 \geq 0 \end{cases}$$

$$\text{s.t.} \begin{cases} 2x_1 + x_2 \leq -2 \\ x_1 - 3x_2 \geq 1 \\ x_1, x_2 \geq 0 \end{cases}$$

(3) $\min Z = x_1 - x_2 + x_3$

(4) $\min Z = -3x_1 + 4x_2 - 2x_3 + 5x_4$

$$\text{s.t.} \begin{cases} -x_1 + 8x_2 + 6x_3 \geq 60 \\ 2x_1 + x_2 - 3x_3 \leq 20 \\ 4x_1 + 6x_2 = 30 \\ x_1, x_2 \geq 0 \end{cases}$$

$$\text{s.t.} \begin{cases} 4x_1 - x_2 + 2x_3 - x_4 = -2 \\ x_1 + x_2 + 3x_3 - x_4 \leq 14 \\ -2x_1 + 3x_2 - x_3 + 2x_4 \geq 2 \\ x_1, x_2, x_3 \geq 0 \end{cases}$$

2. 用图解法求解下列 LP 问题。

(1) $\min Z = 2x_1 + x_2$

(2) $\min Z = -2x_1 - x_2$

$$\text{s.t.} \begin{cases} x_1 - x_2 \geq -2 \\ x_1 + 2x_2 \geq 6 \\ x_1, x_2 \geq 0 \end{cases}$$

$$\text{s.t.} \begin{cases} x_1 - x_2 \geq -2 \\ x_1 + 2x_2 \geq 6 \\ x_1, x_2 \geq 0 \end{cases}$$

(3) $\max Z = 3x_1 + 6x_2$

(4) $\max Z = 5x_1 + 4x_2$

$$\text{s.t.} \begin{cases} x_1 - x_2 \geq -2 \\ x_1 + 2x_2 \leq 6 \\ x_1, x_2 \geq 0 \end{cases}$$

$$\text{s.t.} \begin{cases} x_1 - x_2 \leq -2 \\ x_1 + x_2 \leq -5 \\ x_1, x_2 \geq 0 \end{cases}$$

3. 用单纯形法求解下列 LP 问题。

(1) $\max Z = 3x_1 + 2x_2$

(2) $\max Z = x_1 + 6x_2 + 4x_3$

$$\text{s.t.} \begin{cases} -x_1 + 2x_2 \leq 4 \\ 3x_1 + 2x_2 \leq 16 \\ x_1 - x_2 \leq 3 \\ x_1, x_2 \geq 0 \end{cases}$$

$$\text{s.t.} \begin{cases} -x_1 + 2x_2 + 2x_3 \leq 13 \\ 4x_1 - 4x_2 + x_3 \leq 20 \\ x_1 + 2x_2 + x_3 \leq 17 \\ x_i \geq 0, i = 1, 2, 3 \end{cases}$$

(3) $\max Z = 2x_1 + 3x_2 + 5x_3$

(4) $\max Z = 3x_1 + 2x_2 - x_3$

$$\text{s.t.} \begin{cases} 2x_1 + x_2 + 3x_3 \leq 10 \\ x_1 + 2x_2 + x_3 \leq 6 \\ 2x_1 + 2x_2 \leq 8 \\ x_i \geq 0, i = 1, 2, 3 \end{cases}$$

$$\text{s.t.} \begin{cases} -x_1 + 2x_2 + x_3 \leq 4 \\ 3x_1 + 2x_2 + 2x_3 \leq 15 \\ x_1 - x_2 - x_3 \leq 3 \\ x_1, x_2, x_3 \geq 0 \end{cases}$$

4. 某电视机厂生产两种电视机，平板电视机和 CRT 显像管电视机。这两种电视机生产需要逐次经过两条装配线进行装配。其数据如表 3-19 所示。为了使获得的利润最大，该厂每天应生产平板电视机和 CRT 显像管电视机各多少台？

表 3-19 生产工时及利润数据

工段	工时定额（时/台）		可用工时（时/日）
	平板电视机	CRT 显像管电视机	
第一装配线	2	4	80
第二装配线	3	1	60
单位利润（元/台）	100	80	—

5. 某物流生产部门生产圆桌和衣柜两种产品，现有两种木料，第一种有 $72m^3$，第二种有 $56m^3$。假设生产每种产品都需要用两种木料。生产一张圆桌需用第一种木料 $0.18m^3$，需用第二种木料 $0.08m^3$。生产一个衣柜需用第一种木料 $0.09m^3$，需用第二种木料 $0.28m^3$。每生产一张圆桌可获利润 6 元，生产一个衣柜可获利润 10 元。木器厂在现有木料条件下，圆桌和衣柜各应生产多少，才能获得利润最多？建立该问题的数学模型并求解。

6. 某配送中心用长度为 500cm 的条材，截成长度分别为 98cm 和 78cm 两种毛坯，要求共截出长 98cm 的毛坯 10 000 根，78cm 的毛坯 20 000 根。问怎样截法，才能使所用的原材料最少？试建立此问题的数学模型。

7. 某加工配送中心应客户要求，加工配送甲、乙两种产品，而这两种产品的加工可使用 A、B、C 三种加工设备。每种设备对两种产品的加工的效率不同，如表 3-20 所示。我们希望合理安排加工任务，使一个工作日内成套（甲、乙产品各 1 件）产品最多。

表 3-20 各设备的工作效率

设备种类	设备数量（台）	每台设备的工作效率	
		甲产品（件）	乙产品（件）
A	3	15	20
B	3	20	30
C	1	30	55

8. 某物流中心计划加工甲、乙两种产品，具体情况如表 3-21 所示。

表 3-21 资源消耗及单件利润情况

单件产品消耗资源	资源			单件利润（万元）
	设备（台时）	材料A（kg）	材料B（kg）	
产品甲	1	4	0	2
产品乙	2	0	4	3
资源现有量	8	16	12	—

试建立能获得最大利润的加工计划的线性规划模型，并列出其单纯形初始表。

9. 某电动车制造厂制造三种车辆：甲、乙和丙。三种车每一辆提供的利润各为 270、400 和 450 元。每一辆车的电池需要量如下：甲 1 套、乙 2 套、丙 3 套。装在每一辆车上的充电机需要量如下：甲 2 台、乙 2 台、丙 3 台。设该厂仓库中有 100 套电池和 120 台充电机，并且本周内不可能再供应这些货物。为了使该厂在本周能获得最大的利润，代拟该厂的线性规划模型及建立初始单纯形表。

10. 某城市的空气污染十分严重，市政府准备制定一个减少污染的环保计划，要求每年减少碳氢化合物排放量 50 万 t，二氧化硫 60 万 t，固体尘埃 80 万 t。研究部门提供的各种减排方案的减排量和成本之间关系如表 3-22 所示。

表 3-22 技术方案

减排效果（万t）	减少机动车数量	烟筒安装除硫除尘器	提高能源利用效率	关闭高污染的工厂
碳氢化合物	70	100	80	70
二氧化碳	60	30	70	45
固体尘埃	55	70	65	55
成本（万元）	2 500	3 000	2 000	1 500

请构造一个线性规划模型,确定各种技术方案在减排计划中所占的比例,使得总成本最小。(不必求解)

11. 某房地产公司有水泥 100 单位,木材 160 单位和玻璃 400 单位,用以建造 A 型和 B 型住宅。建一栋 A 型住宅需要水泥、木材、玻璃分别为 1、2、2 单位,售价每栋 100 万元;建一栋 B 型住宅需要水泥、木材、玻璃分别为 1、1、5 单位,售价每栋 150 万元。该公司如何安排两种住宅的建设,才能使总售价最大?

12. 广告是促销的重要手段,研究广告策略也很重要。某企业要在本地电台(电视台)做广告节目,分早、中、晚三次播出,广告目标是家庭妇女和青少年宣传,一次早上广告节目需求 20 元,估计有 300 位家庭妇女和 200 位青少年收听(看)。一次下午的广告节目需 10 元,估计有 100 位家庭和 100 位青少年收看。一次晚上广告节目需求 28 元,估计有 100 位家庭妇女和 200 位青少年收听(看)。该企业广告节目要求每天至少有 2 000 位家庭妇女和 3 000 位青少年收看,如何安排广告节目的配合比,使之达到上述要求,又能使广告费最少。试建立该问题的数学模型。

13. 某物流公司决策部门现欲制订本年度 10 月至 12 月的进货及销售计划。已知该种商品的初始库存量为 2 000 件,公司仓库最多可存放该种商品 10 000 件,公司拥有的经营资金为 80 万元,据预测,10 月至 12 月的进货及销售价格如表 3-23 所示。若每个月仅在 1 号进货 1 次,且要求年底时商品的库存量为 3 000 件,在以上条件下,如不考虑库存费用,如何安排进货及销售计划,使公司获得最大利润?试建立该问题的数学模型。

表 3-23 进货及销售价格

月份	10	11	12
进货价格(元/件)	90	95	98
销售价格(元/件)	100	100	115

14. 某公司雇用了多名话务员工作,他们每天工作 3 节,每节 3 小时,每节开始时间为午夜、凌晨 3 点、上午 6 点、上午 9 点、中午 12 点、下午 3 点、下午 6 点、下午 9 点,为方便话务员上下班,管理层安排每位话务员每天连续工作 3 节,根据调查,对于不同的时间,由于业务量不同,需要的话务员的人数也不相同,公司付的薪水也有差别,具体数据见表 3-24。问题是如何安排话务员才能既保证服务人数,又使总成本最低?

表 3-24 话务员排班数据

工作时间	最低需求人数	薪水(元/小时)
0~3 点	8	26
3~6 点	6	30
6~9 点	15	28
9~12 点	20	22
12~15 点	25	20
15~18 点	23	20
18~21 点	18	22
21~0 点	10	24

15. 某公司有 100 万元资金用于投资,投资的方案可有以下六种,现要做一个 5 年期的投资计划,具体可选的投资方案如下:

方案 A：5 年内的每年年初均可投资，且金额不限，投资期限 1 年，年投资回报率 7%；

方案 B：5 年内的每年年初均可投资，且金额不限，投资期限 2 年，年投资回报率 10%（不计复利）；

方案 C：5 年内的每年年初均可投资，且金额不限，投资期限 3 年，年投资回报率 12%（不计复利）；

方案 D：只在第一年年初有一次投资机会，最大投资金额为 500 000 元，投资期限 4 年，年投资回报率 20%；

方案 E：在第二年和第四年年初有一次投资机会，最大投资金额均为 300 000 元，投资期限 1 年，年回报率 30%；

方案 F：在第四年年初有一次投资机会，金额不限，投资期限 2 年，年回报率 25%。

假设当年的投资金额及其收益均可用于下一年的投资，问公司应如何投资才能使第五年年末收回的资金最多？

16. 益民食品厂使用三种原料生产两种糖果，生产的技术要求如表 3-25 所示。

表 3-25 技术要求

品种	成分比例（%）			售价（元/kg）
	原料 A	原料 B	原料 C	
高级奶糖	$\geqslant 50$	$\geqslant 25$	$\leqslant 10$	24.0
水果糖	$\leqslant 15$	$\leqslant 15$	$\geqslant 60$	15.0

原料的成本和可供量如表 3-26 所示。

表 3-26 原料成本和可供量

原料	原料可供量（kg）	成本（元/kg）
A	500	20.0
B	750	12.0
C	525	8.0

该厂根据已有的订单，需要生产至少 600 kg 高级奶糖，800 kg 水果糖，请写出一个求该厂最大利润的线性规划问题。

第四章
物流任务指派

本章知识点

1. 了解整数规划问题的实践意义。
2. 理解指派问题的含义及其数学模型的特征。
3. 掌握匈牙利法的算法步骤及特殊指派问题的处理方法。
4. 了解0-1规划的实践意义。
5. 掌握0-1规划问题的模型构建方法。
6. 了解隐枚举法的求解过程。

本章能力点

1. 能用"指派问题"解决物流领域中人力、物力、财力等资源与工作任务、服务项目等的合理搭配问题，创造最大价值。
2. 能对物流固定设施选址问题建立"0-1规划"模型。

引导案例

某连锁经营公司选址资料

某连锁经营公司为实现最低物流成本、最好物流服务的"双赢"目标，欲将其超市业务覆盖（服务）整个市区，为实现这一目标，首先要在市内增建几个超市。公司进行了调研，得到尚未覆盖到的居民区信息（编号为1，2，…，12）、可以建超市的候选地址（编号为A，B，…，H），和每个超市可以覆盖的居民区的数据资料，并对各候选地址的建设成本作了估计，相关数据见表4-1。问在哪些候选地址增建超市才能既覆盖每个居民区，又使总的建设成本最低？

表4-1 选址资料

候选地址编号	候选地址可以覆盖的居民区	建设成本（百万元）
A	1, 2, 3, 7, 8	8.2
B	1, 5, 7, 9	6
C	2, 8, 9, 12	6.5
D	1, 3, 6	7.1
E	3, 4, 10, 11	4
F	4, 5, 9, 12	9
G	5, 6, 11	7.3
H	7, 10, 12	6.2

上述问题中,在哪些候选地址增建超市,针对这个决策问题的变量描述,显然我们不能用一般的线性规划中的变量描述方法——"取值非负"这么简单。在候选地址增建超市或不增建超市,只有这两种状态可能发生。实践中这类问题还很多,我们将其归结为整数线性规划问题,通过建立整数线性规划模型求解,进而找到最优方案。本章我们将探讨整数线性规划的特殊形式——指派问题和 0-1 规划问题。

第一节　任务指派概述

一、整数线性规划问题

在实际问题中,往往有一些量的取值必须为整数,如决策需用的人数或者机器设备台数。再如一些逻辑性选择的问题,如在某地建仓库或不建仓库,只要两个可供选择的数值就足够了,如以 $x=1$ 表示一种状态,$x=0$ 表示另一种状态。在这些问题中有一个共同特点,就是要求变量的取值为整数,所以我们称之为整数线性规划问题。

例如,某公司以船运输用集装箱盛装的甲乙两种货物,已知每箱货物的体积、重量、可获利润以及受船的载重量、仓位体积限制的情况如表 4-2 所示,问两种货物各装运多少箱,可使该公司获得的总利润最大?

表 4-2　货物数据及货船积载限制

货物	体积（m³）	重量（t）	利润（万元/箱）
甲	2	1	3
乙	3	0.5	2
托运限制	14	4.5	—

设 x_1,x_2 分别表示甲、乙两种货物各自装运的箱数,显然其受载的重量及船仓位的限制,其目标是获得最大利润,故建立数学模型为

$$\max Z = 3x_1 + 2x_2$$

$$\text{s.t.} \begin{cases} 2x_1 + 3x_2 \leqslant 14 \\ x_1 + 0.5x_2 \leqslant 4.5 \\ x_1, x_2 \geqslant 0, \text{且为整数} \end{cases}$$

这个模型与线性规划模型比较,容易看出,只是在变量取值上加上了取为整数这一条,因而造成变量取值不连续,所以在线性规划问题求解中所采用的单纯形法也就无法使用。这也是整数规划问题求解困难的原因。

如果模型中所有变量取值均为整数,则称为纯整数规划问题,如果只有一部分变量要求为整数,则称之为混合整数规划问题。此外,当模型中变量只取 0 或 1 的值时,称为 0-1 规划问题。

分支定界法或割平面法是求解整数规划的一种常用的、有效的方法,它既能解决纯整数规划的问题,又能解决混合整数规划的问题,其具体解题步骤本章不做介绍。接下来,我们讨论的是整数线性规划的特殊形式——指派问题和 0-1 规划问题。

二、指派问题的含义

指派问题也称分配问题，是整数规划问题中特殊的 0-1 规划问题。

在物流过程中，如何将有限的资源（人力、物力、财力等）指派给多项任务或工作，以达到降低成本或提高效益的目的，这是物流管理的重要问题。

典型的指派问题是指：有 n 项不同的工作要做，恰好有 n 个人（或设备）可以分别完成其中的一项工作，但由于任务性质和个人专长不同，因而由不同的人去完成不同的工作的效率（或所需的资源）是不一样的。如何安排才能使工作总效率最高（或所需总资源最少）？

常见的同类问题，如有若干项工作需要分配给若干人（或部门）来完成；有若干项合同需要选择若干个投标者来承包；有若干班组需要安排在若干车间里工作等，都属于指派问题。

三、指派问题的数学模型

典型的指派问题的数学模型一般使用下面的决策变量

$$x = \begin{cases} 1, & 第 i 个人做第 j 项工作 \\ 0, & 否则 \end{cases}$$

其中 $i, j = 1, 2, \cdots, n$。用 Z 表示总成本，c_{ij} 为第 i 个人做第 j 项工作的费用，则指派问题目标为最小化时的一般模型为

$$\min Z = \sum_{i=1}^{n} \sum_{j=1}^{n} c_{ij} x_{ij} \quad (c_{ij} \geqslant 0)$$

$$\text{s.t.} \begin{cases} \sum_{j=1}^{n} x_{ij} = 1 \ (i = 1, 2, \cdots, n) & (4\text{-}1) \\ \sum_{i=1}^{n} x_{ij} = 1 \ (j = 1, 2, \cdots, n) & (4\text{-}2) \\ x_{ij} = 0 \text{ 或 } 1 \ (i, j = 1, 2, \cdots, n) \end{cases}$$

式（4-1）说明第 i 人只能做 1 项工作，式（4-2）说明第 j 项工作只能由 1 人去完成。

例 4-1 某物流公司现有 5 项运输任务，分别称为任务 A、B、C、D、E，交甲、乙、丙、丁、戊 5 名司机去完成，每人完成一种，且每项任务只能由一名司机完成。已知各人完成不同任务所需时间（小时数）如表 4-3 所示。问如何分派，才能使总用时量最少？

表 4-3 完成任务时数 （单位：h）

人 \ 任务时数	A	B	C	D	E
甲	3	12	3	11	9
乙	5	7	15	10	3
丙	7	3	2	5	5
丁	4	8	5	7	9
戊	8	4	7	4	9

解：引入 0-1 变量 x_{ij}，并令

$$x_{ij} = \begin{cases} 1, & \text{第}i\text{个人做第}j\text{项工作} \\ 0, & \text{否则} \end{cases} \quad (i, j = 1, 2, \cdots, 5)$$

用 Z 表示 5 个人分别完成 5 项任务所用总时间，可得该问题数学模型：

$$\min Z = 3x_{11}+12x_{12}+3x_{13}+11x_{14}+9x_{15}+$$
$$5x_{21}+7x_{22}+15x_{23}+10x_{24}+3x_{25}+$$
$$7x_{31}+3x_{32}+2x_{33}+5x_{34}+5x_{35}+$$
$$4x_{41}+8x_{42}+5x_{43}+7x_{44}+7x_{45}+$$
$$8x_{51}+4x_{52}+7x_{53}+4x_{54}+9x_{55}$$

$$\text{s.t.} \begin{cases} \sum_{i=1}^{5} x_{ij} = 1, j = 1, 2, 3, 4, 5 & \text{（每项工作只能由一人去完成）} \\ \sum_{j=1}^{5} x_{ij} = 1, i = 1, 2, 3, 4, 5 & \text{（每人只能完成其中的一项工作）} \\ x_{ij} = 0\text{或}1, i, j = 1, 2, 3, 4, 5 \end{cases}$$

第二节　指派问题的匈牙利法

一、匈牙利法步骤

匈牙利数学家克尼格证明了以下两个定理，基于这两个定理，解指派问题的计算方法被称为匈牙利算法。

匈牙利算法求指派问题的条件是问题求最小值、人数和工作数相等以及效率非负。

定理 1　如果从分配问题效率矩阵$[C_{ij}]$的每一行（列）元素中分别减去（或加上）一个常数 u_i（v_j）得到一个新的效率矩阵$[B_{ij}]$，其中 $B_{ij} = C_{ij}-u_i-v_j$，则$[B_{ij}]$的最优解等价于$[C_{ij}]$的最优解，其中 C_{ij} 及 B_{ij} 均非负。

定理 2　若矩阵 A 的元素可分成"0"与非"0"两部分，则覆盖零元素的最少直线数等于位于不同行不同列的零元素（称为独立元素）的最大个数。

由定理 2 知，如果最少直线数等于 m，则存在 m 个独立的零元素，令这些零元素对应的 x_{ij} 等于 1，其余变量等于 0，这时目标函数值最小，得到最优解。

通过定理 1，可将效率表中的某些元素转换为 m 个独立的零元素，通过定理 2，可以判别出效率表中有多少个独立的零元素。

匈牙利方法求解指派问题的步骤如下。

步骤一：将效率矩阵$[c_{ij}]$每行的各元素减去该行的最小元素，再将所得矩阵每列的各元素减去该列的最小元素，那么所得矩阵的每一行和每一列都有零元素。

步骤二：在步骤一所得的矩阵中找出所有位于不同行不同列的零元素，并用最少条数的直线覆盖全部的零元素。画线及找独立的零元素的方法如下：

1）检查效率矩阵 C 的每行、每列，在零元素最少的行（列）中任选一个零元素并对

其打上括号，将该"0"所在行、列其他零元素全部打上"×"，同时对打括号及"×"的零元素所在行或列画一条直线。

2）重复步骤一，在剩下的没有被直线覆盖的行、列中再找最少的零元素，打上括号、打上"×"及画线，直到所有的零元素被直线覆盖。如果效率矩阵每行（或列）都有一个打括号的零元素，则上述步骤得到的打括号的零元素都位于不同行不同列，令对应打括号零元素的变量 $x_{ij}=1$，就得到了问题的最优解；如果效率矩阵中打括号的零元素个数小于 n，转入步骤三。

步骤三：利用定理 1 对矩阵进行变换，增加独立零元素的个数。从矩阵中未被直线覆盖的元素中找出其最小的元素 k，对无直线覆盖的行，分别减去 k，对有直线覆盖的列，分别加上 k，则得到一个新矩阵，转步骤二。

二、匈牙利法求解过程

例 4-2 用匈牙利法求解例 4-1。

解：该问题的价值系数矩阵为

$$C_1 = \begin{pmatrix} 3 & 12 & 3 & 11 & 9 \\ 5 & 7 & 15 & 10 & 3 \\ 7 & 3 & 2 & 5 & 5 \\ 4 & 8 & 5 & 7 & 7 \\ 8 & 4 & 7 & 4 & 9 \end{pmatrix}$$

按步骤一，得

$$C_1 = \begin{pmatrix} 3 & 12 & 3 & 11 & 9 \\ 5 & 7 & 15 & 10 & 3 \\ 7 & 3 & 2 & 5 & 5 \\ 4 & 8 & 5 & 7 & 7 \\ 8 & 4 & 7 & 4 & 9 \end{pmatrix} \begin{matrix} -3 \\ -3 \\ -2 \\ -4 \\ -4 \end{matrix} \rightarrow C_2 = \begin{pmatrix} 0 & 9 & 0 & 8 & 6 \\ 2 & 4 & 12 & 7 & 0 \\ 5 & 1 & 0 & 3 & 3 \\ 0 & 4 & 1 & 3 & 3 \\ 4 & 0 & 3 & 0 & 5 \end{pmatrix}$$

因 C_2 每列已含 0 元素，不必对列进行简约化。

按步骤二，得

$$C_2 = \begin{pmatrix} 0 & 9 & 0 & 8 & 6 \\ 2 & 4 & 12 & 7 & 0 \\ 5 & 1 & 0 & 3 & 3 \\ 0 & 4 & 1 & 3 & 3 \\ 4 & 0 & 3 & 0 & 5 \end{pmatrix}$$

覆盖所有 0 元素的最少直线数 $m=4$，$4<5$，按步骤三中 $m<n$ 方案，得

$$C_2 = \begin{pmatrix} 0 & 9 & 0 & 8 & 6 \\ 2 & 4 & 12 & 7 & 0 \\ 5 & 1 & 0 & 3 & 3 \\ 0 & 4 & 1 & 3 & 3 \\ 4 & 0 & 3 & 0 & 5 \end{pmatrix} \begin{matrix} -1 \\ \\ -1 \\ -1 \\ \end{matrix} \rightarrow C_3 = \begin{pmatrix} 0 & 8 & 0 & 7 & 5 \\ 3 & 4 & 13 & 7 & 0 \\ 5 & 0 & 0 & 2 & 2 \\ 0 & 3 & 1 & 2 & 2 \\ 5 & 0 & 4 & 0 & 5 \end{pmatrix}$$

（上方标记 +1 +1）

回到步骤二，得

$$C_3 = \begin{pmatrix} 0 & 8 & 0 & 7 & 5 \\ 3 & 4 & 13 & 7 & 0 \\ 5 & 0 & 0 & 2 & 2 \\ 0 & 3 & 1 & 2 & 2 \\ 5 & 0 & 4 & 0 & 5 \end{pmatrix}$$

覆盖所有 0 元素的最少直线数 $m = 5 = n$，回到步骤二中 $m = n$ 方案，得

$$C_3 = \begin{pmatrix} 0 & 8 & 0^{[4]} & 7 & 5 \\ 3 & 4 & 13 & 7 & 0^{[1]} \\ 5 & 0^{[5]} & 0 & 2 & 2 \\ 0^{[2]} & 3 & 1 & 2 & 2 \\ 5 & 0 & 4 & 0^{[3]} & 5 \end{pmatrix}$$

（找独立 0 元素的顺序用中括号里的数字标出）

即相应最优解为：$x_{13} = x_{25} = x_{32} = x_{41} = x_{54} = 1$，其余 $x_{ij} = 0$

回顾
$$C_1 = \begin{pmatrix} 3 & 12 & 3 & 11 & 9 \\ 5 & 7 & 15 & 10 & 3 \\ 7 & 3 & 2 & 5 & 5 \\ 4 & 8 & 5 & 7 & 7 \\ 8 & 4 & 7 & 4 & 9 \end{pmatrix}$$

故在该分配问题中，最优目标函数值为 $3+3+3+4+4 = 17$；即让甲去完成任务 C，乙去完成任务 E，丙去完成任务 B，丁去完成任务 A，戊去完成任务 D，这样可使总用时最少（17 小时）。

三、特殊指派问题的处理

在实际应用中，常常会遇到求最大值、人数与任务数不相等以及不可接受的配置（某个人不能完成某项任务）等特殊指派问题，处理方法是将它们进行适当变换使其满足匈牙利算法的条件，然后再求解。

1）求解最大值指派问题可转化为求解最小值指派问题。只要取

$$M = \max\{c_{ij} | i, j = 1, 2, \cdots, n\}$$

然后令

$$d_{ij}=M-c_{ij}（i,j=1,2,\cdots,n）$$

则对应于系数矩阵 $\boldsymbol{D}=(d_{ij})_{n\times n}$ 的最小值分配就是原问题的最大值分配。

2）某人一定不能完成某项任务时，若原问题求最小值，令对应的效率为 M 即可；若原问题求最大值，令对应的效率为 0 即可。

3）指派问题的人数和任务数不相等的情况。设指派问题中人数为 m，任务数为 n，当 $m>n$ 时虚拟 $m-n$ 项任务，对应的效率为 0；当 $m<n$ 时，虚拟 $n-m$ 个人，对应的效率为 0，将原问题化为人数与任务数相等的平衡问题再求解。

例 4-3 一物流销售部门要分派 3 位推销员到需求某商品的 4 个地区去进行推销，每个地区只派 1 人，每人只去 1 个地区。推销员各有不同的经验和能力，因而他们在不同地区能获得的利润不同，其获利估计值如表 4-4 所示（单位：十万元）。该部门应如何分派才能使推销员所创造的总利润最大？

表 4-4 获取利润估计值 （单位：十万元）

推销员 \ 地区	A	B	C	D
1	4	10	8	5
2	9	8	0	2
3	12	3	7	4

解：引入 0-1 变量 x_{ij}，并令

$$x_{ij}=\begin{cases}1,\text{第}i\text{个人去第}j\text{个地区}\\0,\text{否则}\end{cases}（i=1,2,3；j=1,2,3,4）$$

用 Z 表示推销员所创造的总利润，可得该问题数学模型，

$$\max Z=4x_{11}+10x_{12}+8x_{13}+5x_{14}+\\9x_{21}+8x_{22}+0x_{23}+2x_{24}+\\12x_{31}+3x_{32}+7x_{33}+4x_{34}$$

$$\text{s.t.}\begin{cases}\sum_{i=1}^{3}x_{ij}=1,j=1,2,3,4\\\sum_{j=1}^{4}x_{ij}=1,i=1,2,3\\x_{ij}=0\text{或}1,i=1,2,3;j=1,2,3,4\end{cases}$$

先把最大值分配问题转化为最小值分配问题，

$$M=\max\{c_{ij}\}=12$$

然后令

$$d_{ij}=M-c_{ij}$$

于是，该最大值分配转化为对应于系数矩阵 $\boldsymbol{D}=(d_{ij})_{n\times n}$ 的最小值分配，

$$D = \begin{pmatrix} 8 & 2 & 4 & 7 \\ 3 & 4 & 12 & 10 \\ 0 & 9 & 5 & 8 \end{pmatrix}$$

因推销员比地区少 1，故添加行（虚拟一推销员），得

$$D_1 = \begin{pmatrix} 8 & 2 & 4 & 7 \\ 3 & 4 & 12 & 10 \\ 0 & 9 & 5 & 8 \\ 0 & 0 & 0 & 0 \end{pmatrix}$$

实施匈牙利法：

$$\begin{pmatrix} 8 & 2 & 4 & 7 \\ 3 & 4 & 12 & 10 \\ 0 & 9 & 5 & 8 \\ 0 & 0 & 0 & 0 \end{pmatrix} \begin{matrix} -2 \\ -3 \\ \\ \end{matrix} \rightarrow \begin{pmatrix} \cancel{6} & \cancel{0} & \cancel{2} & \cancel{5} \\ \cancel{0} & 1 & 9 & 7 \\ \cancel{0} & 9 & 5 & 8 \\ \cancel{0} & \cancel{0} & \cancel{0} & \cancel{0} \end{pmatrix} \begin{matrix} +1 \\ -1 \\ -1 \\ \end{matrix} \rightarrow$$

$$\begin{pmatrix} 7 & \cancel{0} & 2 & 5 \\ \cancel{0} & \cancel{0} & 8 & 6 \\ \cancel{0} & 8 & 4 & 7 \\ 1 & \cancel{0} & \cancel{0} & \cancel{0} \end{pmatrix} \begin{matrix} -2 & -2 \\ \\ \\ +2 \end{matrix} \rightarrow \begin{pmatrix} 7 & 0 & 0^{[2]} & 3 \\ 0 & 0^{[3]} & 6 & 4 \\ 0^{[4]} & 8 & 2 & 5 \\ 3 & 2 & 0 & 0^{[1]} \end{pmatrix}$$

即相应最优解为 $x_{13} = x_{22} = x_{31} = x_{44} = 1$，其余 $x_{ij} = 0$

回顾
$$D_1 = \begin{pmatrix} 8 & 2 & 4 & 7 \\ 3 & 4 & 12 & 10 \\ 0 & 9 & 5 & 8 \\ 0 & 0 & 0 & 0 \end{pmatrix}$$

可知最优分配方案为推销员 1 去 C 地，推销员 2 去 B 地，推销员 3 去 A 地，此时创造的最高利润为 8+8+12=28。

★ 关于指派问题的实践应用请看第四节中的应用举例一。

第三节　0-1 规划问题

一、0-1 规划的数学模型

如果在整数规划模型中，所有的变量都是取 0 或 1 的逻辑变量，则该问题称为 0-1

规划问题。对逻辑变量我们也称为 0-1 变量，它在实践中有着重要意义。许多管理问题无法归结为线性规划的数学模型，但可以通过设置这样的逻辑变量，很方便地建立起整数规划问题的数学模型。下面说明 0-1 变量在建立模型中的作用。

例 4-4 某道路修筑公司在同一时间内可参加 A_1、A_2、A_3、A_4 四项道路工程的投标。这些项目要求的工期相同。公司根据招标文件和本公司的技术水平对每项工程进行了详细的研究和计算，将各项工程的预期利润、主要程序的工程量及本企业的施工能力列于表4-5。试建立使总利润最大的数学模型。

表 4-5 信息资料

工程项目	预期利润（万元）	砂（m³）	砾石（m³）	黏土（m³）
A_1	5	4 200	280	2 500
A_2	8	2 300	880	480
A_3	7	4 800	300	1 500
A_4	9	2 300	900	5 200
施工能力		12 000	1 600	9 000

解：引入 0-1 变量

$$x_i = \begin{cases} 1, & 对项目A_i投标 \\ 0, & 对项目不投标 \end{cases} (i=1,2,3,4)$$

则该问题可以描述成如下的线性规划模型：

$$\max Z = 5x_1 + 8x_2 + 7x_3 + 9x_4$$

$$\text{s.t.} \begin{cases} 4\,200x_1 + 2\,300x_2 + 4\,800x_3 + 3\,200x_4 \leqslant 12\,000 \\ 280x_1 + 880x_2 + 300x_3 + 900x_4 \leqslant 1\,600 \\ 2\,500x_1 + 480x_2 + 1\,500x_3 + 5\,200x_4 \leqslant 9\,000 \\ x_i = 0\text{或}1, \quad i=1,2,3,4 \end{cases}$$

二、0-1 规划的隐枚举法

对 0-1 规划求解，将 0-1 规划的变量改为 $0 \leqslant x_i \leqslant 1$ 并且为整数，就可以用分支定界法或割平面法求解。由于 0-1 规划的特殊性，用隐枚举法更为简便。其求解步骤如下：

1) 找一个初始可行解 x_0，得到目标函数值的下界 Z_0（最小值问题则为上界）。
2) 列出 2^n 个变量取值的组合，当组合解 x_i 对应的目标值 Z_i 小于 Z_0（max）时，认为不可行，当 Z_i 大于等于 Z_0（max）时，再检验是否满足约束条件，得到 0-1 规划的可行解。
3) 依据 Z_i 的值确定最优解。

这里的下界 Z_0 可以动态移动，当某个 Z_i 大于 Z_0 时，则将 Z_i 作为新的下界。

例 4-5 用隐枚举法求解 0-1 规划问题：

$$\max Z = 3x_1 - 2x_2 + 5x_3$$

$$\text{s.t.} \begin{cases} x_1 + 2x_2 - x_3 \leqslant 2 & \text{①} \\ x_1 + 4x_2 + x_3 \leqslant 4 & \text{②} \\ x_1 + x_2 \leqslant 3 & \text{③} \\ 4x_2 + x_3 \leqslant 6 & \text{④} \\ x_i = 0或1, i = 1, 2, 3 \end{cases}$$

解：根据目标函数中 x_i 系数的递增顺序，重新排列变量的次序，得

$$\max Z = -2x_2 + 3x_1 + 5x_3$$

$$\text{s.t.} \begin{cases} 2x_2 + x_1 - x_3 \leqslant 2 \\ 4x_2 + x_1 + x_3 \leqslant 4 \\ x_2 + x_1 \leqslant 3 \\ 4x_2 + x_3 \leqslant 6 \\ x_i = 0或1, i = 1, 2, 3 \end{cases}$$

因 -2，3，5 是递增的，变量的组合也以 (x_2, x_1, x_3) 的顺序排列。按上述各变量的递增顺序列出的解有：$(0, 0, 0)$，$(0, 0, 1)$，$(0, 1, 0)$，$(0, 1, 1)$，$(1, 0, 0)$，$(1, 0, 1)$，$(1, 1, 0)$，$(1, 1, 1)$，按这样的顺序寻优，最优解常易较早发现。显然 $(0, 0, 0)$ 是一个可行解，相应的目标函数值 $Z=0$ 可作为初始过滤值。

目标函数在 $(x_2, x_1, x_3) = (0, 0, 1)$ 处的值 $Z=5$，且它是一个可行解，因 $5>0$，故用 5 取代 0 为新的过滤值。

继续查目标函数在 $(x_2, x_1, x_3) = (0, 1, 0)$ 处的值，得 $Z=3$，因 $3<5$，故它不会是最优解，也不必查 $(0, 1, 0)$ 是否为可行解。

再查目标函数在 $(x_2, x_1, x_3) = (0, 1, 1)$ 处的值 $Z=8$，因 $8>5$，需查 $(0, 1, 1)$ 是否为可行解，易知它是可行解，故用 8 取代 5 为新的过滤值。

由目标函数

$$\max Z = -2x_2 + 3x_1 + 5x_3 \leqslant 3x_1 + 5x_3 \leqslant 3 \times 1 + 5 \times 1 = 8$$

可知，目标函数值不会超过 8，即过滤值 8 不能再改进。8 就是最后的过滤值。所以目标函数的最优值 $Z=8$，最优解 $X = (x_2, x_1, x_3) = (0, 1, 1)$。

上述解题过程示于表 4-6 中。表中"√"表示满足该约束条件，"—"表示不必检查是否满足约束条件。

表 4-6　隐枚举过程

解 (x_2, x_1, x_3)	约束条件 ①	②	③	④	Z 值
(0, 0, 0)	√	√	√	√	0（初始滤值）
(0, 0, 1)	√	√	√	√	5（新滤值）
(0, 1, 0)	—	—	—	—	3
(0, 1, 1)	√	√	√	√	8（最后滤值）
(1, 0, 0)	—	—	—	—	
(1, 0, 1)	—	—	—	—	
(1, 1, 0)	—	—	—	—	
(1, 1, 1)	—	—	—	—	

★ 关于 0-1 规划的应用请看本章第四节的应用举例二。

第四节 应 用 举 例

一、指派问题在物流资源调配中的应用

整数规划在实际当中的应用非常广,尤其是指派问题。下面我们来看两个实际应用当中的实例。

某物流企业根据地域的需求计划在四个区域设立四个专业储存仓库,考虑的商品有电器、服装、食品、家具及计算机 5 个类别。通过市场调查,家具不宜储存在丙处,计算机不宜储存在丁处,不同商品投资到各点的年利润(万元)预测值见表 4-7,该物流企业如何做出投资决策才能使年利润最大。

表 4-7　年利润表　　　　　　　　　　　　(单位:万元)

区域 商品	甲	乙	丙	丁
电器	120	300	360	400
服装	80	350	420	260
食品	150	160	380	300
家具	90	200	0	180
计算机	220	260	270	0

1) 令 $c_{43} = c_{54} = 0$。
2) 令 $M = 420$,转换成求最小值问题,得到效率表(机会损失表)。
3) 虚拟一个地点戊,转换成平衡的指派问题。

转换后得到表 4-8。

表 4-8　资源调配平衡表

区域 商品	甲	乙	丙	丁	戊
电器	300	120	60	20	0
服装	340	70	0	160	0
食品	270	260	40	120	0
家具	330	220	420	240	0
计算机	200	160	150	420	0

用匈牙利算法求得最优解为

$x_{14} = x_{22} = x_{33} = x_{45} = x_{51} = 1$,其余 $x_{ij} = 0$,$Z = 400 + 350 + 380 + 0 + 220 = 1350$

最优投资方案为地点甲投资计算机仓库,地点乙投资服装仓库,地点丙投资食品仓库,地点丁投资电器仓库,年利润总额预测值为 1350 万元。

我们再看一个带约束的实际案例。

现有五个道路工程工地需要由三家砂石料公司供应所需的材料,每家砂石料公司最多可供应两个工地。已知每个公司到这五个工地的运输费用(百万元)如表 4-9 所示,求使总运费最小的指派方案。

表 4-9　运输费用表　　　　　　　　　　　　　（单位：百万元）

公司＼工程	甲	乙	丙	丁	戊
A_1	4	8	7	15	12
A_2	7	9	17	14	10
A_3	6	9	12	8	7

由于每家公司最多可以供应两个工地，因此可把每家公司看成两家公司，其系数矩阵为

$$D=\begin{pmatrix} 4 & 8 & 7 & 15 & 12 \\ 4 & 8 & 7 & 15 & 12 \\ 7 & 9 & 17 & 14 & 10 \\ 7 & 9 & 17 & 14 & 10 \\ 6 & 9 & 12 & 8 & 7 \\ 6 & 9 & 12 & 8 & 7 \end{pmatrix}$$

上面系数矩阵有 6 行 5 列，为了使"人"和"事"数目相同，引入一个虚拟的项目己，使之成为平衡的指派问题，其系数矩阵为

$$D=\begin{pmatrix} 4 & 8 & 7 & 15 & 12 & 0 \\ 4 & 8 & 7 & 15 & 12 & 0 \\ 7 & 9 & 17 & 14 & 10 & 0 \\ 7 & 9 & 17 & 14 & 10 & 0 \\ 6 & 9 & 12 & 8 & 7 & 0 \\ 6 & 9 & 12 & 8 & 7 & 0 \end{pmatrix}$$

用匈牙利方法求解，最优解为

$x_{11}=x_{23}=x_{32}=x_{46}=x_{54}=x_{65}=1$，其余 $x_{ij}=0$

故总运费最小的指派方案为：A_1 公司供应甲、丙两项工程的材料；A_2 公司只供应乙工程的；A_3 公司供应丁、戊两项工程的。此时其最小费用为 $Z=4+7+9+8+7=35$。

二、0-1 规划在物流设施选址中的应用

0-1 规划是变量只取 0 或 1 的一种特殊形式的整数规划。在实际问题中，诸如开与关、取与舍、有与无等逻辑现象都可用 0-1 变量来描述。由于 0-1 规划在实践中有着广泛的应用和独特的建模技巧，下面列举其在物流固定设施选址上应用。

某物流公司打算在沈阳或大连设立销售分公司（也许在两个城市都设立销售分公司），以增加市场份额，决策层同时也计划在每个新设分公司的城市最多建一个配送中心（当然也可以不建）。每种选择公司收益的净现值、所需费用均列在表 4-10 中，总的预算费用不得超过 20 万元。如何决策既满足约束条件又使总的净现值最大？

表4-10 决策资料

决策编号	选址	决策变量	净现值（万元）	所需资金（万元）
1	沈阳为分公司	x_1	18	12
2	大连为分公司	x_2	10	6
3	沈阳建配送中心	x_3	12	10
4	大连建配送中心	x_4	8	4

我们引入 0-1 变量，设

$$x_j = \begin{cases} 1, & \text{决策 } j \text{ 问题的答案为"是"} \\ 0, & \text{决策 } j \text{ 问题的答案为"否"} \end{cases} \quad (j=1,2,3,4)$$

总的净现值用 Z 表示，目标函数为

$$Z = 18x_1 + 10x_2 + 12x_3 + 8x_4$$

因总的预算费用不得超过 20 万元，得约束条件：

$$12x_1 + 6x_2 + 10x_3 + 4x_4 \leqslant 20$$

因公司最多只建一个新配送中心，表达为

$$x_3 + x_4 \leqslant 2$$

又因决策变量 3 和 4 的值分别受到决策变量 1 和 2 的约束，这两个变量的值是否取 1 分别决定于决策变量 1 和 2（公司只在建有分公司的城市才决定是否建配送中心）。所以对于决策变量 3，只有决策变量 1 取值为 1 时，它才可能取值为 1，当然也可能取值为 0；而决策变量 1 取值为 0 时，决策变量 3 就只能取值为 0。于是，得到一个约束：

$$x_3 \leqslant x_1$$

即

$$-x_1 + x_3 \leqslant 0$$

同理，决策变量 4 受决策变量 2 的约束为

$$x_4 \leqslant x_2$$

即

$$-x_2 + x_4 \leqslant 0$$

将上述约束条件综述之，得该问题的数学模型：

$$\max Z = 18x_1 + 10x_2 + 12x_3 + 8x_4$$

$$\text{s.t.} \begin{cases} 12x_1 + 6x_2 + 10x_3 + 4x_4 \leqslant 20 \\ x_3 + x_4 \leqslant 2 \\ -x_1 + x_3 \leqslant 0 \\ -x_2 + x_4 \leqslant 0 \\ x_j = 0 \text{ 或 } 1, \quad j = 1, 2, 3, 4 \end{cases}$$

在物流系统的管理问题中，大量的问题是线性的，加之整个系统网络对决策变量的要求不会仅仅是 0 或 1；或仅是整数。常有一部分决策变量因其实际意义需取整数，而另一部分决策变量需是连续的非负数。这样，针对物流系统的网络化结构，许多问题的数学模型就是一个大型的混合-整数线性规划模型。

现举一例加以说明：

已知某企业有 40 个需求城市，准备在广州和深圳两地设立物流中心，配送中心候选地有 8 个，包括广州、深圳、厦门、武汉、长沙、郑州、汕头、福州。从每一个物流

中心，经过若干个配送中心，向若干个客户配送货物，同一需求城市需要的产品由同一配送中心供给，各配送中心不存在维持运营的最低数量限制。物流中心已定，企业物流网络结构如图4-1所示。为完善其物流网络，研究建立其网络优化模型，要求从中选择若干个配送中心，使总的物流成本最低。

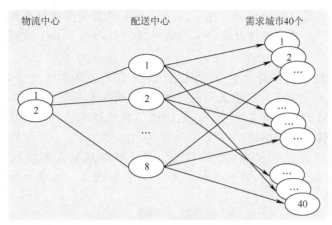

图4-1 物流网络结构模型

我们设变量 X_{ijk} 表示由物流中心 i 经配送中心 j 到达需求城市 k 的物流通过量，C_{ijk} 表示从物流中心 i 经配送中心 j 到达需求城市 k 的单位平均生产、搬运、运输成本，S_i 表示物流中心 i 的生产能力，f_j 表示配送中心 j 运营的固定成本，v_j 表示配送中心 j 货流量的单位变动成本，$\overline{W}_j$ 表示配送中心 j 最大库容量，D_k 表示需求城市 k 对商品的需求量，再引入两个0-1变量，

$$Z_j = \begin{cases} 1, & \text{配送中心}j\text{投入运营} \\ 0, & \text{配送中心}j\text{不投入运营} \end{cases}$$

$$Y_{jk} = \begin{cases} 1, & \text{配送中心}j\text{为需求城市}k\text{提供服务} \\ 0, & \text{配送中心}j\text{不为需求城市}k\text{提供服务} \end{cases}$$

由题意得数学模型（结合题意考虑到该网络物流通过量不能超过物流中心各自的供货能力；所有城市的需求必须得到满足；各配送中心的吞吐量不能超过其吞吐能力。）

$$\min Z = \sum_{ijk} C_{ijk} X_{ijk} + \sum_j (f_j Z_j + v_j \sum_k D_k Y_{jk})$$

$$\text{s.t.} \begin{cases} \sum_{jk} X_{ijk} \leqslant S_i \\ \sum_i X_{ijk} = D_k Y_{jk} \\ \sum_j Y_{jk} = 1 \\ \sum_k D_k Y_{jk} \leqslant \overline{W}_j \\ X_{ijk} \geqslant 0 \end{cases}$$

小　结

在许多线性规划问题中，要求变量取整数，这就是整数线性规划问题。如果模型中变量只取 0 或 1 的值时，称为 0-1 规划问题。0-1 规划在实践中有着重要意义，许多管理问题无法归结为线性规划的数学模型，但可以通过 0-1 规划模型得到有效的解决。本章讨论了 0-1 规划的建模方法及其简便算法——隐枚举法，并介绍了 0-1 规划模型在物流设施选址方面的应用。

指派问题是整数规划中特殊的 0-1 规划问题，它是运筹学中一个既具有理论意义又非常具有实用价值的问题。本章重点讨论了指派问题数学模型的特征以及指派问题的简便算法——匈牙利法的原理和基本步骤，也讲述了特殊指派问题的处理方法，并介绍了指派问题在物流资源调配中的应用。

整数规划模型在实践中有着广泛的应用。关于整数规划求解问题，单纯形法是无效的，可以用分支定界法或割平面法求解，由于其复杂程度，本章未做介绍。

习　题

1. 用图解法讨论下列线性规划问题的最优解和最优整数解。

$$\max Z = 3x_1 + 2x_2$$
$$\text{s.t.} \begin{cases} 2x_1 + 3x_2 \leq 14.5 \\ 4x_1 + x_2 \leq 16.5 \\ x_1, x_2 \geq 0 \end{cases}$$

2. 用匈牙利法求解具有下列系数矩阵的最小化的物流资源指派问题。

$$（1）\begin{pmatrix} 8 & 4 & 2 & 6 & 1 \\ 0 & 9 & 5 & 5 & 4 \\ 3 & 8 & 9 & 2 & 6 \\ 4 & 3 & 1 & 0 & 3 \\ 9 & 5 & 8 & 9 & 5 \end{pmatrix} \qquad （2）\begin{pmatrix} 10 & 11 & 4 & 2 & 8 \\ 7 & 11 & 10 & 14 & 12 \\ 5 & 6 & 9 & 12 & 14 \\ 13 & 15 & 11 & 10 & 7 \end{pmatrix}$$

3. 考虑装载货船问题。假定装到船上的货物有五种，各种货物的单位重量 W_i 和单位体积 V_i 以及它们相应的价值 R_i 如表 4-11 所示。

表 4-11　货船数据

货物编号	W_i (t)	V_i (m³)	R_i（万元）
1	5	1	4
2	8	8	7
3	3	6	6
4	2	5	5
5	7	4	4

船的最大载重量和体积分别是 $W = 112$t 和 $V = 109$m³，现在要确定怎样装运各种货物才能使装运的价值最大。

4. 现有 4 辆装载不同货物的待卸车,调度员要将其指派给 4 个装卸班组,每个班组卸 1 辆。由于各个班组的技术专长不同,各个班组卸不同车辆所需的时间(h)如表 4-12 所示。问调度员应如何指派卸车任务,才能使卸车所花的总时间最少?

表 4-12　卸车时间　　　　　　　　　　　　　　　(单位:h)

装卸班组 \ 待卸车	A	B	C	D
甲	4	3	4	1
乙	2	3	6	5
丙	4	3	5	4
丁	3	2	6	5

5. 某物流中心的加工作业线上有 4 个工人 A_1、A_2、A_3、A_4,分别均能操作 B_1、B_2、B_3、B_4 四台加工设备中的一台,每小时的产值如表 4-13 所示。求产值最大的指派方案。

表 4-13　产值数据　　　　　　　　　　　　　　　(单位:元)

工人 \ 加工设备	B_1	B_2	B_3	B_4
A_1	10	9	8	7
A_2	3	4	5	6
A_3	2	1	1	2
A_4	4	3	5	6

6. 一条流水线有五个岗位,分别完成某产品装配的五道工序。现分配甲、乙、丙、丁、戊五个工人去操作。由于每人专长不同,各个工人在不同岗位上生产效率不一样,具体数字见表 4-14。问应如何分配每个工人的操作岗位,使这条流水线的生产能力为最大?

表 4-14　效率表　　　　　　　　　　　　　　　(单位:件/min)

工人 \ 工位	1	2	3	4	5
甲	2	3	4	1	7
乙	3	4	2	5	6
丙	2	5	3	4	1
丁	5	2	3	2	5
戊	3	7	6	2	4

7. 已知下列五名运动员各种姿势的游泳成绩如表 4-15 所示。试问如何从中选拔一个由四人组成的参加 200m 混合泳的接力队,使预期的比赛成绩最好。

表 4-15　成绩表　　　　　　　　　　　　　　　(单位:s)

	赵	钱	张	王	周
仰泳	37.7	32.9	33.8	37.0	35.7
蛙泳	43.4	33.1	42.2	34.7	41.8
蝶泳	33.3	28.5	38.9	30.4	33.6
自由泳	29.2	26.4	29.6	28.5	31.1

注:表中数字为 50m 成绩。

8. 分配甲、乙、丙、丁四个人去完成 A、B、C、D、E 五项任务。每个人完成各项任务的时间如表 4-16 所示。由于任务数多于人数，故考虑：

1）任务 E 必须完成，其他 4 项中可任选 3 项完成；
2）其中有一人完成两项，其他人每人完成一项。

试分别确定最优分配方案，使完成任务的总时间最少。

表 4-16 时间表　　　　　　　　　　　　　　　　　（单位：min）

人 \ 任务	A	B	C	D	E
甲	25	29	31	42	37
乙	39	38	26	20	33
丙	34	27	28	40	32
丁	24	42	36	23	45

9. 用隐枚举法求解 0-1 整数规划问题。

$$\max Z = 8x_1 + 2x_2 - 4x_3 - 7x_4 - 5x_5$$

$$\text{s.t.} \begin{cases} 3x_1 + 3x_2 + x_3 + 2x_4 + 3x_5 \leqslant 4 \\ 5x_1 + 3x_2 - 2x_3 - x_4 + x_5 \leqslant 4 \\ x_j = 0 \text{或} 1 \, (j=1, 2, 3, 4, 5) \end{cases}$$

10. 今有 5 项工程可以考虑施工，每一项已经选定的工程要在三年内完成。每项工程的期望收入和年度费用以及各年可供使用的投资基金（单位：万元）由表 4-17 给出。目标是选出使总收入达到最大的那些工程。试建立此投资问题的 0-1 规划模型。

表 4-17 工程相关资料　　　　　　　　　　　　　　（单位：万元）

工程 \ 年度费用	第 1 年	第 2 年	第 3 年	各项工程的期望收入
1	5	1	8	20
2	4	7	10	40
3	3	9	2	20
4	7	4	1	15
5	8	6	10	30
各年可用基金	25	25	25	—

11. 某企业打算在 m 个可能的厂址中选若干个建厂，以生产某种商品供应 n 个需求区。已知：厂址 i 若被选中，则其基建费用为 a_i，其最大生产量为 b_i；需求区 j 的最低需要量为 d_j；厂址 i 至需求区 j 的单位商品运输费为 c_{ij}。问如何选址，才能使基建和运输费用的总和最小？试建立此问题的数学模型。

12. 都市保健医院想在它所在的大城市周边地区建紧急救护服务中心，为此要进行选址。选址工作的目标是使所有病人开车到紧急救护室的时间不超过 10min。表 4-18 列出的是病人开车到各备选地点花费的时间（单位：min）。

表 4-18 到紧急救护室备选地点　　　　　　　　　　　（单位：min）

周边地区	1	2	3	4	5	6
A	0	5	15	25	25	15
B	5	0	20	30	15	5
C	15	20	0	10	25	15
D	25	30	10	0	10	20
E	25	15	25	10	0	9
F	15	5	15	20	9	0

最少需要几个紧急救护室，各位于什么地方？

13．某科学实验卫星拟从下列仪器装置中选若干件装上，有关数据资料见表 4-19。现要满足下述要求：

1) 装入卫星的仪器装置总体积不超过 V，总质量不超过 W；
2) A_1 与 A_3 中最多安装一件；
3) A_2 与 A_4 中至少安装一件；
4) 若安装 A_3 或 A_5，则就不能安装 A_6；
5) A_4 与 A_6 必须同时安装；

试建立该问题的数学模型，使得该卫星能发挥最大的实验价值。

表 4-19 价值表

仪器装置代号	体积	质量	实验中的价值
A_1	V_1	W_1	C_1
A_2	V_2	W_2	C_2
A_3	V_3	W_3	C_3
A_4	V_4	W_4	C_4
A_5	V_5	W_5	C_5
A_6	V_6	W_6	C_6

14．某钻井队要从以下 10 个可供选择的井位中确定 5 个钻井探油，使总的钻探费用为最小。若 10 个井位的代号为 S_1，S_2，…，S_{10}，相应的钻探费用为 C_1，C_2，…，C_{10}，并且井位选择上要满足下列限制条件：

1) 或选择 S_1 和 S_7，或选择 S_8；
2) 若选择 S_3，就不能选 S_4 或 S_5；
3) 在 S_5、S_6、S_7、S_8 中最多只能选两个。

试选择钻探井位。

15．试建立第三章导引案例问题的混合-整数线性规划数学模型。有条件的学习者可利用数学规划软件求解，找出物流总成本最小的物流网络结构布局方案。

16．试建立本章导引案例的整数规划数学模型。有条件的学习者可利用数学规划软件求解，找出物流总成本最小的物流网络结构布局方案。

第五章
物资调运方案优化

本章知识点

1. 理解物资调运问题的经济含义。
2. 掌握物资调运方案的制订方法——表上作业法。
3. 掌握物资调运方案的制订方法——图上作业法。

本章能力点

1. 能够将实际问题转换为物资调运问题（运输问题），并用表上作业法制订最优的调运方案。
2. 能够在交通网络图上运用图上作业法制订合理的物资调运方案。

引导案例

水泥的合理调运问题

某省建材公司有一水泥合理调运问题，即如何安排水泥分配计划，使全省的水泥的总运输成本最少，取得较好的经济效益。

表 5-1 是该省旋窑水泥调运的数量和水泥厂到各地、市的单位运输成本。对于专业运输部门，如铁路、公路运输部门等，可以用 "t·km" 数表示运输成本，而对于物资部门，特别对运输工具不同、中转次数较多的物资调运问题，一般用实际运杂费表示运输成本。

$$运杂费 = 运费 + 装卸费 + 储存费 + 损耗$$

如果某一水泥厂至某一地区的运输明显不合理或不可能，则这条路线上的运杂费被视为无穷大，表明"此路不通"，表中的空格，就是表示这种情况。

另外，对于某些实际要求，如某些用户的使用习惯或某些工程的特殊要求，可以通过对运杂费的人为变动加以实现。

试对该水泥调运问题进行求解，寻找最优的调运方案，并求出最低的总运输成本是多少？

表 5-1 旋窑水泥调运的运输成本（元/吨）和需求量（吨）

水泥厂\用户	广州	英德	英德（托盘）	茂名	进口（中转）	进口（直达）	需求量
梅县	59.0		120.0	62.0			7 290
汕头	47.1			79.7	49.5	21.0	36 940

（续）

水泥厂 用户	广州	英德	英德 （托盘）	茂名	进口 （中转）	进口 （直达）	需求量
潮州	53.4			86.0	53.9		1 090
惠阳	21.8		30.0	62.3	22.2		13 140
深圳	21.2	22.0	21.3	50.0	21.6		6 080
韶关	30.3	12.6			30.3		12 780
肇庆	25.2	43.0	46.0	60.1	29.2		13 680
佛山	12.3		21.0	51.0	28.0		16 460
江门	21.2		37.0	51.1	28.0		1 130
珠海	21.2		37.5	49.0	29.0		3 800
湛江	47.1			12.6	47.5	21.0	12 720
茂名	59.6			12.5	60.0		335
海口	50.2			50.8	50.0	25.0	10 830
三亚	54.3			70.0	54.7	40.0	5 950
广州	12.6		12.6	52.1	25.0		22 655
供应量	61 520	15 680	18 870	5 650	27 560	35 600	164 880

注：英德（托盘）指通过铁路运到广州南站中转。

上述案例问题是在多个起点和多个终点之间调度水泥的运输任务，寻找总运输成本最低的调运方案。在物流管理中，这类物资调运问题普遍存在于运输计划工作中，利用有效的方法解决该问题会给我们的管理工作带来许多便利，也会带来可观的利益。本章将介绍这类物资调运问题的最优方案的制订方法。

第一节　物资调运问题概述

一、物资调运问题的含义

在物流运输工作中，经常遇到物资调运的问题，如煤、钢材、粮食、木材等物资，在全国都有若干生产基地，需要将这些物资调运到各消费地区去。根据现有的运输网，应如何组织调运，才能既满足各消费地区的需要，又使总的运输费用最小。

这类将库存物资运往需求者所在地，如何组织物资的运输，以满足需求者的要求，就是物资调运问题。所以，物资调运问题的内容是在几个供应点与几个需求点之间，运输品种、规格、质量等相同的货物时，选择最佳的运输方案，以达到总的运输费用最低或获得的利润最大等目标。

物资调运常见的解决方法，一是表上作业法，另一种是图上作业法。表上作业法是由于物资调运问题线性规划模型特殊结构而产生的简便求解方法；图上作业法是我国物资流通部门从实际工作中创作出来的一种物资运输规划方法。接下来我们将分别介绍这两种方法的求解步骤及实际应用。

二、物资调运问题的数学模型

早期研究的物资调运问题，后来被称作运输问题，即物资产销（供需）平衡的运输问题。运输问题是线性规划问题中一类具有特殊性质的问题。它的一般提法是：若某种物资有 m 个产地 A_1，A_2，$\cdots$，A_m 和 n 个销地 B_1，B_2，$\cdots$，B_n，其总产量等于总销量。现在需要将该物资从各个产地运到各个销地，已知各产地的产量、各销地的销量以及各产地到各销地的运距（或单位运价）。问应如何组织调运，才能使总运输量（或总运输费用）最少？

运输问题的数学模型及其特点如下：

对某种物资，设有 m 个产地 A_1，A_2，$\cdots$，A_m，称它们为发点，其对应产量为 a_1，a_2，$\cdots$，a_m，称它们为产量；另有 n 个销地 B_1，B_2，$\cdots$，B_n，称它们为收点，其对应销量为 b_1，b_2，$\cdots$，b_n，称它们为销量。又知，从产地（发点）A_i 运至销地（收点）B_j，该种物资每单位的运价为 c_{ij}。

假设产销平衡，即

$$\sum_{i=1}^{m} a_i = \sum_{j=1}^{n} b_j$$

若用 $x_{ij}(i=1,2,\cdots,m;j=1,2,\cdots,n)$ 表示由 A_i 运到 B_j 的运输量，则平衡运输问题可以写出以下线性规划模型：

$$\min Z = \sum_{i=1}^{m}\sum_{j=1}^{n} c_{ij}x_{ij}$$

$$\text{s.t.} \begin{cases} \sum_{j=1}^{n} x_{ij} = a_i & (i=1,2,\cdots,m) \\ \sum_{i=1}^{m} x_{ij} = b_j & (j=1,2,\cdots,n) \\ x_{ij} \geq 0 & (i=1,2,\cdots,m;j=1,2,\cdots,n) \end{cases}$$

由于其约束方程系数矩阵有特殊的结构（矩阵元素为 1 或 0），基变量的个数为 $m+n-1$ 个。根据这些特点，运输问题不仅能用单纯形法求解，而且还有更特殊、更简便的方法求解，那就是表上作业法。

第二节 表上作业法

一、产销平衡运输问题的表上作业法

用表上作业法求解运输问题时，同单纯形法类似，首先要求出一个初始方案（即线性规划问题的初始基本可行解）。一般来讲这个方案不一定是最优的，因此需要给出一个判别准则，并对初始方案进行调整、改进。每进行一次调整，我们就得到一个新的方案（基本可行解），而这个新方案一般比前一个方案要合理些，也就是对应的目标函数 Z 值比前一个方案要小些。经过若干次调整，我们就得到一个使目标函数达到最小值的方案——最优方案（最优解），而这些过程都可在产销矩阵表（运输表）上进行，故称为表上作业法。

下面结合例子来说明表上作业法的解题步骤。

例 5-1 某物流公司运输产品，下设三个配送中心，每日的供应量分别是：A_1 为 7t，A_2 为 4t，A_3 为 9t。该公司将这些产品分别运往四个工厂。各工厂每日需求量：B_1 为 3t，B_2 为 6t，B_3 为 5t，B_4 为 6t。已知从各配送中心到各工厂的单位产品的运价，问该公司应如何调运产品，在满足各工厂需求量的前提下，使总运费最少？具体数据如表 5-2 所示。

表 5-2 产销量及运价表

	B_1	B_2	B_3	B_4	产量 (t)
A_1	3	11	3	10	7
A_2	1	9	2	5	4
A_3	7	4	10	5	9
销量 (t)	3	6	5	6	20

解：列出产销平衡表，见表 5-3。

表 5-3 产销平衡表

	B_1	B_2	B_3	B_4	产量 (t)
A_1	3 / x_{11}	11 / x_{12}	3 / x_{13}	10 / x_{14}	7
A_2	1 / x_{21}	9 / x_{22}	2 / x_{23}	5 / x_{24}	4
A_3	7 / x_{31}	4 / x_{32}	10 / x_{33}	5 / x_{34}	9
销量 (t)	3	6	5	6	20

步骤一：建立初始调运方案

求运输问题的初始基本可行解有很多种方法，最常见的有西北角法与最小元素法。本章主要介绍最小元素法。

（1）西北角法

西北角法非常简单，即从左上角的格子出发，开始填数，填该行产量或该列销量的最小值，剩下的差额保留。如果该列满足了，则横向走一格开始填数，反之竖向走一格开始填数，直到走到最右下角的格子为止，得到的就是初始调运方案。

本例用西北角法求出的初始方案见表 5-4。

表 5-4 西北角法对应的初始方案表

	B_1	B_2	B_3	B_4	产量 (t)
A_1	3 / 3	11 / 4	3 / ×	10 / ×	7
A_2	1 / ×	9 / 2	2 / 2	5 / ×	4
A_3	7 / ×	4 / ×	10 / 3	5 / 6	9
销量 (t)	3	6	5	6	20

（2）最小元素法

最小元素法，即采用"优先安排单位运价小的发点与收点之间的运输业务"的规则来得到初始可行解。

我们直接在产销平衡表中填数表示基变量，画"×"表示非基变量。本例中有 $m \times n=12$ 个变量，可知基变量的个数应该为 $m+n-1=6$，所以表中填数字格应为 6 个。

表 5-3 中单位运费最小的格子为 $d_{21}=1$，就先让产地 A_2 满足销地 B_1 的需求，给运量 x_{21} 以尽可能大的值，即令 $x_{21}=\min\{3, 4\}=3$。由于 B_1 的需求量已被满足，所以 x_{11}、x_{31} 必为 0，则在表中 x_{21} 处填 3，x_{11}、x_{31} 处画"×"，此时 A_2 地的销量变为 4-3=1。然后在尚未填数也未打"×"的格子中再找单位运费最小的，这里是 $d_{23}=2$，即让产地 A_2 满足销地 B_3 的需求，令 $x_{23}=\min\{5, 1\}=1$，A_2 的产量全部满足，所以 x_{22}、x_{24} 为 0，在表中 x_{23} 处填 1，x_{22}、x_{24} 处画"×"。重复以上步骤，在剩余格子中找到 $d_{13}=3$，这里应该注意，如果遇到单位运费相等时，可任选一个，则令 $x_{13}=\min\{4, 7\}=4$，此时 x_{33} 为 0，在表中 x_{13} 处填 4，x_{33} 处画"×"。重复以上步骤，在剩余格子中找到 $d_{32}=4$，则令 $x_{32}=\min\{6, 9\}=6$，此时 x_{21}、x_{22} 为 0，在表中 x_{32} 处填 6，x_{21}、x_{22} 处画"×"。由于数字格表示基变量，现在只填了四个数字，所以余下的两个格不能再画"×"，一律填数字。检查产量与销量的剩余情况，$x_{14}=\min\{6, 3\}=3$，应在 x_{14} 处填 3，在 x_{34} 处填 3。见表 5-5，检查全表，产销已平衡，得到初始调运方案 $\{x_{ij}\}$ 为

$x_{13}=4$，$x_{14}=3$，$x_{21}=3$，$x_{23}=1$，$x_{32}=6$，$x_{34}=3$，其余 $x_{ij}=0$。

可以证明，用最小元素法得到的初始调运方案一定是运输问题的基本可行解。

由上述过程可见，使用最小元素法求初始可行解，关键要注意基变量个数必须保持 $m+n-1$ 个，如遇到退化情况，即数字格不为零的数不足 $m+n-1$ 个，必须用填 0 的方法补足，而不能画"×"。

表 5-5 最小元素法对应的初始方案表

	B_1	B_2	B_3	B_4	产量（t）
A_1	3 ×	11 ×	3 4	10 3	7
A_2	1 3	9 ×	2 1	5 ×	4
A_3	7 ×	4 6	10 ×	5 3	9
销量（t）	3	6	5	6	20

步骤二：最优解的判定

我们用位势法来判定当前基本可行解是否为最优解。位势法首先要求出空格（非基变量）检验数，若全部检验数均大于等于 0，则当前基本可行解就是最优解，否则还要调整修改，求得一个新的基本可行解。

首先，将表 5-5 增加一行与一列，如表 5-6 所示。最右边一列用于填写 u_i（$i=1, 2, \cdots, m$）的值，最下边一行用于填写 v_j（$j=1, 2, \cdots, n$）的值，u_i 与 v_j 分别称为产地 A_i 与销地 B_j 的位势。

u_i、v_j 满足位势方程组 $u_i+v_j=d_{ij}$（d_{ij} 为基变量所在格的运费）。由于 u_i 与 v_j 共 $m+n$ 个，而基变量为 $m+n-1$ 个方程，未知数比方程个数多 1，又每个方程中只有两个未知数，可任意取

定某 u_i 或 v_j 的值，然后利用方程组求出 u_i、v_j。本例中位势方程组为

$$\begin{cases} u_1 + v_3 = d_{13} = 3 \\ u_1 + v_4 = d_{14} = 10 \\ u_2 + v_1 = d_{21} = 1 \\ u_2 + v_3 = d_{23} = 2 \\ u_3 + v_2 = d_{32} = 4 \\ u_3 + v_4 = d_{34} = 5 \end{cases}$$

若令 $u_i=0$，容易用方程组求出其余位势的值。实际上，直接在表中计算 u_i，v_j 更为方便。将 $u_1=0$ 填入 u_1 处，由它所在行数字格运费 $d_{13}=3$，直接可得 $v_3 = d_{13}-u_1 = 3-0 = 3$ 填入 v_3 处；又由 $v_3=3$ 对应它所在列数字格运费 $d_{23}=2$，可得 $u_2=d_{23}-v_3=2-3=-1$；同理由 $u_2=-1$ 对应 $d_{21}=1$ 可得 $v_1=2$，$\cdots$，n，计算结果见表 5-6。

表 5-6 初始方案位势值计算表

	B_1	B_2	B_3	B_4	产量（t）	u_i
A_1	3 ×	11 ×	3　　4	10　　3	7	0
A_2	1　　3	9 ×	2　　1	5 ×	4	−1
A_3	7 ×	4　　6	10 ×	5　　3	9	−5
销量（t）	3	6	5	6	20（t）	
v_j	2	9	3	10		

令 $\lambda_{ij} = d_{ij} - (u_i + v_j)$（$d_{ij}$ 为非基变量所在空格处的运费），称 λ_{ij} 为空格检验数，可以证明这里的 λ_{ij} 就是单纯形法中的检验数。所用判定最优解的原则也同于单纯形法中的判定定理。

下一步要计算出空格检验数。如

$$\lambda_{11} = d_{11} - (u_1+v_1) = 3-(0+2) = 1, \quad \lambda_{12} = d_{12} - (u_1+v_2) = 2;$$
$$\lambda_{22} = d_{22} - (u_2+v_2) = 1, \quad \lambda_{24} = d_{24} - (u_2+v_4) = -4;$$
$$\lambda_{31} = d_{31} - (u_3+v_1) = 9, \quad \lambda_{33} = d_{33} - (u_3+v_3) = 12。$$

这些计算直接在表上做也很方便。由于 $\lambda_{24}=-4<0$，所以当前解不是最优解，需进行方案的调整，即求出一个新的基本可行解。

步骤三：基本可行解的转换

基本可行解的转换使用闭回路法。在给出调运方案的表上，见表 5-6，从 λ_{24} 所在的格出发找一条闭回路。闭回路的确定方法为以空格为起点，用水平或垂直线向前划，遇到数字格可转 90°后继续前进，也可以不转，直到回到起始空格为止。可以证明任一空格（非基变量）一定存在这样的唯一的闭回路。

这里以 x_{24} 为起点的闭回路为 x_{24}-x_{23}-x_{13}-x_{14}-x_{24}。在闭回路上作运量调整，称 x_{24} 为第 1 个顶点，x_{23}，x_{13}，x_{14} 分别为第 2、3、4 顶点，令调整量 $\theta=\min\{$偶顶点运量$\}=\min\{1, 3\}=1$，

作变换：奇顶点运量$+\theta$，偶顶点运量$-\theta$，见表5-7。

易知这样调整不影响产销平衡性，可以证明经闭回路法调整后得到的新方案仍是基本可行解。x_{24}相当于单纯形法中的进基变量，则$x_{23}=0$，$x_{13}=5$，$x_{14}=2$，$x_{24}=1$，x_{23}就是换出变量。此时得到新的基本可行解：

$x_{13}=5$，$x_{14}=2$，$x_{21}=3$，$x_{24}=1$，$x_{32}=6$，$x_{34}=3$，其余$x_{ij}=0$。

表5-7　初始方案解的闭回路调整表

	B_1	B_2	B_3	B_4	产量(t)
A_1	3　×	11　×	$+\theta$　4	$+\theta$　3	7
A_2	1　3	9　×	$+\theta$　1	$+\theta$　x_{24}	4
A_3	7　×	4　6	10　×	5　3	9
销量(t)	3	6	5	6	20

新方案见表5-8。

表5-8　第一次调整后的新方案及新位势值计算表

	B_1	B_2	B_3	B_4	产量(t)	u_i
A_1	3　×	11　×	3　5	10　2	7	0
A_2	1　3	9　×	2　×	1	4	−5
A_3	7　×	4　6	10　×	5　3	9	−5
销量(t)	3	6	5	6	20	
v_j	6	9	3	10		

返回步骤二，计算u_i，v_j及检验数λ_{ij}，如表5-8所示。此时$\lambda_{11}=-3<0$，还需要进行方案调整，经过闭回路调整可得表5-9。

表5-9　第二次调整后的新方案及新位势值计算表

	B_1	B_2	B_3	B_4	产量(t)	u_i
A_1	3　2	11　×	3　5	10　×	7	0
A_2	1　1	9　×	2　×	5　3	4	−2
A_3	7　×	4　6	10　×	5　3	9	−2
销量(t)	3	6	5	6	20	
v_j	3	6	3	7		

再次返回步骤二，计算u_i，v_j及检验数λ_{ij}，如表5-9所示。由于全部$\lambda_{ij}\geqslant 0$，则已得最优解。

在用闭回路法调整时，也要注意保持数字格为$m+n-1$个。若闭回路中最小运量格有两个或两个以上，只能选一个画"×"，其余填0，以保持基变量的个数。

二、产销不平衡运输问题的处理

实际问题中的产销往往是不平衡的，无论是总产量大于总销量，还是总销量大于总产量，也可以将之化为产销平衡的运输问题再用上述表上作业法求解。

用表上作业法求解的基本思路是：当产量大于销量（销量大于产量）时，应虚设一个销地（产地），使其销量（产量）为总产、销量的差额，单位运费为零，在表上增加一列（行），即可化为平衡问题。

例 5-2 设有 A_1、A_2、A_3 三个产地生产某种物资，其产量分别为 7t、5t、7t，四个销地 B_1、B_2、B_3、B_4 需用该种物资，销量分别为 2t、3t、4t、6t，又知各产销地之间的单位运价如表 5-10 所示。试确定总运费最省的调运方案。

表 5-10 产销量及运价表

	B_1	B_2	B_3	B_4	产量（t）
A_1	2	11	3	4	7
A_2	10	3	5	9	5
A_3	7	8	1	2	7
销量（t）	2	3	4	6	

解：此问题总产量 19t 大于总销量 15t，为产大于销的运输问题，所以虚设销地 B_5，对应的单位运价为零，将其转换为平衡的运输问题，并用最小元素法给出初始调运方案，如表 5-11 所示。

表 5-11 初始方案表

	B_1	B_2	B_3	B_4	B_5	产量（t）
A_1	2 / 2	11 / ×	3 / ×	4 / 1	0 / 4	7
A_2	10 / ×	3 / 3	5 / ×	9 / 2	0 / ×	5
A_3	7 / ×	8 / ×	1 / 4	2 / 3	0 / ×	7
销量（t）	2	3	4	6	4	

对应的检验数为 $\lambda_{12}=13$，$\lambda_{13}=0$，$\lambda_{21}=3$，$\lambda_{23}=-3$，$\lambda_{25}=-5$，$\lambda_{31}=4$，$\lambda_{32}=12$，$\lambda_{35}=2$。

经改进调整后，得最优调运方案如表 5-12 所示。

表 5-12 最优方案表

	B_1	B_2	B_3	B_4	B_5	产量（t）
A_1	2 / 2	11 / ×	3 / ×	4 / 3	0 / 2	7
A_2	10 / ×	3 / 3	5 / ×	9 / ×	0 / 2	5
A_3	7 / ×	8 / ×	1 / 4	2 / 3	0 / ×	7
销量（t）	2	3	4	6	4	

对应的检验数为 $\lambda_{12}=8$，$\lambda_{13}=0$，$\lambda_{21}=8$，$\lambda_{23}=2$，$\lambda_{24}=5$，$\lambda_{31}=7$，$\lambda_{32}=7$，$\lambda_{35}=2$。总运费最省为 32。

第三节　图上作业法

图上作业法是我国物资流通部门从实际工作中创作出来的一种物资运输规划方法，此法是利用产品产地和销地的地理分布和运输线路示意图，采用科学规划方法，制订产品运输最小吨千米的方法。

图上作业法适用于交通线路呈树状、圈状，且对产销地点的数量没有严格限制的情况。

图上作业法的原则可以归纳为：流向划右方，对流不应当；里圈外圈分别算，要求不能过半圈长；如果超过半圈长，应去运量最小段；反复运算可得最优方案。

与运输距离、线路相关的不合理运输有两种现象：一种是对流现象；另一种是迂回现象。图上作业法可以避免上述现象，找出最短线路、最省运力的运输方案。

一、图上作业法简介

某项物资从 m 个产地或仓库（统称为发点），调运到 n 个需求地（称为收点），在指定调运时，要先画一个示意的交通图，表明收发点的大致位置、收发量、交通路线长度（不必与实际长度成比例）。

在交通图上，发点用"〇"表示，将发货量记在里面；收点用"□"表示，将收货量记在里面。两点间交通线（用细实线表示，称为"弧"）的长度记在交通线旁边。然后做物资调运的流向图。物资调运的方向（流向）用"→"表示，将"→"按调运方向画在交通线的一边，将调运物资的数量记在"→"的另一边，加上括号，以表示和交通线长度区别，这就构成物资调运流向图。

关于流向图有一些具体的规定：①箭头必须表示物资运输的方向；②流量写在箭头的旁边，加小括号；③流向不能直接跨越路线上的收点、发点、交叉点；④任何一段弧上最多只能显示一条流向，即同一段弧上的多条流向必须合并；⑤除端点外，任何点都可以流进和流出。

图上作业法包括交通图上不含圈的图上作业法和交通图上含圈（交通线的各段"弧"组成封闭的"圈"）的图上作业法。图上作业法的基本步骤如下：

1）绘制交通图。根据客户所需货物汇总情况、交通线路、配送点与客户点的布局，绘制出交通示意图。

2）将初始调运方案反映在交通图上。任何一张交通图上的线路分布形态无非是成圈与不成圈两类。对于不成圈的运输，可按"就近调运"的原则即可，很容易得出调运方案。对于成圈的，可采用破圈法处理，即可得出初始调运方案。在绘制初始方案交通图时，凡是按顺时针方向调运的货物调运线路，其调运箭头线都画在圈外，称为外圈；否则，其调运箭头线都画在圈内，称为内圈，或者两种箭头相反方向标注也可。

3）检查与调整。面对交通图上的初始调运方案，首先分别计算线路的全圈长、内圈长和外圈长（圈长即指里程数），如果内圈长和外圈长都分别小于全圈长的一半，则该方案即为最优方案；否则，即为非最优方案，需要对其进行调整。

二、交通图上不含圈的图上作业法

任何一张交通网络图,其线路分布形状可分布成圈和不成圈两类,对于不成圈的交通网络图,根据线性规划原理,物资调拨或空车调运线路的确定可依据"就近调运"原则进行。

例 5-3 有某种物资 17 万 t,由 A_1、A_2、A_3、A_4 发出,发量分别为 7、8、6、4(单位:万 t),运往 B_1、B_2、B_3、B_4,收量分别为 2、8、7、8(单位:万 t),收发量是平衡的,它的交通路线如图 5-1 所示,问应如何调运,才使运输成本最小?

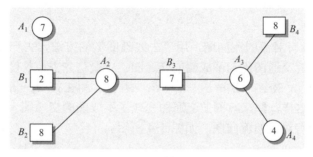

图 5-1 交通路线图

解:运输线路上不含回路,方法比较简单。从各个端点开始,按"就近调运"的原则由外向里,逐步进行各收发点之间的收发平衡。调运流向如图 5-2 所示。

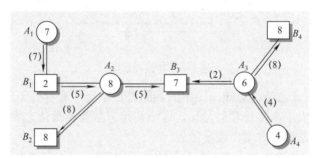

图 5-2 调运流向图

三、交通图上含圈的图上作业法

对于成圈的交通网络,只要先假设某两点间线路不通,将成圈问题化为不成圈问题考虑,这样就可得到一个初始的调运方案,对这个方案进一步做优化处理,即可得到最优方案,其方法是:先检验可行方案里外圈的流向线之和是否为其周长的一半,如是则初始方案即为最优方案;如外圈流向线总长超过全圈周长的一半,则应缩短外圈流向。反之,就该缩短里圈流向。具体方法是:应该选择该繇流向线中流量最小的进行调整,在超过全圈总长一半的内(或外)圈各段流向线上减去最小的运量,然后再在相反方向的外(或内)圈流向线和原来没有流向线的各段加上同样数量的运量,这样就可得到一个新的调拨方案,然后再用上述方法处理,直到里圈空车流向线之和均小于周长的一半,此时,得到的调运方案即为最优方案。

例 5-4 有某种物资 7 吨,由发出点 A_1、A_2、A_3 发出,发量分别为 3、3、1(单位:t),

运往收点 B_1、B_2、B_3、B_4，收量分别为 2、3、1、1（单位：t），收发量平衡，交通图如图 5-3 所示。问应如何调运，才使运输成本最小。

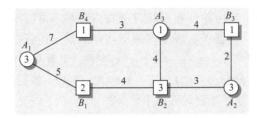

图 5-3　运量图

解：1）作一个没有对流的流向图，用"去线破圈"的方法，去一线破一圈，有几个圈去掉几条线，将有圈的交通图化为不成圈的交通图。一般是先去掉长度最长的交通线，比如去掉 A_1—B_4 线（7km），破 A_1—B_1—B_2—A_3—B_4—A_1 圈；再去掉 A_3—B_3 线（4km），破 B_2—A_2—B_3—A_3—B_2 圈。这样，原来有圈的交通图变成了不成圈的交通图。然后先从各个端点开始，在图上作一个没有对流的流向图，如图 5-4 所示。

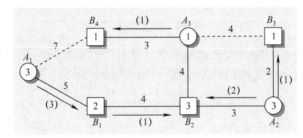

图 5-4　初始调运图

2）检查有无迂回。方法是对流向图中的各圈进行检查，看看有无迂回。如果没有迂回，即该圈总长的一半均大于内流长和外流长，这个初始方案就是最优方案；如果其中某一圈有迂回，这个方案就不是最优方案，需要改进。

在图 5-4 中，圈 A_1—B_1—B_2—A_3—B_4—A_1 的总长为 23km，外流长为 5+4+3 = 12（km），大于总圈长的一半，因而需要调整。再看圈 B_2—A_2—B_3—A_3—B_2 总长为 13km，圈中内流长 3km，外流长 2km，都小于圈长的一半，因此此圈不必调整。

对圈 A_1—B_1—B_2—A_3—B_4—A_1 的调整方法是：在外圈的各流量中，减去外圈的最小流量 1t；然后在内圈的各流量中加上 1t，在此圈中，因无内流量，故无处可加；另外，在无流量的线段上，新添上内圈流量 1t，这样得出新的流量图，如图 5-5 所示。

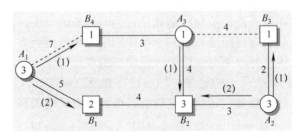

图 5-5　调整后的调运图

新的流量图中，在 A_1—B_1—B_2—A_3—B_4—A_1 圈内，内流长为 7+4 = 11（km），外流长为 5km，都不超过整圈长（23km）的一半；在 B_2—A_2—B_3—A_3—B_2 圈内，内流长为 3km，外流长为 4+2＝6（km），也都没有超过全圈长（13km）的一半。因此，这个流向图没有迂回现象，是本问题的最优调运方案，总运输量为 1×7＋2×5＋1×4＋2×3＋1×2＝29（t·km）

对两个或两个以上的圈的交通路线图，如果调整了其中的某一个圈的流量，则有可能影响其他圈而产生迂回现象，因此需要检查，以确保调整后所有圈都不存在迂回，否则应继续调整，直至所有的圈都不存在迂回为止。

第四节 应 用 举 例

一、表上作业法应用

运输问题的表上作业法是一种应用广泛的线路网络优化方法，该方法不仅可以用于物资调运方案的制订问题，还可以用于区域车辆配送调度方案的制订。有些问题，如 m 台机床加工 n 种零件问题、工厂合理布局问题等，虽要求与提法不同，经适当变化也可以使用表上作业法求得最佳方案。

某工地有 3 个高地 A_1、A_2、A_3 和 4 个洼地 B_1、B_2、B_3、B_4，希望用高地的土有计划地填平洼地。设各个高地的出土量和各个洼地的填土量，各个高地与各个洼地之间的距离如表 5-13 所示。

表 5-13 出填土距离及运量平衡表

	B_1	B_2	B_3	B_4	出土量（m^3）
A_1	10	5	2	3	70
A_2	4	3	1	2	20
A_3	5	6	3	4	10
填土量（m^3）	50	25	10	15	100

这个问题我们可以用表上作业法求得一个运输工作量最小的出填土运输方案。
首先用最小元素法得到初始调运方案，见表 5-14。

表 5-14 初始调运方案

	B_1	B_2	B_3	B_4	出土量（m^3）
A_1	10 / 40	5 / 25	2 / ×	3 / 5	70
A_2	4 / ×	3 / ×	1 / 10	2 / 10	20
A_3	5 / 10	6 / ×	3 / ×	4 / ×	10
填土量（m^3）	50	25	10	15	100

利用位势法计算空格检验数，见表5-15。

表5-15 初始方案检验数计算

	B_1	B_2	B_3	B_4	出土量（m^3）	u_i
A_1	10 40	5 25	2 ×	3 5	70	0
A_2	4 ×	3 ×	1 10	2 10	20	−1
A_3	5 10	6 ×	3 ×	4 ×	10	−5
填土量（m^3）	50	25	10	15	100	
v_j	10	5	2	3		

存在 $\lambda_{21}=-5<0$，$\lambda_{22}=-1<0$，其余空格检验数为正数。此时，应该挑绝对值大的先行调整。

在闭合回路上进行调整，可得到表5-16，并重新计算位势。

表5-16 第一次调整调运方案

	B_1	B_2	B_3	B_4	出土量（m^3）	u_i
A_1	10 30	5 25	2 ×	3 15	70	0
A_2	4 10	3 ×	1 10	2 ×	20	−6
A_3	5 10	6 ×	3 ×	4 ×	10	−5
填土量（m^3）	50	25	10	15	100	
v_j	10	5	7	3		

重新计算检验数，存在 $\lambda_{13}=-5<0$，其余空格检验数为正数。在闭合回路上进行调整，可得到表5-17，并重新计算位势。

表5-17 第二次调整调运方案

	B_1	B_2	B_3	B_4	出土量（m^3）	u_i
A_1	10 20	5 25	2 10	3 15	70	0
A_2	4 20	3 ×	1 ×	2 ×	20	−6
A_3	5 10	6 ×	3 ×	4 ×	10	−5
填土量（m^3）	50	25	10	15	100	
v_j	10	5	2	3		

此时，所有空格检验数均为正数，即得到最优出填土运输方案：高地 A_1 向洼地 B_1、B_2、B_3、B_4 的运土量分别为20、25、10、15，高地 A_2 向洼地 B_1 的运土量为20，高地 A_3 向洼地

B_1 的运土量为 10，此时运输工作量达到最小。

二、图上作业法应用

图上作业法产生于物资调运工作，它的应用可以解决许多类似的问题，如可以应用其调度配送车辆、组织循环运输、减少车辆的空驶、提高车辆的里程利用率，还有基建工程中的土方运输、机床负荷安排问题等，都可以应用图上作业法帮助解决。

某制造企业有专门为产品生产工厂提供零部件和半成品的零部件制造厂，共有 S_1、S_2、S_3、S_4、S_5、S_6、S_7 七个零部件制造厂和 D_1、D_2、D_3、D_4、D_5、D_6、D_7 七个产品生产工厂。各零部件制造厂的产量（椭圆框内数字）、各生产工厂的零部件需求量（矩形框内数字）以及他们的位置和相互距离如图 5-6 所示。其中产量和需求量单位为 t，距离单位为 km，下面我们利用图上作业法确定最佳的零部件调运方案。

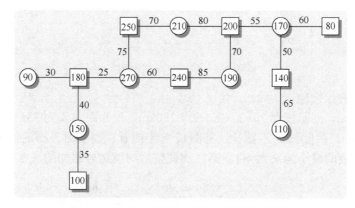

图 5-6 制造厂和生产厂位置分布及运量图

1）在唯一的回路中，距离为 85 的一段最长，断开此段。并以供方 190 开始编制初始调运方案，标注如图 5-7 所示。

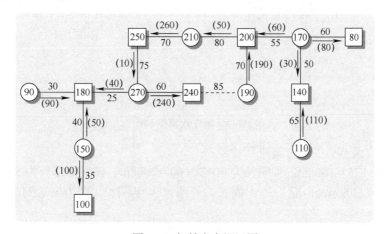

图 5-7 初始方案调运图

2）对该回路进行检验：

内圈长为 0，外圈长为 70+80+70+75+60=355km，该回路总长为 355+85=440km，半圈长为 440/2=220，内圈长 < 半圈长，外圈长 > 半圈长，需要对外圈进行调整。

3）在初始方案中，外圈的最小运量为 10t，外圈各边调运量都减去 10t，回路剩余各边加上 10t。第一次调整后的调运方案如图 5-8 所示。

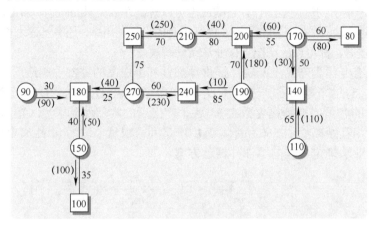

图 5-8　第一次调整运图

4）对新方案进行检验：

内圈长为 85km，外圈长为 70+80+70+60=280km，该回路总长为 355+85=440km，半圈长为 440/2=220km，内圈长 < 半圈长，外圈长 > 半圈长，需要对外圈进行第二次调整。

5）当前，外圈的最小运量为 40t。第二次调整后的调运方案如图 5-9 所示。

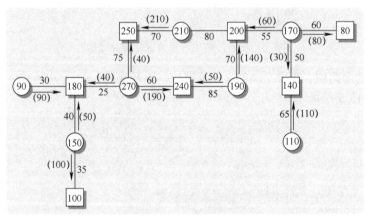

图 5-9　第二次调整运图

6）对第二次调整后的新方案进行检验：

内圈长为 85+75=160km，外圈长为 70+70+60=200km，该回路总长为 355+85=440km，半圈长为 440/2=220km，内圈长 < 半圈长，外圈长 < 半圈长。该方案达到最优。

小　结

物资调运问题是物流运输中比较重要的问题，是解决车辆的使用、组织循环运输、减少车辆的空驶、提高车辆的里程利用率的主要解决办法。

本章主要讨论了物资调运方案制订的表上作业法和图上作业法。表上作业法可以制订产销平衡或产销不平衡的总运输成本最小（或总运输工作量最小）的物资调运方案；图上作业法可以解决交通网络图上不含圈或含圈的运输量最少的物资调运问题。

表上作业法来源于运筹学中的运输问题模型，图上作业法来源于我国物资管理部门实践工作的总结。该两种方法还可以解决许多类似的问题，如调度车辆、组织循环运输、提高车辆利用效率等。

习　题

1. 用表上作业法求表 5-18、表 5-19 给出的运输问题的最优解（表中数字为单位运费）。

表 5-18　产销和运价表

产地＼销地	B_1	B_2	B_3	产量（t）
A_1	5	1	8	12
A_2	2	4	1	14
A_3	3	6	7	4
销量（t）	9	10	11	30

表 5-19　产销和运价表

供＼需	B_1	B_2	B_3	B_4	B_5	产量（t）
A_1	100	50	90	30	130	340
A_2	90	30	70	50	110	200
A_3	95	30	75	40	120	250
销量（t）	100	120	150	170	250	790

2. 从三个产地 A_1、A_2、A_3 把某种日用品供给四个销地 B_1、B_2、B_3、B_4，根据表 5-20 所示的产销运价表，求出合理的调运方案。

表 5-20　产销和运价表

产地＼销地	B_1	B_2	B_3	B_4	产量（t）
A_1	8	5	6	7	25
A_2	10	2	7	6	25
A_3	9	3	4	9	80
销量（t）	45	20	30	35	130

3. 几个城市需要对某种商品互通有无。各市调出量或调入量及各城市间的路程如表 5-21

所示，试制订最优调运方案。

表 5-21 调运量和运价表

发站＼收站	上海	常州	镇江	南京	调出量(t)
昆山	15	12	19	25	9
苏州	9	3	16	22	26
无锡	13	4	11	18	28
调入量(t)	20	15	16	6	

4. 已知某调运问题的供需关系及单位运价如表 5-22 所示。（表中数字为单位运价）

表 5-22 产销和运价表

产地＼销地	B_1	B_2	B_3	产量(t)
A_1	4	2	5	8
A_2	3	5	3	7
A_3	1	3	2	4
销量(t)	4	8	5	

1）用表上作业法找出最优调运方案；
2）分析从 A_1 到 B_1 的单位运价的可能变化范围，使上面的最优调运方案保持不变；
3）分析使该最优方案不变时从 A_2 到 B_3 的单位运价的变化范围。

5. 公司有 3 个工厂和 4 个客户，这 3 个工厂在下一时期将分别制造产品 3 000、5 000 和 4 000 件。公司答应卖给客户 B_1、B_2、B_3 的数量分别为 4 000 件、3 000 件、1 000 件，客户 B_4 想尽可能多地购买剩下的产品。工厂 i 卖给客户 j 的单位利润如表 5-23 所示。问如何安排生产和供应才使总利润最大？

表 5-23 单位利润表

工厂 i ＼客户 j	B_1	B_2	B_3	B_4
A_1	15	13	12	14
A_2	18	17	15	12
A_3	13	10	9	10

6. 某航运公司承担六个港口城市 A、B、C、D、E、F 之间的四条固定航线的货运任务。已知各条航线的起点、终点及每天航班数如表 5-24 所示。假定各航线使用相同型号船只，各港口间航程天数见表 5-25。已知每条船只在港口装卸货的时间各需一天，为维修等所需备用船只数占总数的 20%。问该船运公司至少应配备多少条船，才能满足所有航线的货运要求？

表 5-24　航线及航班表

航线	起点城市	终点城市	每天航班数
1	E	D	3
2	B	C	2
3	A	F	1
4	D	B	1

表 5-25　港口间航程天数

起点＼终点	B	C	D	E	F
A	1	2	14	7	7
B		3	13	8	8
C			15	5	5
D				17	20
E					3

7. 根据图 5-10 所示的物资调拨示意图，求其最优调运方案。（图中"○"为货物装车点，旁边的数字为发货量；"×"为货物卸车点，旁边的数字为收货量）

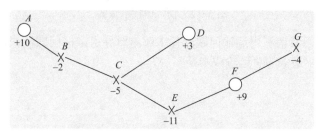

图 5-10　物资调拨示意图

8. 某商品生产企业有四个配送中心 A、B、C、D，每天的供给量分别是 80t、140t、60t、120t，供给客户 a、b、c 三地的数量分别为 140t、160t、100t。配送中心和客户的地理位置如图 5-11 所示。试用图上作业法选择该商品的合理车辆调度方案。

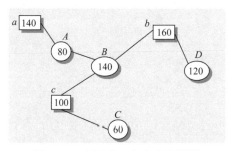

图 5-11　配送中心与客户位置图

9. 某公司设有商品配送中心 A、B、C、D，现有 a、b、c、d 四个大型客户订货，其距离及供需量如表 5-26 所示，试求最优车辆调度方案。

表 5-26 距离及供需量表

配送中心＼客户	a	b	c	d	供给量（t）
A	13			16	4
B	36	44			7.5
C		18	15		8.5
D			12	14	5
需求量（t）	6.5	5	8	5.5	25

10. 某地区物资调运情况如图 5-12 所示，现要求得物资调运的最优方案，并计算初始方案和最优方案的运力消耗情况。

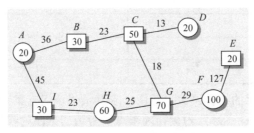

图 5-12 物资调拨示意图

11. 有条件的学习者请利用运输问题软件求解本章导引案例问题，找出该水泥调运问题的最优调运方案，并求出最低的总运输成本是多少？

第六章 运输路径规划

本章知识点

1. 理解图、网络、链、连通图、图模型的概念。
2. 理解最短路问题的含义。
3. 掌握求解最短路问题的 Dijkstra 算法步骤。
4. 理解可行流、最大流、增广链的概念。
5. 掌握求解最大流问题的标号算法步骤。
6. 理解最小树、图的中心和重心的含义。
7. 掌握最小树问题的逐步生长法步骤。
8. 理解单、多车辆配送路线安排问题及启发式算法的含义。
9. 掌握单回路路线优化的最近邻点法和最近插入法的求解步骤。
10. 掌握多回路路线优化的扫描法、节约法的求解步骤。

本章能力点

1. 能够把相应的实际问题归结为最短路问题,并能够熟练运用 Dijkstra 算法求解。
2. 能够把相应的实际问题归结为最大流问题,并能熟练运用标号算法求解。
3. 能够把相应的实际问题归结为最小树问题,并能熟练运用逐步生长法求解。
4. 能够把相应的实际问题归结为回路运输路线优化问题,并能熟练运用最近邻点法和最近插入法、扫描法、节约法求解。

在物流活动中,运输路径规划是物流系统优化的最重要方面之一。运输路径规划主要指运输工具行驶线路的选择和安排。先看下面的案例。

引导案例

粮库的选址问题

图 6-1 是某乡下属的 7 个村(用点 V_i 表示)间的公路交通图,各条边旁边的数字是该条公路的长度(单位:km)。已知各村的玉米产量为 v_1—30(单位:kt 下同)、v_2—40、v_3—25、v_4—20、v_5—50、v_6—60、v_7—60,乡粮库建在哪个村子,才能使收购各村玉米时所用的千吨·千米(kt·km)数最小?

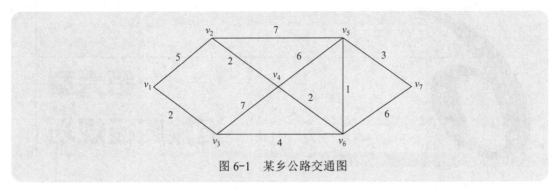

图 6-1　某乡公路交通图

上述案例问题表面看是仓库选址问题，实质是在寻求该乡粮库在收购各村玉米时总的运输量（kt·km）最小时对应的仓库合理位置。

除此之外，在运输路径规划中我们还经常需要在众多运输线路中寻找一个最短的运输线路，以便运输过程中通过的线路最短，费用最少；有时还希望找到输送物流量最大的网络路线，使在一定时期内通过这个网络输送的货物流量最大；以及运输量最小的运输线路网络布局等物流决策问题。这些运输路径规划问题可以利用图模型得到有效的结果，本章就讲述这些运输线路网络图模型及其求解的方法。

第一节　运输路径规划概述

一、运输路径规划问题

由于在整个物流成本中运输成本占 1/3～2/3，因此最大化地利用运输设备和人员，提高运作效率是物流管理者关注的首要问题。

路径是指物品运输的路线，网络是指物品运输的地点与路径的总和，运输路径规划是物流运输过程中的最重要环节，是在一定的运输网络（公路网、铁路线、水运航道和航空线）内，找到运输工具的最短运输线路、最大运输流量的线路分布、运输量最小的线路网布局、运输工作量最小的配送路线安排等路径规划方案。例如，在一定的输送条件下（如道路、车辆），如何使输送量最大、输送费用最省、输送距离最短等。

运输路径规划会直接影响运输效果的好坏，关系着物品能否及时运到指定地点。此外，当运输费用以 t·km 来计算时，运输路线的长短就直接关系着运输费用的多少，因此，物流管理者必须对物品运输的路线及网络分布进行合理规划。

运输路径规划可以避免不合理运输带来的运力浪费、运输费用增加以及物流服务水平的下降。如可以避免对流运输、迂回运输、过远运输等造成的 t·km 的浪费、费用的浪费、送货不及时，以及增加客户的库存量及资金的占用。

运输路径规划问题种类很多，本章我们仅介绍以下几个类型：

一是最短运输线路选择的最短路法，

二是最大网络流量分布的最大流法，

三是最小运输量线路网布局的最短树法，

四是最佳配送线路策略制定的节约法。

以下将分别介绍这四类问题的含义及其解决方法,这之前,我们先来了解图的概念及模型问题。

二、图的概念与模型

图论是近几十年发展起来的一门运筹学分支,它已被广泛地应用于物理学、化学、控制论、信息论、管理科学、计算机等各个领域。在物流运输中,把庞大复杂的运输网络用图来表示,可以解决很多物流管理决策的最优化问题,如运输的最短路径、运输货物的最大运输量、运输费用最小等,而且还可以应用图论对人员进行分配。因此,在物流工程中图与网络的应用十分广泛。

在人们从事各种活动中,为了反映一些复杂的关系,常常在纸上用点和线画出各式各样的示意图。例如,为了反映某个地区的铁路交通网分布情况,画出铁路交通图,如图6-2所示,在这个图中以点代表城市,以点与点之间的边线代表这两个城市之间的铁路线,诸如此类的图还有电话线分布图、上下水道分布图、航空线路图等。

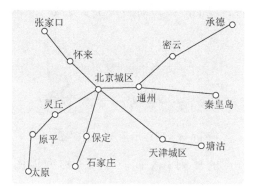

图 6-2　北京铁路交通图

从上述例子可见,图的最基本的要素是点以及点与点之间的一些连线(简称线或边)。通常,用点表示我们所要研究的对象(如城市、仓库、配送站点等),用线表示对象之间的某种特定的关系(如两城市之间有铁路线;配送站点之间互通等)。因此可以说,图是反映对象之间关系的一种工具。如果甲对象与乙对象有这种关系,那么就用一条线连接这两个点。

在许多情况下,我们要研究的"关系"只用一条线反映还是不够的,有时还会用到箭线、权数来更近一步反映这种"关系"。例如,配送站点 A 到配送站点 B 是单行线,也即站点 B 不能到达站点 A,这时我们可以用箭线来表示,即表示为 A→B。又例如,为了反映两个城市之间公路线的公里数(或运行时间、运输费用等),就要在两个城市之间的线旁写上里程数(或运行时间、运输费用等)。线旁或点旁的数字称之为权数,这些数值在不同的场合可以赋予它不同的含义。

下面以图 6-3 为例,简单介绍几个基本的概念。

图 6-3 所示是某地的公路交通图,v_1,v_2,…,v_5 表示城镇,城镇间的连线表示公路。例如连线 v_1v_2 表示城镇 v_1 和 v_2 之间有公路相通,连线 v_3v_2 表示城镇 v_3 和 v_2 亦有公路相通,依此类推,v_3 和 v_5 之间不存在连线,说明这两个城市时间没有直接的公路相通。

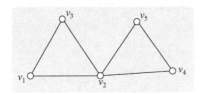

图 6-3　某地的公路交通图

（1）节点　节点用来表示物理实体或事物，一般用 v_i 来表示。例如，图 6-3 中的节点就是各城镇。

（2）边　边是节点间的连线，表示两节点之间有关系，一般用 e_{ij} 来表示。图 6-3 中的边就是各城镇之间的公路。

（3）图　图是由一些节点和一些边组成的图形。所以，图一定是节点和边的集合，一般用 $G=(V, E)$ 表示图，其中 $V=\{v_1, v_2, \cdots, v_n\}$ 表示节点集合，$E=\{e_{ij}\}$ 表示边的集合。

（4）网络　若对图的每一边定义一个表示连接关系的权值，用 w_{ij} 表示，则将该图称为网络。我们对图 6-3 添加各路线的距离，则图 6-3 就变成一个网络，如图 6-4 所示。

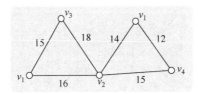

图 6-4　网络示意图（无向图）

（5）链　图中相邻节点的序列 $\{v_1, v_2, \cdots, v_n\}$ 称为该图的一个链。图 6-5 中的 $\{v_1, v_2, v_4, v_5\}$ 就是一个链。

（6）连通图　在一个图中，若任意两点之间至少存在一条链，则称该图为连通图，否则就称为不连通图。图 6-5 即为连通图，而图 6-6 为不连通图，因为 v_2 与 v_5 之间没有一条链存在。

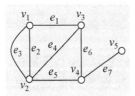　　　　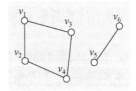

图 6-5　连通图　　　　　　　　　图 6-6　不连通图

（7）图模型　对要研究的问题确定了具体对象并找出这些对象之间的联系后，如果用图的形式表示出来，就是对研究的问题建立了图的模型。用建立图的模型的方法往往能帮助我们解决一些用其他方法难以解决的问题。这些图模型与数学上的三角形、四边形、函数的图形及土木建筑图、机械图、电气图等不同。它是对大量实际问题的抽象和概括。如我们在生产和生活中，常见到公路或铁路交通图、管网图、通讯联络图等，其中点（车站、自来水厂、通讯台、用户等）表示研究对象，边表示这些对象之间的相互联系。

第二节 线路选择的最短路法

一、最短路的含义

货物运输线路的选择直接影响货物运输的成本和为客户服务的质量。找到运输工具在公路网、铁路网、水运航道、航空线和管道线运行的最佳路线，尽可能地缩短运输时间或运输距离，是使运输合理化的一类重要决策问题。

本节介绍的线路选择问题是指：在已知的物流网络（通过各段线路所需的时间、距离或费用为已知）中，有一货物发点（供应点）对一货物收点（客户）专门送货，在这种直送情况下找出货物运送所需的最少时间、最短距离或最少费用的路径问题。

这类直送运输线路选择问题，实际上就是在物流网络中的多条可行路径中找出权数之和最小的一条运输线路，此类问题可用图论中的最短路径法（即最短路问题）加以解决。最短路问题是图论中应用最广泛的问题之一，许多求优问题可以使用这个模型，如设备更新、管道铺设、线路安排、厂区布局等。另外诸如运价最小、运行时间最短、最可靠路线等问题，都可以转化为图论中的最短路问题加以解决。

最短路问题的一般提法：

$G=(V, E)$ 为连通图，图中各边 (v_i, v_j) 有权 l_{ij}（$l_{ij}=\infty$ 表示 v_i，v_j 间无边），v_s、v_t 为图中任意两点，求一条道路 μ，使它是从 v_s 到 v_t 的所有线路中总权数最小的线路。即

$$L(\mu) = \sum_{(v_i,v_j)\in\mu} l_{ij} \text{ 最小}$$

有些最短路问题也可以是求网络中某指定点到其余所有节点的最短路，或求网络中任意两点间的最短路。

最短路问题可以优化解决公路运输、铁路运输、电缆架设、管道铺设及配送线路等问题。

二、最短路的 Dijkstra 算法

Dijkstra 算法的特点：不仅求解出指定两点 v_s，v_t 间的最短路及路长，而且同时求解出从指定点 v_s 到其余各点的最短路及路长，该算法由 Dijkstra 于 1959 年提出。

我们用 d_{ij} 表示图中两点 i 与 j 相邻时的距离，即边 (i, j) 的长度。若点 i 与 j 不相邻时，$d_{ij}=\infty$。显然 $d_{ii}=0$。用 l_{si} 表示从点 s 到点 i 的最短路的长度。现在要求从点 s 到点 t 的最短路，相应的 Dijkstra 算法步骤如下：

1）从点 s 出发，逐一地给其他的点 i 标上记号：l_{si}，把 l_{si} 的数值标注在点 i 旁边的小方框内，表示点 i 已标号（标号说明点 s 到点 i 的最短路已找到）。首先，给点 s 标号，$l_{ss}=0$。

2）找出与点 s 相邻的点中距离最小的一个，若有几个点同时达到最小，就都找出来。设找出的点为 r，将 $l_{sr}=l_{ss}+d_{sr}$ 的值标注给点 r，表明点 r 也已标号，同时把边 (s, r) 加粗。

3）从已标号的点出发，找出与这些点相邻的所有未标号的点。把每个已标号点（如点 i）旁标注的数字（如 l_{si}）和与之相邻的点（如点 j）到这个已标号点（i）间的距离[边 (i, j) 的长度 d_{ij}]加起来，从所有这些和中选出一个最小的来，不妨设这个最小和是 $l_{sk}+d_{kq}$。再找出最小和对应的未标号点比如 q（当有几个和都为最小时，把它们对应的不同的未标

号点都找出来，这些点将同时都标号），然后给这个未标号点比如 q 标号：$l_{sq} = l_{sk} + d_{kq}$，同时加粗边（k, q）。

4）重复第（3）步，直到给点 t 标上号 l_{st}，而且相应的 t 的关联边加粗为止。

例 6-1 用 Dijkstra 算法求图 6-1 中从 v_1 到 v_7 的最短路。

解：1）从 v_1 出发，给 v_1 标号 $l_{11} = 0$。见图 6-7a。

2）同 v_1 相邻的未标号点有 v_2、v_3，$\min\{l_{11}+d_{12}, l_{11}+d_{13}\} = \min\{0+5, 0+2\} = 2$，故给这个最小值对应的点 v_3 标号：$l_{13} = 2$，将（v_1, v_3）加粗，见图 6-7b。（请思考为什么给 v_3 标号而不是 v_2？）

3）同标号点 v_1、v_3 相邻的未标号点为 v_2、v_4、v_6，因为 $\min\{l_{11}+d_{12}, l_{13}+d_{34}, l_{13}+d_{36}\} = \min\{0+5, 2+7, 2+4\} = 5$，故对相应的点 v_2 标号：$l_{12} = 5$，加粗（v_1, v_2），见图 6-7c。

4）同标号点 v_1、v_2、v_3 相邻的未标号点为 v_5、v_4、v_6，因为 $\min\{l_{12}+d_{25}, l_{12}+d_{24}, l_{13}+d_{34}, l_{13}+d_{36}\} = \min\{5+7, 5+2, 2+7, 2+4\} = 6$，故对相应的点 v_6 标号：$l_{16} = 6$，加粗（v_3, v_6），见图 6-7d。

5）同标号点 v_1、v_2、v_3、v_6 相邻的未标号点是 v_4、v_5、v_7，因为 $\min\{l_{12}+d_{25}, l_{12}+d_{24}, l_{13}+d_{34}, l_{16}+d_{64}, l_{16}+d_{65}, l_{16}+d_{67}\} = \min\{5+7, 5+2, 2+7, 6+2, 6+1, 6+6\} = 7$，故对相应的点 v_4、v_5 同时标号：$l_{14} = l_{15} = 7$，加粗（v_2, v_4）（v_6, v_5），见图 6-7e。

6）同标号点相邻的未标号点只有 v_7，因为 $\min\{l_{15}+d_{57}, l_{16}+d_{67}\} = \min\{7+3, 6+6\} = 10$，故对相应的点 v_7 标号：$l_{15} = 10$，加粗（v_5, v_7），见图 6-7f。

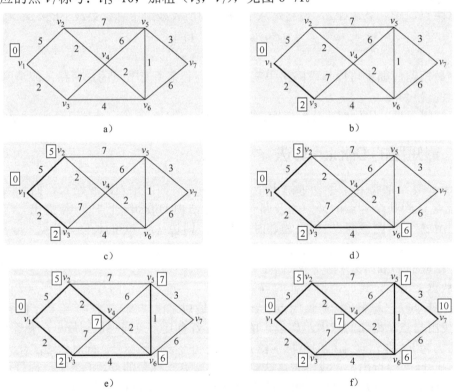

图 6-7 最短路的 Dijkstra 算法

a）始点 v_1 获得标号图 b）点 v_3 获得标号图 c）点 v_2 获得标号图
d）点 v_6 获得标号图 e）点 v_4、v_5 获得标号图 f）终点 v_7 获得标号图

因为 v_7 已标号，说明 v_1 到 v_7 的最短路已找到，计算结束。v_1 到 v_7 的最短路线为：$v_1 \rightarrow v_3 \rightarrow v_6 \rightarrow v_5 \rightarrow v_7$，其路长为 10。

图 6-7f 中的粗线表明是从点 v_1 到其他各点的最短路线，各点旁边方框内的数字是从 v_1 到该点的最短路的长度。原题目只是要求从 v_1 到 v_7 的最短路，但图 6-7f 给出了从点 v_1 到各点的最短路，这是求 v_1 到 v_7 的最短路过程中的"副产品"，但不做这些工作也就无法解答原题。

上述 Dijkstra 算法是从始点 v_1 开始顺序推算标号求出最短路的，该方法也可以从终点 v_7 开始标号，然后逐步逆向推算求出最短路，请看第六节一中的应用举例。

★ 最短路问题在物流规划中处于很重要的地位，关于最短路问题的实践应用请看第六节一和三中的内容。

第三节　运输网流量分布的最大流法

在现实生活中，有许多系统都存在各种各样的流，如公路系统的车辆流、生产系统中的产品流等。在相同的公路系统或生产系统中尽可能提供车辆流与产品流，就能降低系统的平均成本，所以应该尽可能使通过系统的流量达到最大，这就是网络的最大流量问题。

一、最大流的含义

实践中运输方案的优化设计，不仅有考虑距离、费用或时间因素的路径选择问题，还有考虑路径容量限制因素的运输网络最大通过能力问题。在货物运输过程中，物流企业需要明确运输线路拥堵情况及线路的通过能力，以便在现有条件下，提高运输能力，同时减少运输费用。

本节介绍的运输网最大流量分布问题是指，在已知的物流网络（各段线路的通过能力、运输费用或运输时间为已知）中，有一货物发点（供应点）和一货物收点（客户），在这种情况下找出各段线路的最佳流量分配方案，使通过网络的流量达到最大（或运输费用最省、或运输时间最小）。

运输网络最大流量分布问题可以用图论中的最大流问题求解。

最大流问题的一般提法：

在有一个起点和一个终点的网络中，最大流问题是企图找出，在一定时期内，能在起点进入，并通过这个网络，在终点输出的最大流量（不管它是物资、卡车、飞机、液体或电流）。最大流问题，就是在一定条件下，要求流过网络的流量为最大的问题。

下面我们先介绍最大流问题的几个基本概念。

1. 网络流量

网络流量是指在一定条件下流过一个网络的总流量，它等于起点的总发量或终点的总收量。网络流量记作 $v(f)$，网络边的实际流量记作 f_{ij}。

这里所指的一定条件如下：

1) 网络有一个起点 v_s 和一个终点 v_t，

2) 流过网络的流量都具有一定的方向，

3) 每一个边都给定一个最大的通过能力，即该边的容量，记为 c_{ij}（$c_{ij} \geq 0$）。

2. 可行流

若网络上所有的 $f_{ij}=0$，则称这个流为零流。

满足以下条件的流叫可行流（记为可行流 f）。

（1）容量限制条件

对所有边都有：$0 \leqslant f_{ij} \leqslant c_{ij}$

（2）中间点平衡条件

$$\sum f_{ij} - \sum f_{ji} = 0 \quad i \neq s, t$$

即对于任意一中间点 i（$i \neq s, t$），它的总输入等于总输出。

（3）发点 s 的总输出等于收点 t 的总输入

$$\sum f_{ij} - \sum f_{ji} = \begin{cases} v(f) & i = s \\ -v(f) & i = t \end{cases}$$

其中，$v(f)$ 是网络中从 $s \to t$ 的可行流的流量，它等于发点的总输出或收点的总输入。

图 6-8 中给出了网络的一个可行流，图中边旁数字为 $c_{ij}(f_{ij})$，其流量为 8+5 = 13。

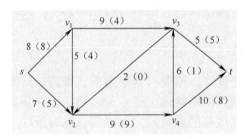

图 6-8 可行流示意图

3. 最大流

网络的最大流是指在一个网络中，流量达到最大值的可行流。任何网络都一定存在可行流，如零流。

求网络的最大流，就是指在满足上述 2 中条件（1）、（2）、（3）的前提下，使 $v(f)$ 的值达到最大。这是一个线性规划问题，但由于网络的特殊性，我们用比单纯形法更简单的标号算法来求解。

4. 增广链

如果从网络的发点 s 到收点 t 能找出一条链，在这条链上，所有指向为 $s \to t$ 的边（称为前向边），其上的流量都小于容量，而所有指向为 $t \to s$ 的边（称为后向边），其上的流量都大于 0，则称这样的链为增广链，如图 6-9 所示。

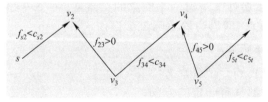

图 6-9 网络中的一条增广链

当有增广链存在时，找出

$$\theta = \min \begin{cases} c_{ij} - f_{ij} & (i, j) \text{ 是前向边} \\ f_{ij} & (i, j) \text{ 是后向边} \end{cases}$$

再令（即对网络中可行流 f 进行调整）

$$f' = \begin{cases} f_{ij} + \theta & \text{对所有前向边 } (i, j) \\ f_{ij} - \theta & \text{对所有后向边 } (i, j) \\ f_{ij} & \text{对非增广链上的边 } (i, j) \end{cases}$$

则 f' 显然仍是一个可行流，但其流量 $v(f')$ 比原可行流 f 的流量 $v(f)$ 增大了一个正值 θ。因此若网络中能找出增广链，则表明现有的可行流不是最大流。

二、最大流的标号算法

确定网络最大流的标号算法由 L.R. Ford Jr. 和 D.R. Fulkerson 于 1956 年提出，故又称 Ford-Fulkerson 标号算法，它是用来求解最大流问题的常用方法。其实质是判断有否增广链存在，若有就把它找出来。它是从发点起，逐一地给网络的各顶点如 j 标号：$[i, \varepsilon(j)]$，其中第一个记号 i 是使点 j 得到标号的前一个已标号点的代号，第二个记号 $\varepsilon(j)$ 是从前一个已标号点 i 到现在这个要标号点 j 间的边上的流量的最大允许调整值。算法步骤如下：

1）先给发点 s 标号 $[0, \varepsilon(s)]$，其中 s 是发点，此前还没有已标号点，所以给 s 标的第一个记号是 0，第二个记号 $\varepsilon(s)$ 可取 ∞（计算时取充分大的正数）；

2）找出和已标号点 i 相邻的所有未标号点，比如 j。

① 若点 i、j 间的边的方向为 $i \to j$，则当 $f_{ij} = c_{ij}$ 时，不给点 j 标号；而当 $f_{ij} < c_{ij}$ 时，给点 j 标号：$[i, \varepsilon(j)]$，其中 $\varepsilon(j) = \min\{\varepsilon(i), c_{ij} - f_{ij}\}$；

② 若点 i、j 间的边的方向为 $i \leftarrow j$，则当 $f_{ij} = 0$ 时，不给点 j 标号；而当 $f_{ij} > 0$ 时，给点 j 标号：$[i, \varepsilon(j)]$，其中 $\varepsilon(j) = \min\{\varepsilon(i), f_{ij}\}$；

③ 如果某未标号点 k 要标号时，它以前有多于一个的已标号点与点 k 相邻，且点 k 均可按其中任意一个标号，为减少迭代次数，可按①、②中所述规则分别计算出 $\varepsilon(k)$ 的值，并取其中最大的一个标记。

3）重复步骤2），可能出现两种结局：

① 标号过程中断，即点 t 得不到标号，这表明该网络中不存在增广链，此时的可行流已是最大流，计算即告结束。

② 点 t 得到标号，这时可用反向追踪法在网络中找出一条从 $s \to t$ 的由标号点及相应的边连接而成的增广链，接下去转入步骤4）。

4）调整网络中的可行流 f 的流量：对增广链上的前向边，其流量增加 $\varepsilon(t)$，对增广链上的后向边，其流量减少 $\varepsilon(t)$，增广链以外的边上的流量不变。这样得到一个新的可行流 f'。

5）抹掉图上所有标号，重复步骤1）到步骤4），直到图中找不出任何增广链，即出现步骤3）的结局①为止，这时，网络中的可行流就是最大流。

例 6-2 用标号算法求图 6-8 中 $s \to t$ 的最大流，图中边旁数字为 $c_{ij}(f_{ij})$。

解： 1）先给发点 s 标号：$(0, \infty)$，见图 6-10；

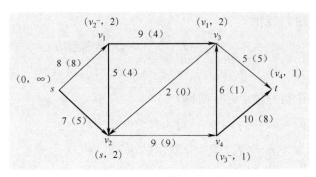

图 6-10 标号算法示意图

2）与 s 相邻的是点 v_1、v_2，边的方向为 $s \to v_1$ 及 $s \to v_2$，因为只有 $f_{s2} < c_{s2}$，故对 v_2 标号：$[s, \varepsilon(v_2)]$，其中 $\varepsilon(v_2) = \min\{\varepsilon(s), c_{s2} - f_{s2}\} = \min\{\infty, 7-5\} = 2$；

3）与已标号点 s，v_2 相邻的未标号点是 v_1、v_3、v_4。但仅 v_1 可按 v_2 标号：$[v_2^-, \varepsilon(v_1)]$，其中 $\varepsilon(v_1) = \min\{\varepsilon(v_2), f_{12}\} = \min\{2, 4\} = 2$；$v_2^-$ 表明 v_2 到 v_1 为后向边。

4）与已标号点相邻的未标号点为 v_3、v_4。仅 v_3 可按 v_1 标号：$[v_1, \varepsilon(v_3)]$，其中 $\varepsilon(v_3) = \min\{\varepsilon(v_1), c_{13} - f_{13}\} = \min\{2, 9-4\} = 2$；

5）与已标号点相邻的未标号点为 v_4、t。仅 v_4 可按 v_3 标号：$[v_3^-, \varepsilon(v_4)]$，其中 $\varepsilon(v_4) = \min\{\varepsilon(v_3), f_{43}\} = \min\{2, 1\} = 1$；

6）与已标号点相邻的未标号点为 t，可按 v_4 标号：$[v_4, \varepsilon(t)]$，其中 $\varepsilon(t) = \min\{\varepsilon(v_4), c_{4t} - f_{4t}\} = \min\{1, 10-8\} = 1$；

7）因收点 t 得到标号，故可用反向追踪法找出网络图上的一条增广链，如图 6-10 中加粗边所示，$s \to v_2 \leftarrow v_1 \to v_3 \leftarrow v_4 \to t$。

8）调整增广链上各边的流量，因 $\varepsilon(t)=1$，调整如下：

$f_{s2} = 5+1 = 6$，$f_{12} = 4-1 = 3$，$f_{13} = 4+1 = 5$，$f_{43} = 1-1 = 0$，$f_{4t} = 8+1 = 9$。

非增广链上所有边的流量都不变，这样便得到网络的一个新的可行流，其流量分布情况如图 6-11 所示。

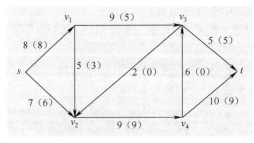

图 6-11 新可行流的流量分布方案

在图 6-11 中再重新进行标号，由于对点 s、v_2、v_1、v_3 标号后，标号过程中断，故图 6-11 中的可行流已是最大流，其流量为 5+9 = 14，流量分布如图 6-11 所示。

需要指出的是，图 6-8 所示的网络中给出了一个可行流。若网络中仅给出了边上的容量而没有给出边上的流量，就要从零流（每条边上的流量都是 0）做起，这时一般地就需要反复多次，才能调整成最大流。

另外，一个网络流图中最大流的流量 $\max v(f)$ 是唯一的，但是达到最大流量时每条边上的流量分配 f_{ij} 是不唯一的（最大流流量的分布方案不唯一）。如果给网络流图中的每条边都设置一个费用 b_{ij}，表示单位流量流经该边时会导致花费 b_{ij}。那么在这些流量均为 $\max v(f)$ 的流量分配 f_{ij} 方案中，存在一个流量总花费最小的最大流方案。此即为最小费用最大流问题，限于篇幅本书不做介绍。

实际应用中还会遇到多发点与多收点网络的最大流问题，解这类网络问题的办法是把它们转变成单发点与单收点的情况，然后用标号法求解。具体地说，就是虚设一个假想的发点和一个假想的收点，虚设发点到实际发点间的容量为各实际发点的发量，类似地，从各实际收点到虚设收点的容量为各实际收点的收量。这样就把多端网络转变成了单发点与单收点的网络。见习题中第 17、18 题。

三、最大流的图解算法

图解算法就是根据最大流问题的网络图来寻找从 v_s 到 v_t 所允许流过的最大流量。其具体步骤是

1）任意选择从 v_s 到 v_t 的通路，一般从最外层开始；
2）找出该通路中各支线流量的最小流量，并给该通路中各边上安排这个最小流量；
3）将上述具有最小流量的边删去，余下的重新画出网络图；
4）重复上述步骤，直到从 v_s 到 v_t 已无通路时为止；
5）将以上所得的通路最小流量值相加，即得该网络的最大流量。

例 6-3 某地区从北到南的交通，平时是利用高速公路通行的。未来一个月的时间内高速公路要进行路面修理，车辆不能行驶，因此该地区公路管理部门的工程技术人员需要查明，穿过该地区的其他几条道路，是不是有把握每小时通过 6 000 辆汽车，这些汽车在正常情况下，是走高速公路通行的。图 6-12 所示是穿过该地区的道路通行情况，每条道路的通行能力用每小时千辆汽车为单位来表示。各支线每小时流量能力为

1—2 线：6 000 辆；1—3 线：5 000 辆；1—4 线：3 000 辆；
2—5 线：4 000 辆；2—3 线：7 000 辆；3—5 线：5 000 辆；
3—4 线：3 000 辆；4—6 线：7 000 辆；5—6 线：2 000 辆；

试计算该地区的道路通行能力有多大？

解：该问题实质就是求解图 6-12 的最大流问题。计算过程如下：

1）任意选择从起点到终点的第一条路线（即增广链）。这里，选择路线 1—2—5—6。该路线上支线 5—6 的流量能力最小，为每小时 2 000 辆，用 2 表示。因此该路线的每小时的最大流量是 2 000 辆。给该路线上每条支线安排流量 2 000 辆，图中线路旁的数字为 $c_{ij}(f_{ij})$，如图 6-12 所示。支线 5—6 已无剩余能力，从图中划掉。

2）另选第二条从起点到终点的路线，如 1—4—6。该路线上支线 1—4 的流量能力最小，其最小流量能力为 3。因此第二条路线的最大流量是 3。给该路线上每条支线安排流量 3，如图 6-12 所示。支线 1—4 已无剩余能力，从图中划掉。

3）另选第三条从起点到终点的路线，如 1—3—4—6。该路线上支线 3—4 的流量能力

最小,其最小流量能力为 3。因此第三条路线的最大流量是 3。给该路线上每条支线安排流量 3,如图 6-12 所示。支线 3—4 已无剩余能力,从图中划掉。

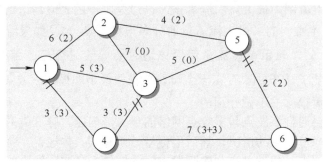

图 6-12 该地区汽车通过能力的计算

4)此时,从起点到终点,已找不到一条连通的路线,也就是说已找不到一条增广链。

这样,我们已经求得了这个网络的最大流量:即第一条路线上的 2 000 辆,第二条路线上的 3 000 辆,第三条路线上的 3 000 辆,共为 8 000 辆。

计算结果表明,穿过该地区的几条路线,要让每小时 6 000 辆汽车通过,是绰绰有余的。

★ 关于最大流问题的实践应用请看第六节二中的内容。

第四节 线路网布局的最小树法

一、最小树的含义

物流运输决策中常有站点、线路布局问题,即运输站点网、运输线路网如何布局,既能满足所需同时又使总距离或总费用最小。例如,设计线路总长最短的路径将若干个配送网点联系起来,设计最优的拣货路线等。这类实践问题可以用图论中的最小树问题求解。

最小树问题的几个基本概念。

(1)树 所谓树(树图),就是没有圈的连通图。这是受大自然中树的特征的启发而命名的,学科的分类、家族的谱系、各级领导机构、一些决策过程往往都可以用树的形式表示。实际中的一些问题都可以归结为对树的研究,如各地区之间架设电话线或输电线、铺设煤气管道、修建供水管道等,都可应用最小树问题算法,规划出总长度最小的网络。

(2)部分树 如果树 T 是图 G 的一个部分图,则称树 T 是图 G 的部分树。例如,图 6-13b 和图 6-13c 均为图 6-13a 的部分树。

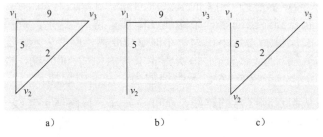

图 6-13 连通图与部分树

a)连通图 b)部分树 c)部分树

从图 6-13 可以看出，一个连通图的部分树并不唯一。

（3）最小树 在赋权图中，构成其部分树各边权的总和称为部分树的权，如图 6-13b 对应的部分树的权为 14，图 6-13c 为 7。具有最小权的部分树，称为最小部分树，简称最小树。

二、最小树的逐步生长法

下面通过举例介绍最小树问题的算法——逐步生长法。

例 6-4 某天然气公司计划在如图 6-14a 所示的网络中铺设天然气管道，向五个居民小区 v_1、v_2、v_3、v_4、v_5 供气，网络中各边的权代表相应小区之间所铺设天然气管道的实际长度（km）。试问：应如何铺设管道，既能保证向五个居民小区供应天然气，又能使管道的总长度最短从而使费用最省？

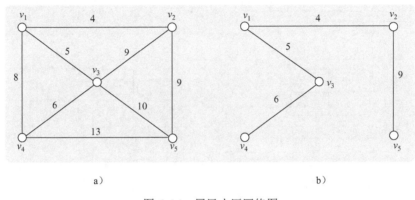

图 6-14 居民小区网络图
a) 居民区网络图 b) 居民区铺设管道最优方案图

解： 要求铺设管道使小区互通，同时又要求使其总的铺设距离为最小，可以归结为最小树问题。逐步生长法步骤如下：

1）先将图 6-14a 所示网络图列出相应的矩阵。

$$\boldsymbol{D} = [d_{ij}] = \begin{array}{c} \\ v_1 \\ v_2 \\ v_3 \\ v_4 \\ v_5 \end{array} \begin{pmatrix} v_1 & v_2 & v_3 & v_4 & v_5 \\ 0 & 4 & 5 & 8 & \infty \\ 4 & 0 & 9 & \infty & 9 \\ 5 & 9 & 0 & 6 & 10 \\ 8 & \infty & 6 & 0 & 13 \\ \infty & 9 & 10 & 13 & 0 \end{pmatrix}$$

2）从任意一点出发，将矩阵 $\boldsymbol{D}$ 中属于该点的列除去，保留该点的行，作图表 F（1）。本例从 v_1 出发，于是除去 $\boldsymbol{D}$ 中的 v_1 列，保留 v_1 行做图表 F（1），如图 6-15 所示。

3）在 F（1）左部上面一行中，填写 v_1 行的元素值；而下面一行中全部填写 v_1，表示上面一行的数值全部来自 v_1 行。然后，在 F（1）左部上面一行找出最小值 4，即由点 v_1 到点 v_2 的距离 $d_{12} = 4$ 为最小，因此把 4 圈起来，说明可以从点 v_1 到点 v_2 铺设一条管道，记作 $b(v_1, v_2) = 4$。

接着，除去 $\boldsymbol{D}$ 的第二列（v_2 列）元素，保留第二行余下的元素做 F（1）右面部分的副表。

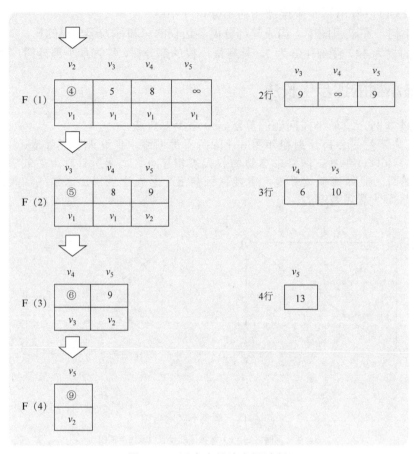

图 6-15 逐步生长法求解过程

4）在上述工作基础上，做 F（2）表，其左面部分表格从 F（1）左、右两部分所示数值中选其小者填入，并在下面一行中相应填入该数值取自 **D** 的所在行数。例如，在 F（1）中，v_1 到 v_3 的距离为 5，而 v_2 到 v_3 的距离为 9，故在 F（2）中上面一行 v_3 列空格中填入 5，而在下面空格中填入 v_1。余可类推，得 F（2）表，由表可知，$d_{13} = 5$ 为最小，故可在 v_1 和 v_3 间铺设一条管道，记作 $b(v_1, v_3) = 5$。

5）依照上述规则和步骤，做 F（3）表，得 $b(v_3, v_4) = 6$；做 F（4）表，得 $b(v_2, v_5) = 9$（见图 6-15 的求解过程）。

最后，可按最小树铺设管道，其距离总长为 4+5+6+9 = 24 最短，图 6-14b 所示为最小树示意图。

三、最小树的破圈法

破圈法是指：在连通图 G 中任意选取一个回路，从该回路中去掉一条权数最大的边（如果权数最大的边不唯一，则任意选取其中一条）。在余下的图中，重复这一步骤，直到得到一个不含回路的连通图（有 n 个顶点、$n-1$ 条边），该连通图便是最小部分树。

例 6-5 如图 6-16 所示，A、B、C、D、E、F、G 代表某集团公司及下属的工厂，它们之间的连线代表彼此之间的道路交通情况，连线旁的数字代表相应道路的长度。现在要沿道路铺设通讯电缆，使公司、各工厂彼此之间都能通上电话，问应如何铺设才能使线路总长度最短。

解：用破圈法求解该问题的过程和结果分别见图6-17、图6-18所示，铺设线路的最短长度是 8+2+5+4+3+7 = 29，其中，打"×"的边是找出某个圈后决定去掉的边。

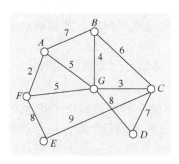
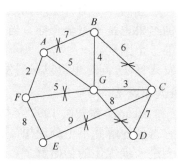
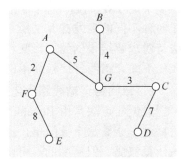

图6-16　道路交通图　　　　图6-17　求解过程　　　　图6-18　求解结果

★ 关于最小树的实践应用请看第六节三中的内容。

第五节　车辆配送路线的优化

配送是物流中一个重要的直接与消费者相连的环节，是物流的末端运输。配送是将货物从基层仓库或配送中心送达收货人的过程，其中，配送路线的安排是否合理对配送速度、成本、效益影响很大。采用科学的、合理的方法来确定配送线路，是配送活动中非常重要的一项工作。

车辆配送路线优化问题是指，对一系列装货点和卸货点，组织适当的行车线路，使车辆有序地通过，在满足一定的约束条件下（如需求量、发送量、交/发货时间、车辆容量、行驶里程、时间等限制），达到一定的目标（如行程最短、费用最小、时间最少、运力最省等）。

一、单车配送路线优化的启发式算法

单一配送车辆的路线优化是指车辆从仓库出发送货或取货，遍历所有的客户（每个客户仅一次）然后返回仓库，为其选择一条行驶距离（或时间、费用）最短的路径。单车配送路线优化问题也称单回路运输路线优化问题，可用图论中的TSP模型来求解。

1．TSP模型

TSP模型是单回路运输问题中最为典型的一个模型，它的全称是 Traveling Salesman Problem，中文叫作旅行商问题。它是一个典型的 NP-Hard 问题（Non-deterministic Polynomial，缩写为NP。NP-Hard问题通俗来说是其解的正确性能够被"很容易检查"的问题。），对于大规模的线路优化问题，无法获得最优解，只有通过启发式算法（根据人类的经验对无法求得最优解的问题，得出一个可接受/满意的解，缩短求解时间）获得近优解。

TSP模型可以如此描述：在给出的一个 n 个顶点网络（有向或无向），要求找出一个包含所有 n 个顶点的具有最小耗费的环路。任何一个包含网络中所有 n 个顶点的环路被称作一个回路。在旅行商问题中，要设法找到一条最小耗费的回路。

求解 TSP 模型时，如果要得到精确的最优解，最简单的方法就是枚举法。对于小型问题，这也是一种十分有效的方法。但是对于大型问题，由于枚举法的枚举次数为 $(n-1)!$ 次，这是非常大的计算量。

目前，对于大规模的 TSP 问题，一般都采用启发式算法。启发式算法不仅可以用于各种复杂的 TSP 问题，对中小规模问题也同样适用。它的不足在于，它只能保证得到可行解，而各种不同的启发式算法所得到的结果也是不完全一样。当用启发式求解时，如何设计算法是对求解结果的精度影响较大的一个因素。

下面介绍两种比较简单的启发式算法，同时也可以对启发式算法有一个较全面的认识。

2．单回路运输线路优化的最近邻点法

最近邻点法是由 Rosenkrantz 和 Stearns 等人在 1997 年提出的一种用于解决 TSP 问题的算法。该算法十分简单，但是它得到的解并不十分理想，有很大的改善余地。由于该算法计算快捷，但精度低，可以作为进一步优化的初始解。

最近邻点法可以由 4 步完成：

1）从零点开始，作为整个回路 T 的起点；
2）找到离刚刚加入到回路上的顶点最近的一个顶点，并将其加入到回路 T 中；
3）重复步骤 2），直到顶点集合 A 中所有的顶点都加入到回路 T 中；
4）最后，将最后一个加入的顶点和起点连接起来。

这样就构成了一个 TSP 问题的解。

例 6-6 现有一个连通图，有 6 个顶点，它们的距离矩阵如表 6-1 所示，它们的相对位置如图 6-19 所示，假设 i,j 两点之间的距离是对称的。求距离较短的一条回路安排。

表 6-1 距离矩阵

元素	v_1	v_2	v_3	v_4	v_5	v_6
v_1	—	10	6	8	7	15
v_2		—	5	20	15	16
v_3			—	14	7	8
v_4				—	4	12
v_5					—	6
v_6						—

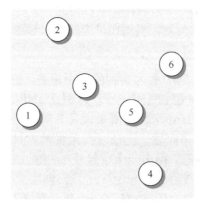

图 6-19 节点相对位置

解：先将节点 1 加入到回路中，$T = \{v_1\}$。

从节点 v_1 出发，比较其到节点 2、3、4、5、6 的距离，选择其最小值，加入到回路中。从距离矩阵中可以看到，从 v_1 节点到第 3 个节点 v_3 的距离最小，为 6。因此将节点 v_3 加入到回路中，$T = \{v_1, v_3\}$。

然后从节点 v_3 出发，观察离 v_3 最近的节点。（顶点间的距离为 c_{ij}）

$$\min\{c_{3i}/i \in N, 1 \leq i \leq 6, \text{且} i \neq 1, 3\} = c_{32} = 5$$

这样就可以将 v_2 节点加入到回路中，$T = \{v_1, v_3, v_2\}$。

从节点 v_2 出发，观察离 v_2 最近的节点。

$$\min\{c_{2i}/i \in N, 1 \leq i \leq 6, \text{且} i \neq 1, 3, 2\} = c_{25} = 15$$

这样 v_5 是最近的点，将 v_5 加入到回路中，$T = \{v_1, v_3, v_2, v_5\}$。

依次类推，分别再将 v_4、v_6 加入回路中，得到最后的解为 $T = \{v_1, v_3, v_2, v_5, v_4, v_6\}$。结果用图形表达，如图 6-20 所示；总行驶距离为 $f = 6 + 5 + 15 + 4 + 12 + 15 = 57$。

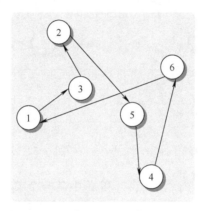

图 6-20　最近邻点法求解结果

3．单回路运输线路优化的最近插入法

最近插入法是 Rosenkrantz 和 Stearns 等人在 1997 年提出的另外一种用于解决 TSP 问题的算法，它比上面的最近邻点法复杂，但是可以得到相对比较满意的解。

最近插入法仍旧由 4 步来完成：

1）找到 c_{1q} 最小的节点 v_q，形成一个子回路，$T = \{v_1, v_q, v_1\}$；

2）在剩下的节点中，寻找一个离子回路中某一节点最近的节点 v_k；

3）在子回路中找到一条弧 (i, j)，使得增量 $\Delta = (c_{ik} + c_{kj} - c_{ij})$ 最小，然后将节点 v_k 插入到 v_i、v_j 之间，用两条新的弧 (i, k)、(k, j) 代替原来的弧 (i, j)，并将节点 v_k 插入到子回路中；

4）重复步骤 2、3，直到所有的节点都插入子回路中。

此时，子回路就演变为了一个 TSP 的解。

例 6-7 用最近插入法对上面的例 6-6 进行求解。

解：比较表 6-2 中的从 v_1 出发的所有路径的大小，

$$\min\{c_{1i}/i\in N, 1\leq i\leq 6, 且 i\neq 1\} = c_{13} = 6$$

这样，就由节点 v_1 和 v_3 构成一个子回路，$T = \{v_1, v_3, v_1\}$，如图 6-21 所示。

然后考虑剩下的节点 v_2、v_4、v_5、v_6 到 v_1 和 v_3 中某一个节点的最小距离：

$$\min\{c_{1i}, c_{3i}/i\in N, 1\leq i\leq 6, 且 i\neq 1,3\} = c_{32} = 5$$

由于对称性，无论将 2 插入到 1 和 3 之间往或返路径中，结果都是一样的，这样，构成一个新的子回路 $T=\{v_1, v_3, v_2, v_1\}$，其结果如图 6-22 所示。

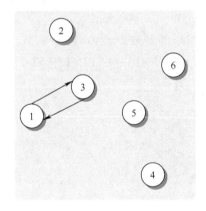

图 6-21　由 v_1 和 v_3 构成的子回路

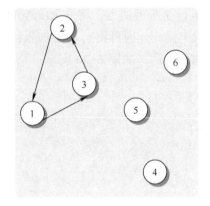

图 6-22　由 v_1、v_3 和 v_2 构成的子回路

接着考虑剩下节点 v_4、v_5、v_6 到 v_1、v_3 和 v_2 中某一个节点的最小距离：

$$\min\{c_{1i}, c_{3i}, c_{2i}/i\in N, 1\leq i\leq 6, 且 i\neq 1,3,2\} = c_{35} = 7$$

由图 6-22 可知，节点 v_5 有 3 个位置（弧线）可以插入。现在分析将 v_5 插入到哪里合适。

1）插入到（1，3）间，$\Delta = c_{15} + c_{53} - c_{13} = 7 + 7 - 6 = 8$

2）插入到（3，2）间，$\Delta = c_{35} + c_{52} - c_{32} = 7 + 15 - 5 = 17$

3）插入到（2，1）间，$\Delta = c_{25} + c_{51} - c_{21} = 15 + 7 - 10 = 12$

比较上面 3 种情况的增量，插入到（1，3）之间的增量最小，所以应将节点 v_5 插入到（1，3）间，结果为 $T = \{v_1, v_5, v_3, v_2, v_1\}$。其子回路则变为如图 6-23 所示。

重复上面的步骤，分别再将节点 v_4、v_6 插入到子回路中，就可以得到用最近插入法所得的解，$T = \{v_1, v_4, v_5, v_6, v_3, v_2, v_1\}$，如图 6-24 所示。

总行驶距离为

$$f = 8 + 4 + 6 + 8 + 5 + 10 = 41$$

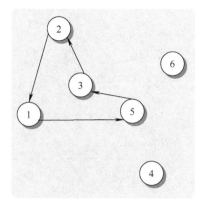 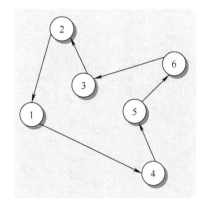

图 6-23　由 v_1、v_5、v_3 和 v_2 构成的子回路　　图 6-24　由最近插入法求得的最终结果

将该结果同上面用最近邻点法求得的结果比较，会发现它们之间有很大的不同。用最近插入法求得的解比用最近邻点法求得的解更优，但在计算过程中，也耗费了更多的计算量。由两种不同算法得到的解不同，也说明了启发式算法的不稳定性。为了得到更好的解，就需要设计更好的启发式算法。

单回路运输路线优化除了上面介绍的两种简单的启发式算法之外，还有很多其他的启发式算法可以用来求解 TSP 问题，如局部搜索最优算法、模拟等。

二、多车配送路线优化的扫描法

1. 多车配送路线优化问题

（1）多车配送路线优化问题的含义

我们这里所说的多车配送路线优化问题就是经典 VRP（Vehicle Routing Problem，VRP）车辆路线问题，也称多回路运输路线优化问题，可描述为有多个货物需求点，已知每个需求点的需求量及位置，至多用 m 辆货车从配送中心仓库送货，然后返回，每辆货车载重量一定，安排货车行驶路线，要求每条路线不超过车辆载重量和每个需求点的需求必须且只能由一辆车来满足，目标是使总运距最短或总运输费用最少。

例如，一家大型物流中心要为成百上千的客户提供送货或取货的服务，就需要对运输车辆的数量及其行驶路线进行规划以节约成本。

VRP 模型的假设条件是

1）单一配送仓库，多部车辆配货；

2）每个需求点由一辆车服务（需求点需求量小于车辆的载重容量）；

3）车辆为单一车种（载重量相同）；

4）无时间窗限制（需求点对配送时间无要求）；

5）需求点的位置和需求量均为已知；

6）配送的货物视为同一种商品。

（2）多车配送路线的优化原则

1）同一车辆负责相互距离最接近的需求点的货物配送。车辆围绕相互靠近的需求点群进行计划，以使需求点之间的行车时间最短，如图 6-25、图 6-26 所示。

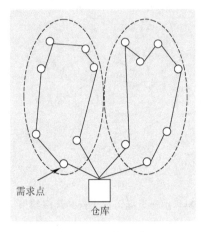 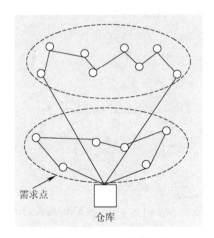

图 6-25　不合理的群划分　　　　　图 6-26　合理的群划分

2）行车路线应避免交叉且呈凸形，如图 6-27、图 6-28 所示。

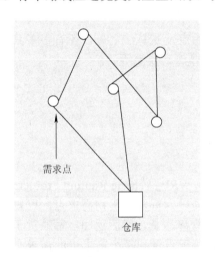 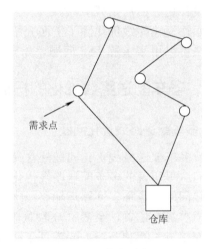

图 6-27　线路交叉　　　　　　　图 6-28　线路不交叉

3）尽可能使用大载重量车辆，减少出车数量。
4）取货、送货混合安排。
5）从距仓库最远的需求点开始设计线路。

多车配送路线安排问题有两种常用的启发式求解算法：扫描法和节约法。接下来我们分别介绍这两种方法的求解过程。

2．多车配送路线优化的扫描法

扫描法在 VRP 求解方法中是一种先分群再寻找最佳路线的算法。该方法采用极坐标来表示各需求点的区位，然后任取一需求点为起始点，定其角度为零度，以顺时针或逆时针方向，以车容量为限制条件进行服务区域（需求点群）的分割，再借由 TSP 模型启发式算法进行区域内需求点的排序（安排行车路线）。

例 6-8 某物流公司为其客户提供取货服务，货物运回仓库集中后，再以更大的批量进行长途发运。所有取货任务均由载重量为 10t 的货车完成。现在有 12 家客户有取货要求，客户的取货量、客户的地理位置坐标见表 6-2。物流公司仓库的坐标为（19.50，5.56）。试确定一个合理的取货方案，要求合理安排车辆，并确定各车辆行驶路线，使总的运输里程最短。

表 6-2　客户的取货量及地理位置　　　　　　　　　　　　　（单位：t）

客户	1	2	3	4	5	6	7	8	9	10	11	12
取货量	3.4	2.8	3.15	2.4	2	3	2.25	2.5	1.8	2.15	1.6	2.6
X_i	18.3	20.2	21.0	19.9	20.5	20.8	19.1	18.8	18.6	19.0	20.0	19.1
Y_i	4.80	5.40	5.19	4.90	6.42	5.88	5.93	5.98	5.55	4.55	4.78	5.00

解： 1) 首先，根据仓库、客户的坐标位置和客户取货量信息，绘制仓库和客户的地理位置图，然后将客户取货量标注到图上，如图 6-29 所示。

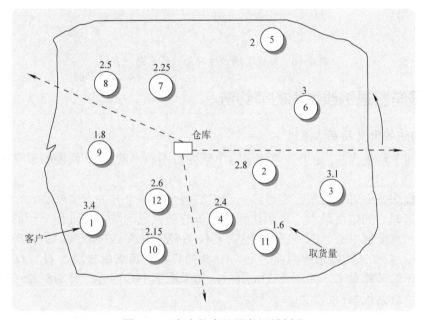

图 6-29　客户信息及服务区域划分

2) 然后，以仓库为原点，向右水平方向画一条直线，进行逆时针方向"扫描"，水平直线是随机决定的。逆时针旋转该直线，将直线经过的客户货物装上货车，直到装载的货物能装上一辆 10t 的货车上，同时又不超重。此时，完成一个服务区域的划分。

3) 继续逆时针旋转直线，重复上述过程，直到所有的客户都分派有车辆取货，就完成了一个服务区域的划分，服务区域数就是需要派的货车数。如图 6-29 所示，划分出 3 个服务区域，需要 3 辆配送车。

4) 在每个服务区域内确定到各客户点的取货顺序，即行车路线安排。行车路线应避免交叉且呈凸形。优化后的一种取货路线安排方案共需派 3 辆货车，每辆车的行驶路线安排如图 6-30 所示。

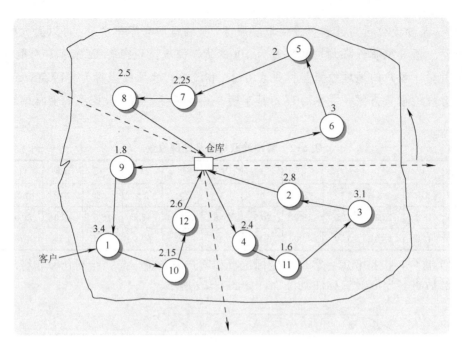

图 6-30　最优车辆调度和最佳行车路线安排

三、多车配送路线优化的节约法

1. 节约法的含义及基本原理

节约法即节约里程法,是用来求解运输车辆数目不确定的 VRP 问题的最有名的启发式算法。

节约里程法核心思想是依次将运输问题中的两个回路合并为一个回路,每次使合并后的总运输距离减小的幅度最大,直到达到一辆车的装载限制时,再进行下一辆车的优化。

例如,一家配送中心（DC）向两个客户 A、B 送货,配送中心到两个客户的最短距离分别是 a、b,A 和 B 间的最短距离为 c;A、B 的货物的需求量分别是 Q_a、Q_b,且 Q_a+Q_b 小于一辆货车的装载量 Q,如图 6-31a 所示。如果配送中心向客户分别单独送货,那么需要两个车次,总路程为：$L_1=2\times(a+b)$。

如果改用一辆货车对两个客户回路送货,如图 6-31b 所示,则只需一个车次,运行的总路程为：$L_2=a+b+c$,由三角形的性质我们知道：$c<a+b$,所以第二次的配送路线安排明显优于第一次,且运行总路程节约为 $S=a+b-c$,S 为节约里程量,这就是有名的节约量计算公式。

如果配送中心还有 C、D、E 等客户,在货车载重和体积都允许的情况下,可将它们按照节约里程量的大小依次连入这个回路线路上,直至满载为止,此时就完成了一条配送路线的安排。余下的客户可用同样方法确定配送路线,另外派车。

利用节约法确定配送路线的主要出发点是,根据配送中心的运输能力和配送中心到各客户以及各客户之间的距离来制定使总的车辆运输的 t·km 数最小的配送方案。另外还需满足以下条件：①满足所有用户的要求；②不使任何一辆车超载；③每辆车每次出行的总运行时间或行驶里程不超过规定的上限；④满足用户收货时间要求（时间窗口限制）等。

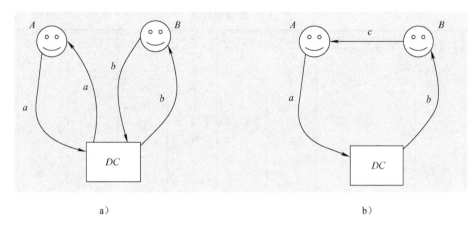

图 6-31 向两个客户送货的路线安排
a）分别送货　b）回路送货

2. 节约法的一般求解步骤

下面以例 6-9 为例，介绍节约法的一般求解步骤。

例 6-9 某物流公司配送中心负责 A，B，C，$\cdots$，I 共 9 个客户的送货任务，其运输路线网络、配送中心与客户以及客户之间的距离如图 6-32 所示，图中连线上的数字表示公路里程（km），节点旁括号内的数字表示客户每天对货物的需求量（t）。配送中心备有 2t 和 4t 载重量货车多部，且货车每次送货运行里程（从配送中心出发到返回）不能超过 35km，客户对货物送到时间没有要求。试确定该配送中心的每天最优配送方案，即保证满足客户送货要求，同时使用的车辆数和车辆总行驶里程尽可能少。

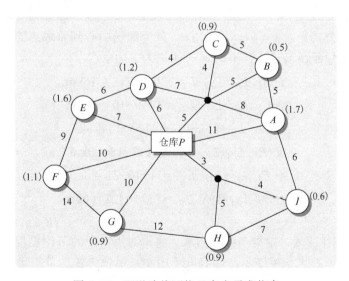

图 6-32 配送路线网络及客户需求信息

解：1）做运输里程表。计算配送中心与各需求点以及各需求点之间的最短距离，即计算网络图中每对点之间的最短距离，如表6-3所示。

表6-3 运输里程表　　　　　　　　　　　　　　　　（单位：km）

	P	A	B	C	D	E	F	G	H	I
P		11	10	9	6	7	10	10	8	7
A			5	10	14	18	21	21	13	6
B				5	9	15	20	20	18	11
C					4	10	19	19	17	16
D						6	15	16	14	13
E							9	17	15	14
F								14	18	17
G									12	17
H										7
I										

2）做节约里程表。由运输里程表，按节约里程计算公式，计算每对需求点连接后的节约里程量，编制节约里程表，如表6-4所示。

表6-4 节约里程表　　　　　　　　　　　　　　　　（单位：km）

	A	B	C	D	E	F	G	H	I
A		16	10	3	0	0	0	6	12
B			14	7	2	0	0	0	6
C				11	6	0	0	0	0
D					7	1	0	0	0
E						8	0	0	0
F							6	0	0
G								6	0
H									8
I									

节约里程计算公式为：$S=a+b-c$，（a、b 为配送中心到需求点的最短距离，c 为该对需求点之间的最短距离），当 $S \leq 0$ 时，一律记为 $S=0$。

$A-B$：$L_{PA}+L_{PB}-L_{AB}$ = 11+10-5 = 16km

$A-C$：$L_{PA}+L_{PC}-L_{AC}$ = 11+9-10 = 10km

$A-D$：$L_{PA}+L_{PD}-L_{AD}$ = 11+6-14 = 3km

$A-E$：$L_{PA}+L_{PE}-L_{AE}$ = 11+7-18 = 0km

$A-F$：$L_{PA}+L_{PF}-L_{AF}$ = 11+10-21 = 0km

$A-G$：$L_{PA}+L_{PG}-L_{AG}$ = 11+10-21 = 0km

……

3）做节约里程排序表。根据节约里程表，将每对点对应的节约里程量排序，按从大到小顺序排列，编制节约里程排序表，如表6-5所示。以便尽量使节约里程最多的需求点组合在一起装车配送。

表 6-5 节约里程排序表　　　　　　　　　　　　（单位：km）

排序号	连接点	节约里程	排序号	连接点	节约里程	排序号	连接点	节约里程
1	A–B	16	6	H–I	8	10	F–G	6
2	B–C	14	8	B–D	7	10	G–H	6
3	A–I	12	8	D–E	7	15	A–D	3
4	C–D	11	10	A–H	6	16	B–E	2
5	A–C	10	10	B–I	6	17	D–F	1
6	E–F	8	10	C–E	6			

4）安排配送路线。根据节约里程排序表、配送车辆的载重和容积因素、车辆行驶里程等约束条件，逐一将符合条件的需求点合并到一条线路上，按需求点接入顺序逐步绘出配送线路。重复这个过程，直到所有的需求点都被合并到各自的配送线路上为止。

由表 6-5 知，A 和 B 连接的节约里程量（16）最多，所以先将点 A、B 连接，即连接 $A \to B$，形成一条配送路线：$P \to A \to B \to P$，派一辆 4t 的车（优先安排大吨位车），此时，货车装载量：1.7+0.5 = 2.2t<4t，这条路线不是最优。接着找出与 A 或 B 的连接点中节约里程量较大的点：C[B 和 C 连接的节约里程量（14）最多]，将 C 点合并到配送路线上（注意连接顺序），即 $P \to A \to B \to C \to P$，再次判断货车装载量：1.7+0.5+0.9 = 3.1t<4t，仍不是最优。继续找出与 C 或 A 的连接点中节约里程量较大的点：I[A 和 I 连接的节约里程量（12）最多]，将 I 点合并到配送路线上，即 $P \to I \to A \to B \to C \to P$，再判断货车装载量：1.7+0.5+0.9+0.6 = 3.7t<4t，还差 0.3t 未满载，但余下的客户送货量都大于 0.3t，所以这条配送路线已经不能再优化。这样我们得到第一条配送路线：$P \to I \to A \to B \to C \to P$。在剩下的点中继续进行这样的工作，直到所有的点都被合并到某一条配送路线上，就得到最终配送方案。如图 6-33 所示。

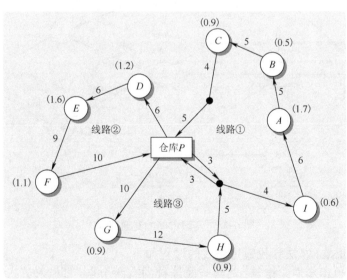

图 6-33 优化后的配送路线方案

线路①：安排一辆 4t 车，配送路线及送货顺序：$P \to I \to A \to B \to C \to P$，行程 32km，载货量 3.7t；

线路②：安排一辆 4t 车，配送路线及顺序：$P \to D \to E \to F \to P$，行程 31km，载货量 3.9t；

线路③：安排一辆2t车，配送路线及顺序：P→G→H→P，行程30km，载货量1.8t。

总共行驶里程93km，与向客户分别单独送货的方案相比，共节约里程：（16+14+12）+（8+7）+6＝63km。

从上述例题中可知，在货车载货能力允许的前提下，每辆车的配送路线上经过的客户个数越多，里程节约量就越大，配送路线也就越合理。

节约法是一种简便易行的方法。但应注意，启发式算法并不能保证得到问题的最优解。节约法求解配送路线优化问题，有时就会出现仅得到满意解的情况（满意解不唯一，但大至接近），这时，我们就需要结合其他的方法来寻求最优解。

里程节约法的实际应用及算法见本章习题中第25、26题。

第六节　应　用　举　例

一、车辆运输路线选择

王健是一家运输公司的车辆调度员。他的公司已经签订了一项运输合同，要把沈阳的一批货物运送到北京附近地区。王健查看了这两个城市之间可选择的行车路线的地图，然后绘制了公路网络图，并在每一条公路上标出了里程数（km），如图6-34所示。王健的任务是找出沈阳到北京的最短路线。

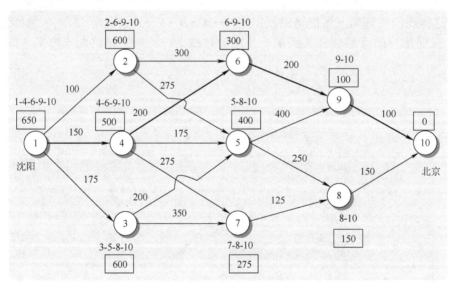

图6-34　两城市间的交通网线

王健运用Dijkstra算法寻找最短路线的过程如下：

1）从终点开始逐步逆向推算：与终点⑩连接的有两个点，即⑨和⑧，先从⑨开始计算。⑨到⑩只有一条路线，因此没有选择余地，⑨-⑩就是最短的路线，它的里程为100，写在节点⑨上方的框中，并注上⑨-⑩。同样⑧至⑩也只有一条路线，最短路线为⑧-⑩，里程为150，也按相同方式记上。

2）再看节点⑥：与⑥连接的只有一个节点⑨，因此最短路线为⑥-⑨，⑥至⑨的里程为200，而⑨至终点⑩的最短里程为100，因此⑥至终点的最短里程为200+100 = 300。记入方式同上，方框上注上⑥-⑨-⑩。

3）再看节点⑤：与⑤连接的节点有⑨、⑧两个，⑤至⑨再至终点的最短里程为400+100 = 500，⑤至⑧再至终点的最短里程为250+150 = 400。400<500，所以⑤至终点的最短里程为400km，写在节点⑤上方的方框中，方框上再注上⑤-⑧-⑩。

节点⑦至终点的最短里程为125+150 = 275km。记入格式同上。

4）再看节点④：与④连接的节点有⑤、⑥、⑦三个。④至⑥再到终点的最短里程为200+300 = 500km，④至⑤再到终点的最短里程为175+400 = 575km，④至⑦再到终点的最短里程为275+275 = 550km。三个里程中以500km为最小，所以把500km写在节点④上方的方框中，方框上注上④-⑥-⑨-⑩。

用同样的方法，算出了节点②到终点的最短里程为600km，节点③到终点的最短里程也为600km。记入的格式同上。

5）最后看节点①，与节点①连接的路线有 3 条：

①-②-⑩的最短里程 100+600 = 700km；

①-④-⑩的最短里程 150+500 = 650km；

①-③-⑩的最短里程 175+600 = 775km。

三个里程中以 650 为最小，这就是从沈阳到北京的最短里程，而对应的最短路线为1-4-6-9-10。如图 6-34 中加粗线所示。

二、运输网送货能力分析

甲市有一生产厂家生产原料供应给乙市市场，该原料的分拨任务外包给了顺通运输公司。现在生产厂家为了应对市场需求高锋的到来，确保需求高锋期间有足够数量的原料销售，要求运输公司在需求高锋到来之前，一周内将 22t 原料货物准时运送到乙市市场。

如果运输公司不能按时将 22t 原料送到乙市市场，将影响来年生产厂家与运输公司的合同是否续约问题。为了保证厂家运输任务的及时、可靠，运输公司经理要求调度人员对本公司的运输网络送货能力进行评估，以便做好相应的准备安排工作。

调度人员首先绘制了本公司运输网络图。在甲市到乙市之间，运输公司有 4 个货运站点可用来进行中转接运原料的送货任务。根据站点的分布情况，调度人员画出了运输公司甲市到乙市的运输专线网络图，如图 6-35 所示，其中节点是该公司货运站点，边表示站点间的连接道路。接下来，调度人员根据各站点仓库容量大小及车辆运力情况，对各路段一周内能完成的原料最大送货量进行了估算，并标注在了每段路线上。

现在运输公司经理要求调度人员对本公司的运输网最大送货能力进行测算，确定是否应该准备另外的计划措施（若运输公司送货能力达不到 22t，则需要准备增加运力，以满足厂家送货的要求）？

上述运输网络送货能力评估问题可以转化为求解最大流问题，也就是求出网络图 6-35 允许通过的最大流量值 max $v(f)$，然后将该值与送货任务量进行比较。

运输网送货能力分析过程如下：

1）任意先选一条从甲市到乙市的送货线路，如甲→①→④→乙，最多可安排送货6t，在图上作标记，图中线路旁的数字为 $c_{ij}(f_{ij})$，见图 6-36。

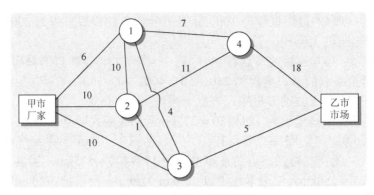

图 6-35 运输专线网络图

2）再选第二条从甲市到乙市的送货线路，可选甲→②→④→乙，最多可安排送货 10t，在图上作标记，见图 6-36。

3）再选第三条从甲市到乙市的送货线路，可选甲→③→乙，最多可安排送货 5t，在图上作标记。目前流量安排情况见图 6-36 所示，此时，支线甲→①，甲→②，③→乙已无剩余送货能力，这三条支线不再考虑安排送货，可从图中去掉，见图 6-37。

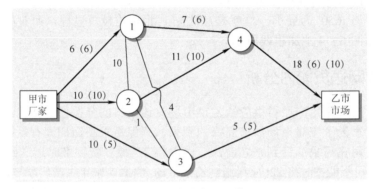

图 6-36 线路流量调整 1

4）再选第四条线路：甲→③→②→④→乙，最多可安排送货 1t，在图上标记，见图 6-37。

5）再选第五条线路：甲→③→①→④→乙，最多可安排送货 1t，在图上标记，见图 6-37。

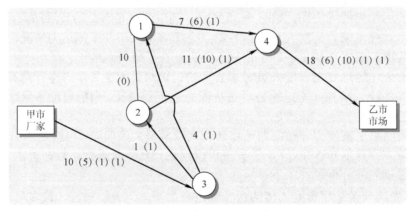

图 6-37 线路流量调整 2

现在通往乙市市场的最后一条支线④→乙已无多余的送货能力，因此该网络最大送货量数值已经求得，各支线送货量汇总，得到各支线送货量分配任务如图6-38所示。

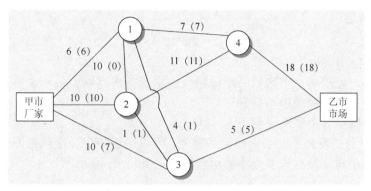

图 6-38　运输网络最大送货量分布方案

最大送货量=6t（1线）+10t（2线）+5t（3线）+1t（4线）+1t（5线）=23t。

23t>22t，测算结果表明，顺通运输公司现有的运输网络能够完成一周内 22t 的送货任务，不必另想计划措施。

三、运输网络中心和重心确定

1．网络中心

图 6-39 所示为华阳物流公司在某一市区的零担运输网点布局图。其中点表示该公司的营运站点，边表示各站点间已有的交通路线，边旁的数字表示两点间的距离长度（km）。①现在公司要确定能保证各站点互通且使运输专线总长度最小的运营线路网。②在公司运营线路网中，确定适合建集货中心的站点，保证使离该中心最远的站点往中心仓库送货时所走的路程最短？

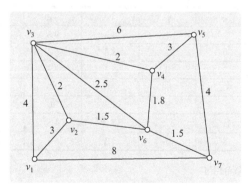

图 6-39　地区交通线路图

上述实践问题我们可以用最小树问题来解决。最小树问题研究的内容是比较广泛的，除用在求解管道、电缆（或电线）、道路等的铺设最优化问题外，还经常用来解决城镇发展规划、货物运输网络规划等方面的优化问题。图的中心和重心的计算和应用就是明显的事例。

所谓图的中心，是在最小树中先分别找出各顶点之间的最大距离，然后在各点的最大距离中找出一最小距离的点，则该点即为图的中心。

用数学公式表述 v_i 至 v_j 的最大距离为

$$d(v_i) = \max\{d(v_i, v_j)\}$$

若有点 v' 满足

$$d(v') = \min\{d(v_i)\}$$

则称 v' 为图的中心。

由此，我们可以明确，上述第一个问题（确定运营线路网）很明显是个最小树问题，而第二个问题就是最小树的中心问题。

下面我们分别用有关算法求解。

1）确定线路总长度最小的公司运营线路网，可以用逐步生长法或破圈法很快就可以求得最小树，该最小树就是总长度最小的运营网络，如图 6-40 所示。

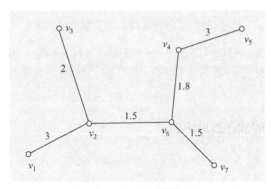

图 6-40 公司运营线路网

2）接着，在最小树上，用公式 $d(v_i)=\max\{d(v_i, v_j)\}$ 计算 $d(v_i)$，将计算结果列成表格，如表 6-6 所示。

表 6-6 各点间的最大距离表

居民点	v_1	v_2	v_3	v_4	v_5	v_6	v_7	$d(v_i)$
v_1	0	3	5	6.3	9.3	4.5	6	9.3
v_2	3	0	2	3.3	6.3	1.5	3	6.3
v_3	5	2	0	5.3	8.3	3.5	5	8.3
v_4	6.3	3.3	5.3	0	7.3	1.8	3.3	6.3
v_5	10	7	9	7.3	0	5.5	4	10
v_6	4.5	1.5	3.5	1, 8	4.8	0	1.5	4.8
v_7	6	3	5	3.3	6.3	1.5	0	6.3

如表中第一行右端的数值为

$$d(v_i) = \max\{d(v_i, v_j)\} = \max\{0, 3, 5, 6.3, 9.3, 4.5, 6\} = 9.3$$

最后应用公式 $d(v') = \min\{d(v_i)\}$ 得

$$d(v') = \min\{9.3, 6.3, 8.3, 6.3, 10, 4.8, 6.3\} = 4.8$$

与最小数值对应的点是 $v' = v_6$，所以该公司的集货中心建在营运站点 v_6 处，使离中心最远的站点 v_5 往中送货时所走的路程 4.8 为最小。

2. 网络重心

接上述华阳物流公司问题，公司 7 个营运站点除了上述揽货任务外，还负责各自所在区域的商超百货店的快速消费品配送任务。这些货物由公司中心贮存库提前统一分发给各站点，然后由站点完成配送工作。今已知各站点每周快速消费品的配送量如图 6-41 所示，那么公司中心贮存库设在哪个站点，能使每周总的运输量为最小？

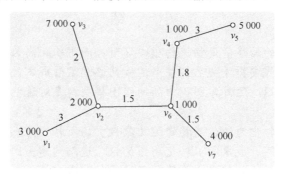

图 6-41 图的重心问题

这个问题我们可以用最小树的重心问题来解决。

在上述求解图的中心时只考虑各点间的距离长度；而求解图的重心时，既要考虑各点间的距离长度 $d(v_i, v_j)$，还要考虑各点负荷量 $a=(v_j)$ 的大小，两者的乘积即为该点的输送量。所以，在求解重心时，先求出各点作为重心时该点的输送量 $g(v_j)$，$j=1, 2, \cdots, n$；再在总的输送量中找出最小值 $g(\bar{v})$，则相应的点即为图的重心。用数学公式描述，即

$$g(v_j) = \sum_{i=1}^{n} a(v_i)\, d(v_i, v_j),\ j=1, 2, \cdots, n$$

$$g(\bar{v}) = \min\{g(v_j)\}$$

显然，公司贮存中心仓库选址问题就是求图的重心问题。应用上述数学公式可以求得 $g(v_j)$，如 $j=1$ 时，则

$g(v_1) = (3\,000 \times 0) + (2\,000 \times 3) + (7\,000 \times 5) + (1\,000 \times 6.3) +$
$\qquad (5\,000 \times 9.3) + (1\,000 \times 4.5) + (4\,000 \times 6) = 129\,300$

上述计算表明，若中心仓库盖在 v_1 站点，则每周总的运输量为 129 300。$v_2 \sim v_7$ 可依此计算，结果如表 6-7 所示。

表 6-7 各站点对应的每周总运输量

v_j	$g(v_j)$	v_j	$g(v_j)$
v_1	129 300	v_5	135 800
v_2	71 300	v_6	72 800
v_3	89 300	v_7	95 300
v_4	111 600		

最后，按公式 $g(\bar{v}) = \min\{g(v_j)\}$ 可以找到每周最小的总运输量所在点，即

$$g(\bar{v}) = \min\{129\,300, 71\,300, 89\,300, 111\,600, 135\,800, 72\,800, 95\,300\}$$
$$= 71\,300$$

则与其对应的点 v_2 即为图的重心，也即中心贮存仓库盖在站点 v_2 处，能使每周总的运输量 71 300 为最小。

小　　结

运输贯穿物流作业的始终，是物流的核心环节，而运输距离长短、货物运输量分布、仓库站点布局、配送路线安排等关系到整个运输网络的运营成本，这些问题是物流管理者经常面临的重要决策问题。运筹学图论中的网络图模型就是对这些决策问题进行分析计算的简洁、有效的工具。

将实际的运输路线转化为边，货物转运（集散）场所转化为点，物流公司所关心的因素（如距离、流量、时间、成本等）转化为边的权，进而构建出网络图模型，运用相应的优化计算分析步骤，是解决物流运输决策问题的一种非常有效的方法。

图论方法在物流运输中有着广泛的应用，本章重点介绍了最短路问题、最大流问题、最小树问题及回路运输路线问题的含义、求解方法及实际应用。

最短路问题分析算法能帮助我们找出运输网络中指定顶点之间的最短路径和所有顶点之间的最短路径。

最大流问题分析算法能帮助我们找到运输网络的最大输送流量的安排方案，而且还可以进一步找出最小费用最大流方案（此问题本章未探讨）。

最小树问题分析算法能帮助我们确定运输网络站点的合理布局及最短路程中心仓库位置或最少总运输量的重心仓库位置。

回路运输路线优化算法能帮助我们找到配送网络中的车辆行驶里程最少的配送路线安排方案。

习　　题

1. 某车队要从甲市运送一批货物到乙市，中间可穿行的市镇与行车道网络如图 6-42 所示，图中标明的数字为里程数，试找出甲市到乙市的最短路线。

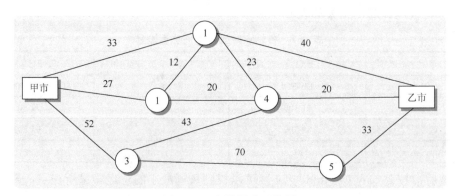

图 6-42　市镇道路网络图

2. 某汽车公司承包从 A 地到 F 地运送一批钢材的任务。图 6-43 是 A 地到 F 地的交通路线图，试把所有可能的路线编列成表，并选出最短的路线。

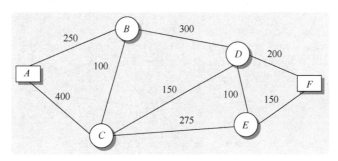

图 6-43　交通线路图

3. 如图 6-44 所示，v_0 是一仓库，v_9 是一商店，求一条从 v_0 到 v_9 的最短路。

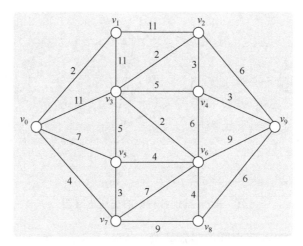

图 6-44　仓库到商店间的交通线路

4. 某货车运输公司计划安排从 A 地到 G 地的干线运输路线。因为行车时间和距离紧密相关，所以公司调度员希望能找到最短路径。图 6-45 给出了城市间的干线公路及相应的里程网络图。根据该图，利用最短路径法找出最短行车路线。

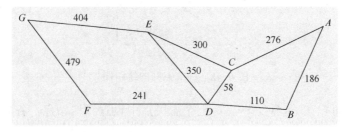

图 6-45　城市间公路线路图

5. 某地区的公路交通线路如图 6-46 所示，请找出起点 A 与终点 J 之间行车时间最短的路线。节点之间的每条链上都标有相应的行车时间（单位：min），节点代表公路的连接处。

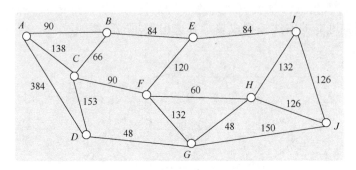

图 6-46 某地区公路交通线路图

6．某地 7 个村镇之间的现有交通道路如图 6-47 所示，旁边数字为各城镇之间道路的距离，求各村间的最短距离。

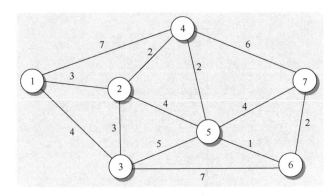

图 6-47 某地各村镇的交通道路图

7．求图 6-48 网络中各节点间的最短距离。

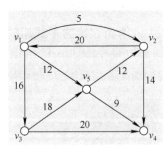

图 6-48 各节点间的线路图

8．某快递公司拟在 v_1，v_2，…，v_7 七个居民点中设置派送站点，各居民点的距离由图 6-49 给出。

1）若要设置一个派送站点，问设在哪个居民点可使最大服务距离为最小？

2）若要设置两个派送站点，问设在哪两个居民点可使最大服务距离为最小？

9．试运用最短路法求解本章引导案例（见图 6-1）中的问题。

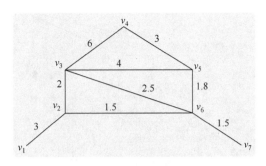

图 6-49　某地居民点示意图

10．如图 6-50 所示，某配送人员每天从配送仓库 v_1 处开车至客户所在地 v_7 处送货，图中各边旁的数字为该人开车送货时经过该路线受阻的可能性，试问该人应选择哪条路线，使从配送仓库出发至客户所在地路上受阻的可能性最小。（提示：将求受阻可能性最小的路线转化为求畅通的可能性最大的路线）

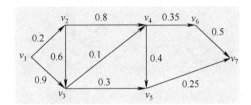

图 6-50　仓库至客户所在地线路图

11．某公司在六个城市 C_1，…，C_6 中有分公司，从 C_i 到 C_j 的直接航程票价记在下述矩阵表 6-8 中的 (i, j) 位置上（∞ 表示无直接航路）。请帮助该公司设计一张任意两城市间票价最便宜的路线表。

表 6-8　直接航程票价

分公司	C_1	C_2	C_3	C_4	C_5	C_6
C_1	0	50	∞	40	25	10
C_2	50	0	15	20	∞	25
C_3	∞	15	0	10	20	∞
C_4	40	20	10	0	10	25
C_5	25	∞	20	10	0	55
C_6	10	25	∞	25	55	0

12．已知某零担运输公司所在的一个服务区域的交通路线网络如图 6-51 所示，其中 v_i 点是运输公司在该服务区域内设立的基层揽货站点，边表示公路，l_{ij} 为公路距离（km），现在运输公司准备在该区建一个集货中心仓库用来集中各揽货站点的货物，然后再按货物去向分线以整车的方式向外区发送。问区集货中心仓库应建在哪个站点处，可使离中心仓库最远的站点送货时所走的路程最近？

13．求图 6-52 所示网络的最大流。

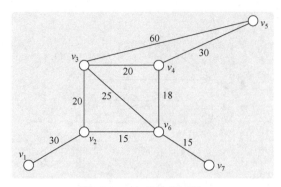

图 6-51 交通路线网络

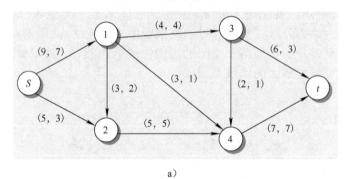

a)

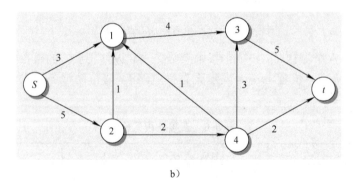

b)

图 6-52 网络图
a) 有初始流 b) 无初始流

14. 现需要将城市 S 的石油通过管道运送到城市 T，中间有四个中转站 v_1、v_2、v_3、v_4。城市与中转站的连接以及管道的容量如图 6-53 所示，求从城市 S 到城市 T 的最大流及流量。

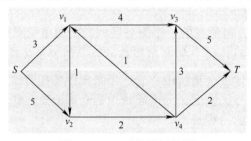

图 6-53 石油管道网络图

15. 某第三方物流企业从配送中心 v_s 向客户仓库 v_t 送货,运输线路如图 6-54 所示,线路旁数字是该线路的最大运量通过能力(单位:t),各线路均为单行线。试计算通过该运输网络,v_s 向客户仓库 v_t 的最大送货量。

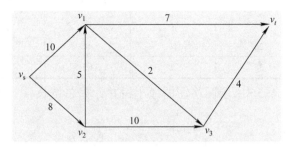

图 6-54 物流配送路线

16. 如图 6-55 所示是五个城市之间的公路所能承受的最大流量,以每小时 1 000 辆汽车计算,求①到⑤之间的最大流量及安排。

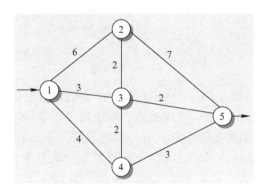

图 6-55 城市间交通图

17. 某公司有 3 个仓库 A_1、A_2、A_3 和 4 个零售店 B_1、B_2、B_3、B_4,各仓库可提供的货量及零售店的最大零售量见表 6-9,表中打圈的格子表示公司指定该店可向相应的仓库取货。现在要求作一调运方案,使得各店从各仓库得到的总货量为最多。

表 6-9 仓库可提供货量及零售店零售量情况

仓库＼零售店	B_1	B_2	B_3	B_4	存货量(t)
A_1	○			○	20
A_2	○	○			12
A_3			○	○	12
最大零售量(t)	14	9	8	10	

18. 某产品从仓库运往市场销售。已知各仓库的可供量、各市场需求量及从 A_i 仓库至 B_j 市场的路径的运输能力如表 6-10 所示(表中 ∞ 表示无路可通),试求从仓库可运往市场的最大流量,各市场需求能否满足?

表 6-10　仓库供应、市场需求及路径运输能力情况

仓库＼市场	B_1	B_2	B_3	B_4	可供量（t）
A_1	30	10	∞	40	20
A_2	∞	∞	10	50	20
A_3	20	10	40	5	100
需求量（t）	20	20	60	20	

19. 用破圈法求图 6-56 所示网络图的最小树并计算总枝长。

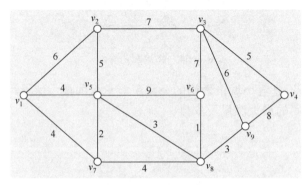

图 6-56　网络图

20. 某物流公司设计一项工程，要埋设电缆把中央调度控制室与五个控制点连接起来，图 6-57 中的各边标出了允许开挖电缆沟的地点和距离（图中 O 点是中央调度控制室，A、B、C、D、E 是控制点）。如果电缆 100 元/m，挖电缆沟（深 1m，宽 0.6m）土方 30 元/m^3，其他材料和施工费用 50 元/m。问：这项工程的预算至少要多少元。

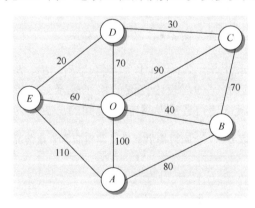

图 6-57　调度与控制点之间的距离

21. 已知八口海上油井，相互间距离如表 6-11 所示，已知 1 号井离海岸最近，为 5n mile（1n mile = 1.852km），问从海岸经 1 号井铺设油管将各油井连接起来，应如何铺设使油管长度为最短。

22. 图 6-58 为一地区交通网络图。A 到 F 为某公司的 6 个分厂，相互间道路距离如图上数字所示。今拟共建一中心仓库以贮存分发给各分厂的原材料。现已知各分厂每月原材料需要量如表 6-12 所示，问中心仓库盖在哪个分厂，能使每月总的运输量为最小？

表 6-11 油井相互间距离情况　　　　　　　　　　　　　（单位：n mile）

从＼到	2	3	4	5	6	7	8
1	1.3	2.1	0.9	0.7	1.8	2.0	1.5
2		0.9	1.8	1.2	2.6	2.3	1.1
3			2.6	1.7	2.5	1.9	1.0
4				0.7	1.6	1.5	0.9
5					0.9	1.1	0.8
6						0.6	1.0
7							0.5

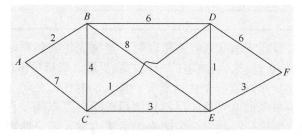

图 6-58　交通网络图

表 6-12　分厂材料需求情况

分厂	月需要量（t）
A	50
B	40
C	60
D	20
E	70
F	90

23．现有一个地图如图 6-59 所示，共有 8 个城镇（上面的节点代表一个城镇），其中在城镇 0 有一个糖果公司，它需要定期地向自己在其他 7 个城镇内的直销商送货。8 个城市之间都有公路直接相连，它们直接的距离具有对称性，它们的距离矩阵如表 6-13 所示。现假定，由于送货密度比较高，每次发往各个直销商的货物可以一车运完。试用最近邻点法求解，设计一条派送货物的行驶距离最短的路径，使运费最低。总行驶距离是多少？然后用最近插入法求解最短路径，结果又如何？根据结果，比较两种不同的求解方法。

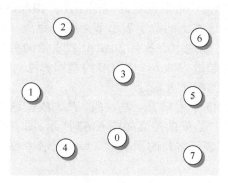

图 6-59　城市分布地图

表 6-13　距离矩阵表　　　　　　　　　　　　　　　　（单位：km）

	V_0	V_1	V_2	V_3	V_4	V_5	V_6	V_7
V_0	—	9	12	7	5	8	16	13
V_1		—	13	16	7	19	22	21
V_2			—	7	18	20	17	25
V_3				—	12	10	9	16
V_4					—	14	20	15
V_5						—	8	6
V_6							—	13
V_7								—

24．某物流公司用厢式货车从客户那里取货。货物先运回到仓库，集中后以更大的批量进行长途运输。图 6-60 是该公司典型的一天的取货量，取货量单位为件。厢式货车的载货量是 10 000 件，一辆货车取货一个往返需要一整天的时间，公司要求一天的取货任务当天要全部完成。该公司车辆调度人员应用扫描法很快得出了车辆及行驶路线的合理安排方案。现请你应用扫描法为该公司制定一份满意的取货方案，要求使用的车辆数尽可能少，同时车辆行驶总里程也要尽量短，并指明每条线路上的客户取货顺序。

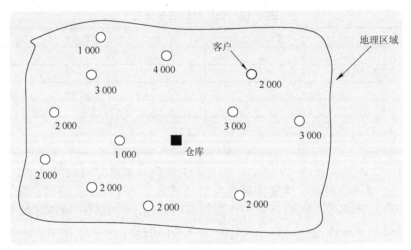

图 6-60　客户每天的取货量数据

25．图 6-61 所示为某物流中心的配送路线网络图。由配送中心 P 向 A、B、C、D、E 五个用户配送某物品。图中连线上的数字表示节点间的距离（km），靠近用户的括号中数字表示该用户的需求量（t）。配送中心备有 2t 和 4t 载重量的货车多部，要求每辆货车一次送货到返回的行驶里程不能超过 30km。请用节约里程算法对该物流中心的配送方案进行优化，最终获得一个较满意的配送方案。

26．已知配送中心 P_0 向 5 个用户 P_1、P_2、P_3、P_4、P_5 配送货物，其配送路线网络、配送中心与用户的距离以及用户之间的距离如图 6-62 所示。图中连线上的数字表示公路里程（km），节点旁括号内的数字表示客户的需求量（t）。配送中心有 3 台 2t 卡车和 2 台 4t 货车两种车型可供使用。

1）利用节约里程法制定最优的配送方案。

2）设货车的平均行驶速度为 40km/h，试比较优化后的方案比单独向各客户送货的方案可节约多少时间？

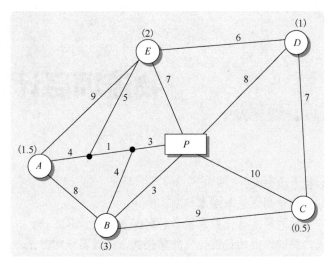

图 6-61　配送路线网络图

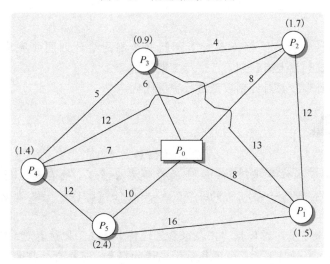

图 6-62　配送路线网络及客户需求信息

第七章
物流项目计划技术

本章知识点

1. 了解网络计划技术的含义。
2. 掌握网络计划图的绘制方法与基本规则。
3. 理解网络时间参数的经济含义并掌握各种时间参数的计算方法。
4. 理解关键路线、关键作业的经济含义并掌握找出关键路线的方法。
5. 掌握网络计划技术的工期优方法和费用优化方法。

本章能力点

1. 能根据网络计划图的绘制规则对实际问题绘制网络计划图并完成时间参数的计算。
2. 能运用网络计划技术对计划项目进行工期优化。
3. 能运用网络计划技术对计划项目进行费用优化。

引导案例

老板的恼怒

在艾拉老板手下工作是很难的。在他的豪华办公室里,他在反复仔细研究他所有业绩的具体细节,随后呼叫一些相关的手下人——在任何时候——发泄他的怒气,并提出一些改进意见。

艾拉老板的一个下属,塔玛拉,正在很熟练地将车停在了她最喜欢的女式服装店门前,准备购买新的外衣。当她熄火后,仪表板后的电话响起来。艾拉老板打来的电话,他大叫道:"我研究了经营记录中有关公司收到订单和客户收到货物之间的时间间隔。你们在西好莱坞配送中心的运营状况糟透了!放下你手中的工作,回到你的办公室,看看你到底做错了什么!然后告诉我加快运营所需要做的事。可以在任何时候和我电话联系。"

塔玛拉听到挂机的声音。她忘记了购买新的外衣,她来到了西好莱坞附近的办公室。

两天过去了,塔玛拉放弃了她所有的社交活动,也没有给她母亲打电话。她将所有的时间花费在计算如何缩短其订货加工系统的时间。但她不知从何开始。系统的准确性不是问题,虽然会有一些附加费用。去年老板给她发了奖金,他对塔玛拉说如果她在经营中多花一个子,她的奖金就没有了。

塔玛拉已经确定有12个不同部门是与订单加工和运输有关的。有些是同时进行的,也有一些是按照次序进行的——这就是说,一道工序必须在其他一道工序结束后才开始。在表7-1中表明了这些信息后,塔玛拉试图将所有这些工序联系起来。

表 7-1　工序详情表

工序	描述	日期（天）	先后次序
A	收到订货并记录在计算机中	0.25	A<D
B	确定是否从仓库补充货物或从工厂直接运输货物	0.50	B<C
C	打印已取订货	0.30	C<H
D	验证客户信用证	0.35	D<G、E
E	检验并确定采购者可能获得的折扣	0.15	E<F
F	准备发票并记账	1.00	F<K
G	确定运输途径并选择承运商	1.65	G<L
H	在仓库提取货物	0.75	H<L
I	包装并贴上装运标签	1.20	I<L
J	通知承运人准备运输单据	2.25	J<L
K	将发票复印件传输到装运码头	1.20	K<L
L	运输订货给客户	3.50	

塔玛拉回想起她在寻找北伊利诺伊大学年鉴时看到的一本大学教科书。塔玛拉分析了书中的一个绩效评估法图表，她得出一个相类似的图表来分析配送中心的订货加工和运输业务。她研究了书本中的配图，用这种网络计划技术，她优化了订货加工和送货时间，平息了艾拉老板的愤怒。

本章将介绍这种网络计划技术的有关知识，以及在物流领域的应用。

第一节　网络计划技术概述

一、网络计划技术的含义

网络计划技术是一种帮助人们分析工序活动规律，提示任务内在矛盾的科学方法，这种方法还提供了一套编制和调整计划的完整技术。网络计划技术的核心是，它提供了一种描述计划任务中各项活动相互间逻辑关系的图解模型——网络图。利用这种图解模型和有关的计算方法，可以看清计划任务的全局，分析其规律，以便揭示矛盾，抓住关键，并用科学的方法调整计划安排，找出最好的计划方案。

20 世纪 60 年代初期，著名科学家华罗庚、钱学森相继将网络计划技术方法引入我国。华罗庚教授在综合研究各类网络方法的基础上，结合我国实际情况将其加以简化，于 1965 年发表了《统筹方法评话》，为推广和应用网络计划方法奠定了基础。近几年，随着科技的发展和进步，网络计划技术的应用得到工程管理人员的重视，且已取得了可观的经济效益。例如，在上海宝钢炼铁厂 1 号高炉土建工程施工中，由于应用了网络计划技术，缩短工期 21%，降低成本 9.8%。广州白天鹅宾馆在建设过程中，由于应用了网络计划技术，工期比与外商签订的合同工期提前了四个半月，仅投资利息就节约 1 000 万港元。

下面简介网络计划技术（或称统筹方法）的基本原理及应用过程。

首先，经过科学分析，将一个工程项目分解成许多工序，把所要做的工序，哪项工序先做，哪项工序后做，各占用多少时间以及各项工序之间的相互关系等用网络图的形式表达出来。

其次，通过简单的计算，找出哪些工序是关键的，哪些工序不是关键的，并在原来计划方案的基础上,进行计划的优化。例如,在劳动力或其他资源有限制的条件下,寻求工期最短;或者在工期既定的条件下,寻求工程的成本最低,等等。

最后,组织计划的实施,并且根据变化的情况,搜集有关资料,对计划及时进行调整,重新计算和优化,以保证计划执行过程中自始至终能够最合理地使用人力、物力,保证多、快、好、省地完成任务。

所以总起来说,网络计划技术是一种科学的管理方法。在大型的物流项目开发中,我们可以通过网络图的形式对整个物流系统全面规划,并根据不同项目的轻重缓急进行协调,使系统对资源(人力、物力、财力)进行合理的安排,有效地加以利用,达到以最少的时间和资源消耗来完成整个系统的预定计划目标、取得最好的经济效益。

二、网络计划技术中的几个基本概念

网络计划技术的重要标志是绘制网络计划图。网络计划图又称箭头图,由一系列的弧和节点组成,用以表示各种事件和活动之间的逻辑关系,其基本组成要素包括工序、事件和路线。网络图中的有向弧代表各种工序,工序完成需要的时间标在弧上;节点表示事件,表示工序的开始与结束,每个节点有唯一的节点标号。

1. 工序

工序泛指一切消耗时间或资源的活动,又称活动、任务、工作或作业。

(1)虚工序　虚工序是指虚设的工序,用来表达相邻工序之间的邻接关系,不需要消耗时间和资源。

(2)紧前工序　紧前工序是指紧接某道工序的前道工序。

(3)紧后工序　紧后工序是指紧接某道工序的后续工序。

例如,工序 D 需要在工序 A、B、C 都完工后才能开工,其网络图如图 7-1a 所示,称工序 A、B、C 为工序 D 的紧前工序,而工序 D 为工序 A、B、C 的紧后工序。对于网络图 7-1b,工序 D 为工序 A、B、C 的紧前工序,工序 A、B、C 为工序 D 的紧后工序。

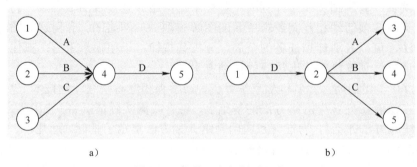

图 7-1　紧前工序与紧后工序
a)多个紧前工序图　b)多个紧后工序图

2. 事件

事件标志一个或若干个工序的开始或结束,它不消耗时间或资源,或相对于工序讲消耗量可以忽略不计。某个事件的实现标志着在它前面各项工序(紧前工序)的结束,又标志着它之后的各项工序(紧后工序)的开始。

3. 路线

项目网络图中，从最初事件到最终事件由各项工序连贯组成一条有向路线。路线的总长度是指路线中各项工序所需时间的总和。

三、编制网络计划的步骤

网络计划是目前项目管理和项目安排领域比较科学的计划编制方法，其编制的基本步骤一般可归纳为

第一步，任务分解。将待开发的计划项目分解为若干具体的工序。

第二步，编制工序明细表。收集并整理资料，确定工序的紧前关系和紧后关系，编制工序明细表。

第三步，绘制项目网络计划图。用专门的符号绘制网络计划图，遵循的一般原则是从项目的开工工序开始，由左向右画图，直到项目所有工序完工为止。

第四步，确定各项工序所需的时间。根据工序内容、以往类似工序的资料等确定各工序的持续时间。常用的方法包括确定法和概率法。

1) 确定型方法。在具备工时定额和劳动定额的任务中，工序的工时可以用这些定额资料来确定。有些工作虽无定额可查，但是存在有关工作的统计资料，也可利用统计资料分析来确定工序的时间。

2) 概率型方法。对于开发试制型的任务，或对工序所需工时难以准确估计时，可以采用三点时间估计法来确定工序的工时。这种方法对每道工序先要做出下面三种情况的时间估计：

最乐观时间：指在顺利情况下，完成工序所需的最少时间，用 a 表示。
最可能时间：指在正常情况下，完成工序所需的时间，用 m 表示。
最悲观时间：指在不利情况下，完成工序所需的最长时间，用 b 表示。
利用这三个时间，每道工序的期望工时可估计为

$$t(i, j) = \frac{a + 4m + b}{6}$$

第五步，计算网络计划图的时间参数。计算各工序和事件的有关时间参数。
第六步，找出关键路线。关键路线上的各项工序就是今后管理的重点对象。
第七步，优化网络计划。对计划项目的时间和资源进行进一步优化。

四、网络计划图绘制方法与基本规则

网络计划图是计划项目的网络模型，是项目工期计算、工序开工时间调整、网络优化的基础，因此网络图绘制对于整个网络计划的编制至关重要。

绘制计划项目的网络图必须遵循如下规则。

（1）基本表示方法　用弧 (i, j) 表示一道工序，事件 i 是工序的开始，事件 j 是工序的完成，规定 $i<j$；并且节点编号不能重复。

（2）紧前完工　每项工作开始之前，其所有紧前工序必须已经完工。该规则保证了网络图能够正确表达已经规定的工序之间的逻辑关系。

（3）添加虚工序　虚工序用虚箭线表示。在下列两种情形中必须添加虚工序：

1）紧前工序与紧后工序不是一一对应关系，即多道工序有相同的紧前工序，又有不同的紧前工序。例如，C 的紧前工序是 A，D 的紧前工序是 A 和 B，工序 A 是 C 和 D 的公共紧前工序，B 是 D 而不是 C 的紧前工序，图 7-2 所示是错误的，正确的画法如图 7-3 所示。

2）"二夹一"：一对节点之间只能有一项工序。该规则保证一对节点只能表示一项工序。如图 7-4a 所示是错误的。在这种情形下，应添加一道虚拟工序。正确的画法如图 7-4b 所示。

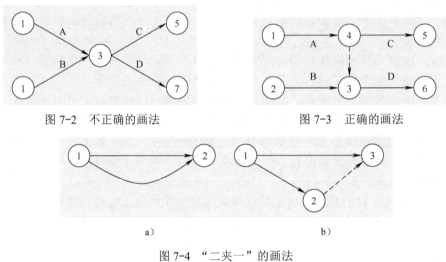

图 7-2　不正确的画法　　　　图 7-3　正确的画法

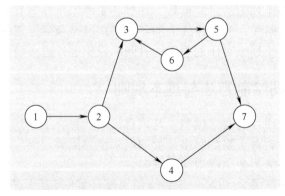

a)　　　　　　　　　b)

图 7-4　"二夹一"的画法

a）不正确的画法　b）正确的画法

（4）始终点唯一　网络图只有一个起点节点和一个终点节点，起点节点无紧前工序，终点节点无紧后工序。

（5）工序不重复，网络无回路　一项工序从整个计划的开始到完工，只能被执行一次，因而不能出现回路。图 7-5 所示是错误的。

图 7-5　错误的画法

（6）网络图的布局　网络图应该清晰醒目，布局突出重点，尽可能将关键路线布置在中心位置，并尽量将联系紧密的工序布置在相近的位置。箭线应尽量画成水平线或具有水平线的折线,尽量避免箭线的交叉。

由此,基本规则可以归纳为工序开始事件编号小于结束事件编号,紧前工序与紧后工序是相邻工序,不能有平行工序,网络图只有一个始点和一个终点。

例 7-1 某配送中心的一个配送流程可分解为 8 道工序,工序间的先后关系及每道工序所需时间如表 7-2 所示。画出网络计划图。

表 7-2 工序明细表

工序代号	工序内容	紧前工序	持续时间(h)
A	客户洽谈下订单	—	2
B	订单审核	A	0.5
C	仓库拣货	B	2
D	委派车辆	B	1
E	委派司机	B	0.5
F	装货	C、D、E	1.5
G	送货	F	5

解:根据表 7-2,可以画出网络图 7-6。画网络图时,工序名称或内容可以不写,有工序代号就可以了。

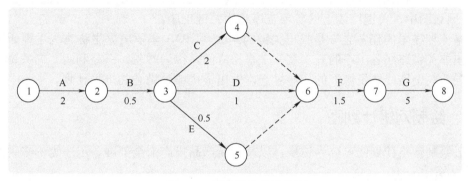

图 7-6 某配送作业网络图

第二节 网络计划技术方法

一、关键路线的概念

以例 7-1 为例,在图 7-6 中,从流程起点①至终点⑧,有若干条单向通路,由于此网络图很简单,可以用穷举法计算路长,如表 7-3 所示。

表 7-3 穷举法计算路长

路线名	路线	路长
P_1	①→②→③→④→⑥→⑦→⑧	2+0.5+2+0+1.5+5 = 11
P_2	①→②→③→⑥→⑦→⑧	2+0.5+1+1.5+5 = 10
P_3	①→②→③→⑤→⑥→⑦→⑧	2+0.5+0.5+0+1.5+5 = 9.5

从表 7-3 中可以看到，从起点到终点共有三条通路。

我们所感兴趣的，一是整个流程完工的时间，二是上述的哪一条或哪几条通路对流程完工时间影响最大。从上面的路长数字看来，P_1 最长，长度为 11。即 P_1 上的工作都一道紧接一道完工和开工，共花了 11h。由于 P_2、P_3 仍是从起始结点至终止结点的通路，每条通路的总长都小于 11h，各工作在时间安排上即使在一定时间内延长，整个流程仍可在 11h 内完工。就整体路径来讲，由于最长通路的长是 11，则每条通路上的工作都可以在开工后 11 小时内完工。

在以时间为权的网络图中，从工序起点至终点最长的通路称为工程或项目的关键路线或关键路径，记为 CP；关键路线上的工序称为关键工序，关键路线的长度（一条关键路线上各道工序时间之和）就是工程计划完工期或最早可能完工期，记为 T_E。

在一条关键路线上，一道工序的开工时间就是它紧前工序的完工时间。完工一刻也不能推迟，开工一刻也不允许提前或延后，关键工序完工时间的延长和在一定范围内缩短意味着完工期的推迟和提前。在非关键路线上，紧后工序的开工可以在其紧前工序完工后的一定时间范围内推迟，但不会影响工程完工期。就上例而言，P_1：①→②→③→④→⑥→⑦→⑧为关键路线。完工期为 11h。

此时应该注意到关键路线的两个问题。

1）在一个网络中，可能有很多条路线，其中总长度最长的路线称为关键路线。

2）网络图中，关键路线上的各项工序称为关键工序。

网络计划技术的任务之一是找出关键的路线（CP），华罗庚先生称它为主要矛盾线；二是找出非关键路线各工序的开（完）工富裕时间，称为时差；三是利用"向关键路线要时间，向非关键路线要资源"的指导思想，做出最优或最满意的工程计划。

二、绘制网络计划图

一般绘制网络计划图可分为三步，以某种新产品投产前全部准备工序为例来说明。

1. 任务的分解

一个任务首先要分解成若干个工序，并分析清楚这些工序之间工艺上的联系和制约关系，确定出工序项目明细表，在本书中都设为已知，见表 7-4。

表 7-4 工序明细表

工序	工序内容	紧前工序	工时（周）
A	生产线设计	—	60
B	外购零配件	A	45
C	下料、锻件	A	10
D	工装制造 1	A	20
E	木模、铸件	A	40
F	机械加工 1	C	18
G	工装制造 2	D	30
H	机械加工 2	D、E	15
I	机械加工 3	G	25
J	装配调试	B、H、F、I	35

2. 绘制网络图（如图7-7所示）

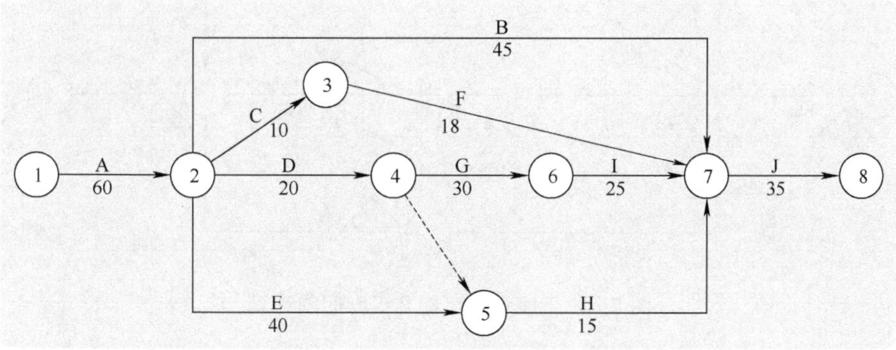

图7-7 全部准备工序的网络计划图

3. 节点编号

事项节点编号要满足前述要求，即从始点到终点要从小到大编号，且工序 (i, j) 要求 $i<j$。编号不一定要连续，留些间隔便于修改和增添工序。

三、时间参数及其计算

1. 工序最早可能开工时间 $T_{ES}(i, j)$

任一工序 $i \to j$ 都必须在它的所有紧前工序完工后才能开工，每道紧前工序都有一个最早可能完工时间。这些最早可能完工时间的最大值，就是本工序最早可能开工时间，记为 $T_{ES}(i, j)$。从这个意义看，按递推关系应有

$T_{ES}(1, j) = 0$，（1 表示起点事项的编号）

$T_{ES}(i, j) =$ 从前面所有的"紧前工序最早可能开工时间+该紧前工序所需要的时间"中选取最大的一个，即

$$T_{ES}(1, j) = 0$$
$$T_{ES}(i, j) = \max\{T_{ES}(h, i) + t(h, i)\} \quad (7-1)$$
$$h < i \ (i = 2, 3, \cdots, n)$$

式（7-1）中 i, j 为这道工序的相关事项的编号，h 为这道工序紧前的一道工序（或几道工序）的开工事项的编号。

为了方便，任何工序 $i \to j$ 的最早可能开工时间可以用记号"△"直接标在网络图上。

工序最早可能开工时间从工序流线图上的第一道工序开始算起，自左向右逐道工序向后计算，一直算到工程的最后一道工序为止。下面我们用一个具体的例子来阐明它的计算方法。

例7-2 设某工程的网络图如图7-8所示（时间单位为周），试计算工序最早可能开工时间 $T_{ES}(i, j)$ 和工程完工工期 T_E。

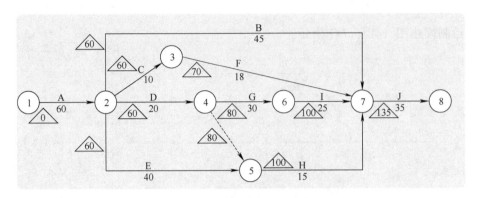

图 7-8 工序最早可能开工时间的计算

解：显然，以始点事项①为开工事项的头两道工序的最早可能开工时间等于 0，即

$$T_{ES}(1, 2) = 0$$

把它们写在方框"△"内，标在图 7-8 上。

以后各道工序最早可能开工时间等于紧前工序的最早可能开工时间加上紧前工序的时间。例如，

$$T_{ES}(2, 3) = T_{ES}(1, 2) + t(1, 2) = 0 + 60 = 60$$
$$T_{ES}(2, 4) = T_{ES}(1, 2) + t(1, 2) = 0 + 60 = 60$$
$$T_{ES}(2, 5) = T_{ES}(1, 2) + t(1, 2) = 0 + 60 = 60$$
$$T_{ES}(2, 7) = T_{ES}(1, 2) + t(1, 2) = 0 + 60 = 60$$
$$T_{ES}(3, 7) = T_{ES}(2, 3) + t(2, 3) = 60 + 10 = 70$$
$$T_{ES}(4, 5) = T_{ES}(2, 4) + t(2, 4) = 60 + 20 = 80$$
$$T_{ES}(4, 6) = T_{ES}(2, 4) + t(2, 4) = 60 + 20 = 80$$
$$T_{ES}(6, 7) = T_{ES}(4, 6) + t(4, 6) = 80 + 30 = 110$$

若紧前工序不止一道时，则要选择其中最早可能开工时间与工序时间之和的最大值。例如，

$$T_{ES}(5, 7) = \max\{T_{ES}(2, 5) + t(2, 5)，T_{ES}(4, 5) + t(4, 5)\}$$
$$= \max\{60 + 40, 80 + 0\} = 100$$

同理可得

$$T_{ES}(7, 8) = \max\{T_{ES}(2, 7) + t(2, 7)，T_{ES}(3, 7) + t(3, 7)，T_{ES}(6, 7) + t(6, 7)，T_{ES}(5, 7) + t(5, 7)\}$$
$$= \max\{60 + 45, 70 + 18, 110 + 25, 100 + 15\} = 135$$

工程（最早）完工时间为

$$T_E = T_{ES}(7, 8) + t(7, 8) = 135 + 35 = 170$$

对较简单的网络图，计算工序最早可能开工时间时，只要根据相邻工序的与箭线下面的工序时间之间的关系，从左到右直接在图上填数即可。

2．工序最迟必须开工时间 $T_{LS}(i, j)$

在不影响工程按最早可能完工时间完工的前提下，工序 $i \to j$ 的最迟必须开工时间记为 $T_{LS}(i, j)$，再迟的话将不能保证工程按期完工。

一个网络图，设其终点事项编号为 n。凡是进入总完工事项 n 的工序 (i, n)，其最迟完工时间必须等于预定总工期或等于这个工序的最早可能完工时间。任一工序 (i, j) 的最迟必须开工时间由它的所有紧后工序 (i, k) 的最迟开工时间确定。它的计算公式为

$$T_{LS}(i, n) = T_E - t(i, n)$$
$$T_{LS}(i, j) = \min\{T_{LS}(j, k) - t(i, j)\} \tag{7-2}$$
$$k > j (j = 2, 3, \cdots, n-1)$$

式（7-2）中 i 和 j 为这道工序的相关事项的编号，k 为这道工序紧后的一道工序（或几道工序）的完工事项的编号。工序最迟必须开工时间用记号▽直接标在最早可能开工时间记号△的下方，下面我们仍然通过上面的例子来阐述它的计算方法。在上例中有

最后一道工序的最迟必须开工时间等于工程完工时间减去工序时间，即

$$T_{LS}(7, 8) = T_E - t(7, 8) = 170 - 35 = 135$$

之前的各道工序的最迟必须开工时间等于它的紧后工序的最迟必须开工时间减去本工序时间，因此有

$$T_{LS}(2, 7) = T_{LS}(7, 8) - t(2, 7) = 135 - 45 = 90$$
$$T_{LS}(3, 7) = T_{LS}(7, 8) - t(3, 7) = 135 - 18 = 117$$
$$T_{LS}(6, 7) = T_{LS}(7, 8) - t(6, 7) = 135 - 25 = 110$$
$$T_{LS}(5, 7) = T_{LS}(7, 8) - t(5, 7) = 135 - 15 = 120$$
$$T_{LS}(4, 6) = T_{LS}(6, 7) - t(4, 6) = 110 - 30 = 80$$
$$T_{LS}(4, 5) = T_{LS}(5, 7) - t(4, 5) = 120 - 0 = 120$$
$$T_{LS}(2, 3) = T_{LS}(3, 7) - t(2, 3) = 117 - 10 = 107$$

若紧后工序不止一道时，则要选择其中最迟必须开工时间与工序时间之差的最小值。

$$T_{LS}(2, 4) = \min\{T_{LS}(4, 6) - t(2, 4), T_{LS}(4, 5) - t(2, 4)\}$$
$$= \{80 - 20, 120 - 20\} = 60$$
$$T_{LS}(2, 5) = T_{LS}(5, 7) - t(2, 5) = 120 - 40 = 80$$
$$T_{LS}(1, 2) = \min\{T_{LS}(2, 7) - t(1, 2), T_{LS}(2, 3) - t(1, 2), T_{LS}(2, 4) - t(1, 2), T_{LS}(2, 5) - t(1, 2)\}$$
$$= \{90 - 60, 107 - 60, 60 - 60, 80 - 60\} = 0$$

用记号"▽"把 $T_{ES}(i, j)$ 相应的标在图上，如图 7-9 所示。

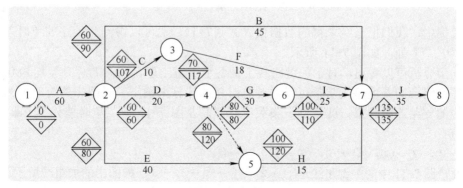

图 7-9　工序最迟必须开工时间的计算

同样，对较简单的网络图，计算工序最迟必须开工时间时，只要根据相邻工序的与箭线下面的工序时间之间的关系，从右至左直接在图上填数即可。如图 7-9 所示。

3. 工序的总时差

工序的总时差是指在不影响整个工程或项目完工时间的条件下，某工序（i, j）的可以推迟其开工时间的最大幅度，工序总时差用 R（i, j）表示。

工序的总时差等于该工序最迟必须开工时间与本工序最早可能开工时间之差，即

$$R(i, j) = T_{LS}(i, j) - T_{ES}(i, j) = \triangledown - \triangle \qquad (7-3)$$

式（7-3）中的▽表示工序最迟必须开工时间，△表示工序最早可能开工时间。

在上例中，我们对"▽"和"△"内的数字代入式（7-3），就可以得到各工序的总时差，填入图中的"[ ]"处，如图 7-10 所示。

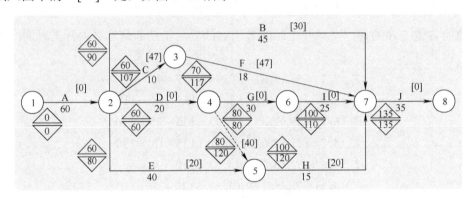

图 7-10 工序总时差的计算

4. 工序的单时差

工序的单时差是指在不影响紧后工序的最早可能开工时间条件下，此工序可以推迟其开工时间的最大幅度，工序的单时差用 r（i, j）表示。

工序的单时差等于该工序的所有紧后工序最早可能开工时间中的最小值与本工序最早可能完工时间之差，即

$$r(i, n) = 0$$
$$r(i, j) = \min\{T_{ES}(j, k)\} - t(i, j) - T_{ES}(i, j) \qquad (7-4)$$
$$k > j (j = 2, 3, \cdots, n-1)$$

在上例中，我们把已经求得的数据代入式（7-4），就可以得到各工序的单时差，填入图中的"（ ）"处，如图 7-11 所示。

进一步分析可以看出，对于关键路线上的各道关键工序，它们的总时差均为 0。所以，一张工序网络图的关键路线常常可以通过总时差的计算来确定。只要将所有时差为 0 的工序所对应的支路连接起来，就得到一条关键路线。在图 7-11 中，总时差为 0（即▽=△）的工序有

①→②，②→④，④→⑥，⑥→⑦，⑦→⑧。

因此，图 7-11 中的关键路线是①→②→④→⑥→⑦→⑧，如图中的加粗线所示。

上面我们讨论了工序时间 t（i, j）、工序最早可能开工时间 T_{ES}（i, j）、工序最迟必须开工

时间 $T_{LS}(i, j)$、工序的总时差 $R(i, j)$ 和单时差 $r(i, j)$，除此之外还有工序的最早可能完工时间，工序最迟必须完工时间，事项的最早时间，事项的最迟时间，后面这四个时间参数是基于 $T_{ES}(i, j)$ 和 $T_{LS}(i, j)$ 的，比较简单，本书不予讨论。

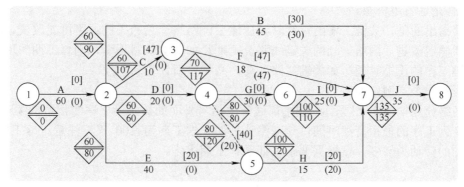

图 7-11　工序单时差的计算

第三节　应 用 举 例

通过画网络计划图并计算时间参数，得到的是一个初步的网络计划方案。而网络计划技术的核心在于从工期、成本、资源等方面对这个初步方案做进一步的改善和调整，以求得最佳效果，即为网络计划优化技术。网络计划优化技术一般只是按照某一个或两个指标来衡量计划的优劣，如以工期最短为指标的时间优化问题；要求在资源有限的条件下争取工期最短的优化问题；兼顾成本与工期的最低成本日程和最低成本赶工的优化问题等。

因此，网络计划优化的定义是在满足既定约束条件的前提下，按照选定的目标，通过不断改进网络计划来寻求满意方案。

网络计划优化的内容包括工期优化、资源优化和费用优化，前文所介绍的时间参数及关键线路是网络计划优化的基础。

一、工期优化

所谓工期优化，是指计算工期不满足要求工期时，通过压缩关键工作的持续时间来满足工期要求。

工期优化的步骤如下：

1）确定初始网络计划的计算工期、关键线路及关键工序；
2）根据要求工期计算应压缩的时间；
3）确定各关键工序允许压缩的持续时间；
4）选择关键工序，压缩其持续时间，并重新确定网络计划的计算工期和关键线路；
5）重复步骤2）~4），直到满足工期要求或工期不能再压缩为止；
6）当所有关键工序的持续时间都已达到其能缩短的极限而工期仍不能满足要求时，应对计划的原技术方案、组织方案进行调整。经反复修改方案和调整，计划仍不能达到工期要求时，应对要求工期重新审定。

选择哪些关键工序进行压缩，应考虑以下因素：
1）压缩持续时间对质量和安全的影响不大；
2）压缩持续时间所增加的费用最少；
3）有充足备用资源。

需要指出的是，关键工序的持续时间压缩后，网络计划的关键线路可能改变，因此，必须重新确定改进后网络计划的关键线路及工期。如关键线路不变，则总工期的压缩时间即为关键工序的压缩时间；如关键线路改变，必须重新计算新工期。

下面看一个实例。

某网络计划如图 7-12 所示，图中箭线下方括号外面的数字为工序的正常持续时间，括号内数字为工序的最短持续时间，该网络计划的要求工期为 100 天，注意压缩工序 4—6 需要增加的劳动力较多，试根据要求工期进行工期优化。

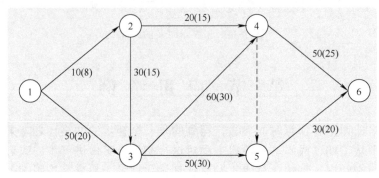

图 7-12 某网络计划图

1）计算时间参数，确定关键线路（如图 7-13 所示）。

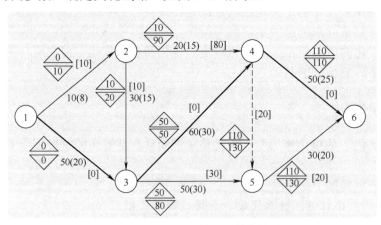

图 7-13 时间参数计算及关键路线确定

2）计算缩短工期，初始网络计划的计算工期为 160 天，需要压缩 60 天。
3）确定各关键工序允许压缩的持续时间（题目已经给定）。
4）选择关键工序，压缩其持续时间，并重新确定网络计划的计算工期和关键线路。

根据实例条件，关键工序 1—3、3—4、4—6 分别允许压缩 30、30、25 天，由于压缩工序 4—6 需要增加的劳动力较多，故仅压缩工序 1—3、3—4，并压缩至最短持续时间。

重新计算时间参数，并确定关键路线图 7-14。注意，此时关键线路有两条，分别为 1—2—3—5—6 和 1—2—3—4—6。

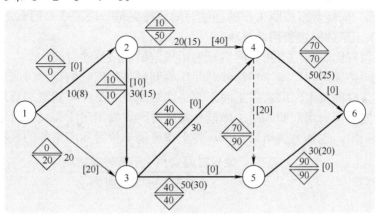

图 7-14　网络工期优化

5）优化后的计算工期为 120 天，仍比要求工期长 20 天，在两条关键线路上各选一条能够压缩 20 天的关键工序 3—5、4—6 将工作 3—5 压缩至最短持续时间 30 天，将工作 4—6 压缩 20 天。

重新计算时间参数及关键线路，如图 7-15 所示，再次优化后的计算工期为 100 天，满足要求。

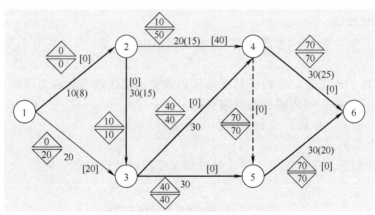

图 7-15　再次优化网络工期

二、费用优化

工期优化仅仅考虑了网络计划的时间因素，若要达到网络计划的整体最优，还必须对工期和费用进行综合优化，即计算总费用最低的工期。所谓费用优化，即以最低费用为目标来缩短工期。

1. 基本概念

1）直接费用，直接用来完成工程任务的费用称为直接费用，如直接生产人员的工资、机械设备投资、原材料费、燃料费等。直接费用直接分摊到每一项工序，欲缩短工序的持续时间,则必须为其增加必要的人力、物力等资源,因此将会引起直接费用的增加。

2)间接费用,服务于整个工程的费用称为间接费用,如管理人员的工资、办公费、采购费、管理费等。间接费用按照工作的持续时间分摊到每一项工序,因此工序的持续时间越短,分摊到该工序的间接费用就越少。

3)工序正常持续时间,即初始网络计划所规定的工序持续时间。

4)工序最短持续时间,即工序持续时间压缩到极限程度时的持续时间。

5)工序正常时间费用,即利用工序正常持续时间完成工序所需直接费用。

6)工序最短时间费用,即利用工序最短持续时间完成工序所需直接费用。

7)直接费用率,也称为费用增长率,将工作压缩单位时间所增加的直接费用,即

$$直接费用率 = \frac{最短时间费用 - 正常时间费用}{正常时间 - 最短时间}$$

8)工程总费用。

正常时间的工程总费用=正常时间的直接费用+正常时间的间接费用

压缩工期后的工程总费用=正常时间的直接费用+压缩工期后增加的直接费用

+压缩工期后的间接费用。

由于随着工期的缩短,直接费用增加,而间接费用减少,所以总费用为一条上凹的曲线。从而在正常工期与最短工期之间,必然存在总费用最低的工期。在该工期内完成作业,既能缩短工期,又使总费用增加最少,甚至可降低总费用。

2. 费用优化步骤

1)从关键工序中选出缩短工时所需直接费用最少的方案,并确定该方案可能缩短的天数。

2)按照工序的新工时,重新计算网络计划的关键路线以及关键工序。

3)计算由于缩短工时所增加的直接费用。

不断重复上述三个步骤,直到工期不能再缩短为止。

下面看一个实例。

已知网络计划各工序的正常工时、最短持续工时以及相应费用见表 7-5,网络图如图 7-16 所示。

表 7-5 工序时间及费用情况资料

工序	正常工时		最短持续工时		直接费用率(%)
	时间(天)	费用(元)	时间(天)	费用(元)	
1-2	24	5 000	16	7 000	250
1-3	30	9 000	18	10 200	100
2-4	22	4 000	18	4 800	200
3-4	26	10 000	24	10 300	150
3-5	24	8 000	20	9 000	250
4-6	18	5 400	18	5 400	—
5-6	18	6 400	10	6 800	50

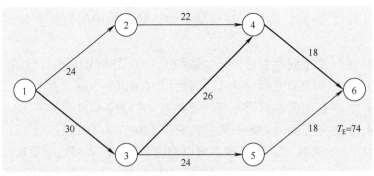

图 7-16 正常工时网络计划图

按正常工时从图 7-16 中计算得到总工期为 74 天，关键路线为 1—3—4—6，由表 7-5 可以计算出正常工时情况下总直接费用为 47 800 元。

设正常工时下，任务总间接费用为 18 000 元，工期每缩短一天，间接费用可以节省 330 元，求最低成本日程。

从图 7-16 可以看出，关键路线上的三道关键工序 1—3、3—4、4—6 中，工序 1—3 的直接费用率相比之下最小，应选择在工序 1—3 上缩短工时，查表 7-5 可以知道，最多可缩短 12 天，即取工时 1—3 新工时为 30-12=18 天。重新计算网络图的时间参数，结果如图 7-17a 所示，关键线路为 1—2—4—6，工期为 64 天，实际只缩短了 10 天。也就是说 1—3 工序没有必要减少 12 天，1—3 工时应取 30-10=20 天。重新计算，结果如图 7-17b 所示，总工期为 64 天，有两条关键路线：1—2—4—6 与 1—3—4—6，此次调整增加直接费用 10×100=1 000 元。

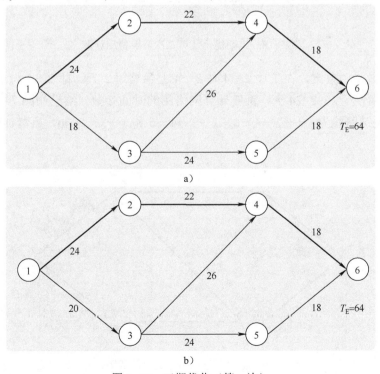

图 7-17 工期优化（第一次）

a）工期优化（第一次）及费用计算　b）工期优化（第一次）调整

重复步骤 1）、2）、3），必须注意两条关键路线应同时缩短。有如下几个方案可以选择：

1）在 1—3 与 1—2 上同时缩短一天，需费用 100+250=350 元；
2）在 1—3 与 2—4 上同时缩短一天，需费用 100+200=300 元；
3）在 3—4 与 1—2 上同时缩短一天，需费用 150+250=400 元；
4）在 3—4 与 2—4 上同时缩短一天，需费用 150+200=350 元。

取费用最小方案为方案 2），1—3 最多可以缩短 2 天，2—4 可以缩短 4 天，取其中小者，即将 1—3 与 2—4 的工时分别改为 20-2=18 天、22-2=20 天。重新计算网络图时间参数，结果如图 7-18 所示。总工期为 62 天，这时关键路线仍为 2 条：1—2—4—6 与 1—3—4—6，增加直接费用 2×300=600 元。

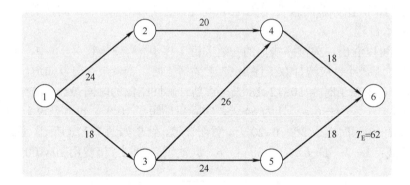

图 7-18 工期优化（第二次）及费用计算

选择费用最小的方案，在工序 2—4 与 3—4 上各缩短 2 天，即 2—4 与 3—4 的工时分别改为 20-2=18 天、26-2=24 天，重新计算网络图的时间参数，结果如图 7-19 所示。总工期为 60 天，关键路线为：1—2—4—6、1—3—4—6 和 1—3—5—6，所增加的直接费用为 2×350=700 元。

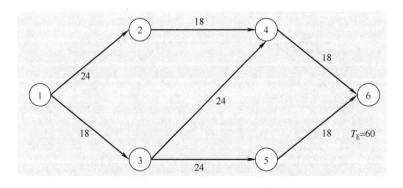

图 7-19 工期优化（第三次）及费用计算

由于一条关键路线 1—3—4—6 上各工序工时已经不能再缩短，所以计算结束。

全部计算过程及相应费用变化见表 7-6。从表中可见，最低成本日程为 62 天，总成本为 63 440 元。

表 7-6　工期优化及费用计算表

计算过程	工序名称	可缩短天数（天）	实际缩短天数（天）	总直接费用（元）	总间接费用（元）	总成本（元）	总工期（天）
0				47 800	18 000	65 800	74
1	1-3	12	10	48 800	14 700	63 500	64
2	1-3 与 2-4	2，4	2	49 400	14 040	63 440	62
3	3-4 与 2-4	2，2	2	50 100	13 380	63 480	60

关于最低成本日程的计算步骤，也可改为计算总费用，并与上一次的总费用进行比较，直到费用不能再降低时停止计算。

小　　结

本章首先介绍了网络计划技术的概念及原理，并介绍网络图所涉及的几个基本概念，绘制网络图的步骤与方法，应遵循的主要规则以及网络图布局方面应注意的事项，然后介绍了网络计划技术中时间参数的计算和关键路线的查找，最后介绍了网络计划的优化方法及简单应用。

网络计划技术的基本原理是：经过科学分析，将一个工作项目分解成许多工序，将这些工序按其相互联系及先后顺序，绘制出网络图。通过估算完成各项工序所需的作业时间，确定每项工序的进度日程，并在图上找出关键线路，予以重点安排，使工程项目在合理的短时间内完成。通过网络图的调整，可以寻求实现工程项目的最优安排方案。

网络计划技术是一种组织生产和进行计划管理的科学方法，它的应用范围很广，尤其适用于一次性的工程项目，如建筑施工、新产品试制、设备安装与调试、大型复杂工程项目、大型物流项目的控制管理等。

习　　题

1. 有 A、B、C、D、E、F 六项工序，关系如图 7-20 所示，试画出网络图

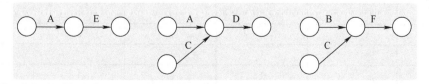

图 7-20　工序活动关系图

2．试画出下列各题的网络图并为事项编号，见表 7-7～表 7-10。

（1）

表 7-7 工序明细表

工序	工时（天）	紧前工序	工序	工时（天）	紧前工序
A	15	—	F	5	D, E
B	10	—	G	20	C, F
C	10	A, B	H	10	D, E
D	10	A, B	I	15	G, H
E	5	B			

（2）

表 7-8 工序明细表

工序	工时（天）	紧前工序	工序	工时（天）	紧前工序
A	3	—	G	6	D, B
B	2	—	H	2	E
C	5	—	I	4	G, H
D	4	A	J	5	E, F
E	7	B	K	2	E, F
F	8	C	L	6	I, J

（3）

表 7-9 工序明细表

工序	工时（天）	紧前工序	工序	工时（天）	紧前工序
A	18	—	I	6	D, E
B	6	—	J	15	C, D, E
C	15	A	K	6	I, Q
D	21	A	L	3	I, Q
E	27	B	M	12	L, H, F, G
F	15	B	N	5	P, K, M
G	24	—	P	3	J
H	13	D, E	Q	6	C, D, E

（4）

表 7-10 工序明细表

工序	工时（天）	紧后工序	工序	工时（天）	紧后工序
A	6	C, D	H	6	M
B	2	E, F	I	3	—
C	5	J, K	J	1	L
D	7	G, I, H	K	2	M
E	5	G, I, H	L	5	—
F	9	I	M	4	—
G	8	M			

3. 设有如图 7-21 和图 7-22 所示的网络图，用图上作业法计算时间参数并求出关键路线。

（1）

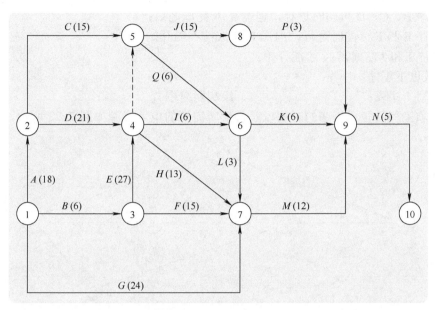

图 7-21　网络计划图（一）

（2）

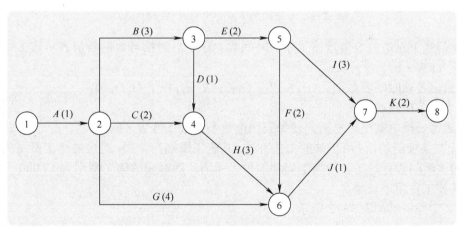

图 7-22　网络计划图（二）

4. 某项目工序明细表如表 7-11 所示，试绘制网络图，找出关键路线，并求出工期。

表 7-11　某项目工序明细表

工序	A	B	C	D	E	F	G	H	I
紧前工序	—	—	A	B	C	C	E	D, F	G, H
工时（h）	5	4	6	2	3	4	3	2	5

5. 已知如下逻辑关系：

1）A 无紧前工序；　　　　2）工序 G 需在 C 和 D 之后；

3）工序 L 在 K 之后； 4）工序 I 在 F、G 和 H 之后；
5）工序 J 在 E 和 F 之后； 6）工序 D 在完成后 H 才能开始；
7）工序 B、C、D 可同时进行，但需在 A 完成之后；
8）工序 E 和 F 可同时进行，但在 B 完成前不能开始；
9）工序 I 和 J 完成后 K 才能开始。

试完成以下工序：

1）填写工序表； 2）绘制网络图。

6. 某项工程的各道工序的时间以及每天所需要的电力资源如图 7-23 所示。

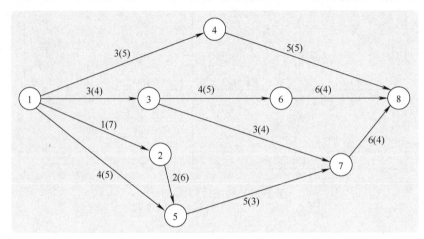

图 7-23 某工程的工序时间及需要资源情况

图中箭线上左边的数值是该工序的时间数（天），右边括号内的数值表示该工序每天所需的电量（kW·h）。

1）求出各项时间参数 $T_{ES}(i,j)$，$T_{LS}(i,j)$，$R(i,j)$，$r(i,j)$，T_E。
2）求出关键路线。
3）对每天用电量进行平衡，使每天用电量不超过 15 kW·h。

7. 设有某项活动，采用正常的工艺方法，其施工周期为 7 周，对应的施工费用为 14 000 元，若对该活动进行赶工，使施工周期缩短为 4 周，则对应的施工费用为 17 000 元。计算该活动的施工费用增长率。

8. 某工程资料如表 7-12 所示。

表 7-12 工序关系及时间资料 （单位：周）

工序	紧前工序	乐观时间 a	最可能时间 m	悲观时间 b
A	—	2	5	8
B	A	6	9	12
C	A	5	14	17
D	B	5	8	11
E	C、D	3	6	9
F	—	3	12	21
G	E、F	1	4	7

1）画出其网络图；
2）求出每个工作的完成时间；

3) 给出关键路线并计算工程完工期。

9. 已知某工程有六项工序，有关数据如表 7-13 所示。

表 7-13 工序时间及费用明细表

工序	正常时间（周）	极限时间（周）	正常费用（元）	极限费用（元）
A（0-1）	1	1	5 000	5 000
B（1-2）	4	3	8 000	14 000
C（1-3）	7	5	14 000	120 000
D（2-3）	7	4	10 000	15 000
E（2-4）	8	5	8 000	13 000
F（3-4）	4	2	7 500	16 000

1) 画出网络计划图；
2) 求出该工程的完工期；
3) 如果要求赶工期，在 12 周内完成，请给出优化方案。

10. 已知下列网络图有关数据如表 7-14 所示，设间接费用为 15 元/天。求最低成本日程。

表 7-14 工序时间及费用明细表

工序代号	正常时间		赶工时间	
	工时（天）	费用（元）	工时（天）	费用（元）
①→②	6	100	4	120
②→③	9	200	5	280
②→④	3	80	2	110
③→④	0	0	0	0
③→⑤	7	150	5	180
④→⑥	8	250	3	375
④→⑦	2	120	1	170
⑤→⑧	1	100	1	100
⑥→⑧	4	180	3	200
⑦→⑧	5	130	2	220

11. 已知建设一个汽车库及引道的工序明细表如表 7-15 所示。

表 7-15 工序明细表

工序代号	工序名称	工序时间（天）	紧前工序
A	清理场地，准备施工	10	—
B	备料	8	—
C	车库地面施工	6	A，B
D	预制墙及房顶的桁架	16	B
E	车库混凝土地面保养	24	C
F	立墙架	4	D，E
G	立房顶桁架	4	F
H	装窗及边墙	10	F
I	装门	4	F
J	装天花板	12	G
K	油漆	16	H，I，J
L	引道混凝土施工	8	C
M	引道混凝土保养	24	L
N	清理场地，交工验收	4	K，M

要求：
1）该项工程从施工开始到全部结束的最短周期；
2）若工序 L 拖期 10 天，对整个工程进度有何影响；
3）若工序 j 的工序时间由 12 缩短到 8 天，对整个工程进度有何影响；
4）为保证整个工程进度在最短周期内完成，工序 i 最迟必须在哪一天开工；
5）若要求整个工程在 75 天完工，要不要采取措施？应从哪些方面采取措施？

12．在习题 11 中，若要求该项工程在 70 天内完工，又知各道工序按正常进度的工序时间与工序的直接费用以及赶工序业的工序时间与工序的直接费用如表 7-16 所示，试确定在保证 70 天内完成，而又使全部费用最低的施工方案。

表 7-16 工序时间及费用明细表

工序代号	正常工序		赶工工序	
	时间（天）	直接费用（元）	时间（天）	直接费用（元）
A	10	50	6	75
B	8	40	8	40
C	6	40	4	60
D	16	60	12	85
E	24	5	24	5
F	4	40	2	70
G	4	20	2	30
H	10	30	8	40
I	4	30	3	45
J	12	25	8	40
K	16	50	12	80
L	8	40	6	60
M	24	5	24	5
N	4	10	4	10

13．试对本章引导案例进行分析，回答下列问题。
1）用网络计划技术方法来安排表 7-1 中的所有任务。
2）决定关键路线，什么是收到订单到顾客收到货物的最短时间？
3）参考问题 1 和问题 2 的答案，请问哪些活动塔玛拉必须首先加以考虑，假设他要降低订货加工时间和送货时间？为何？
4）她准备参加加利福尼亚信息高速公路比赛。塔玛拉希望能给艾拉留下她在现代技术知识方面的深刻印象。近来一个仓储设备公司的销售代表打来电话，希望塔玛拉对安装订货提取设备"星球大战——机器人"感兴趣。该设备由激光和磁悬浮动力控制，可以在 15 分钟内取得订货，而现在的取货时间为 0.75 天。这个设备对塔玛拉而言有多大的价值？为什么？
5）另外一种方法就是采用更快的运输。塔玛拉是选择付费较高的快速运输还是支付更多费用进行一次改造？假设她的唯一目标就是速度。
6）为了弥补提高系统速度造成的成本，该项目网络计划图是否表明可以对有些工序安排较少的雇员以节省潜在的成本，同时完成这些任务所需时间会更长？如果是这样，哪些任务可以减少雇员？为什么？

第八章
物流需求预测

本章知识点

1. 了解预测的程序。
2. 理解产品或劳务的需求特性。
3. 了解对物流管理者有用的预测方法。
4. 理解时间序列、时间序列分析法的含义及其基本原理。
5. 掌握移动平均法和指数平滑法的计算步骤。
6. 理解变量间的相关关系及回归预测模型法的基本原理。
7. 掌握一元线性回归预测模型参数的计算步骤。

本章能力点

1. 能够熟练地运用移动平均法对物流需求问题进行预测。
2. 能够熟练地运用指数平滑法对物流需求问题进行预测。
3. 能够运用一元线性回归预测模型对物流需求问题进行预测。

本章将讨论物流活动中的需求预测方法,请先看下面的实际问题。

引导案例

运力需求预测

华顺汽车运输公司必须决定每周所需的卡车和司机的数量。通常的做法是司机在星期一出发去取货/送货,在星期五回到出发点。对卡车的需求可由该周要运送的货物总量来决定;但为了制订计划,必须提前一周得到有关数字。表 8-1 给出的是过去 10 周的货运量。

表 8-1 过去 10 周完成的货运量

时间	货运量(kg)	时间	货运量(kg)
10 周前	2 056 000	5 周前	2 268 000
9 周前	2 349 000	4 周前	2 653 000
8 周前	1 895 000	3 周前	2 039 000
7 周前	1 514 000	2 周前	2 399 000
6 周前	1 194 000	1 周(本周)	2 508 000

那么运输公司需要提前一周对下周要运送的货物总量做出预测,根据预测值运输公司就可以决定卡车的需求量,该预测值越精确,安排的卡车运力就越节约。

这是一个关于运力需求预测问题。如果坐等收到客户货运订单后再做出反应，那么运输公司的送货服务流程就会出现"延迟"现象，对客户需求不能做出及时反应有可能让我们失去客户。为了让我们的运输服务流程能够做到对需求做出快速反应，对需求进行预测就变得非常有必要。

当物流公司与客户企业的供求过程出现时滞时，就需要对需求做预测以提高生产和物流运作的计划管理。利用预测来确定生产、采购和库存水平，从而实现随时需要随时供给。

那么什么是预测？有哪些预测的方法和手段，能帮助企业物流活动管理者对诸如库存需求、运力需求、仓储装卸需求等类似的资源需求做出及时地预测判断，获得经营的主动权？本章将对这些问题进行讨论。

第一节　需求预测概述

规划、控制物流活动需要准确估计供应链所处理的产品和服务的数量。这些估计主要采用预测和推算的方式。在物流企业作业管理活动过程中普遍需要需求预测，如物流运作主管经常需要对库存水平控制或车辆调度之类的短期计划做预测；需要对货物运输量需求进行预测以便提前做好各项准备工作等。因此，本章主要介绍物流计划和控制中可能直接使用的预测技术方法。这里的讨论主要针对需求预测，如图8-1所示。

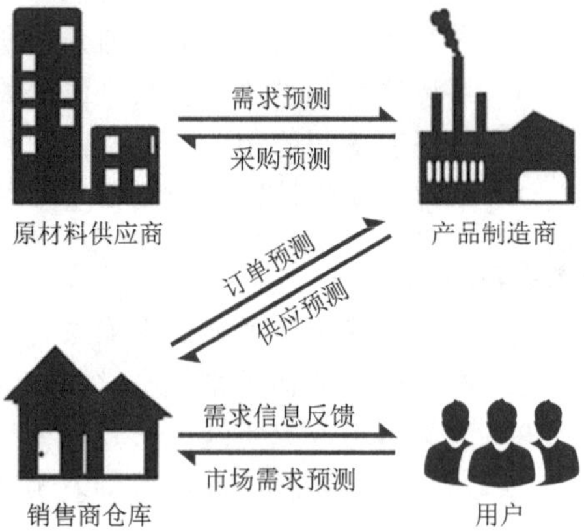

图 8-1　供应渠道需求预测

一、预测的概念和程序

1. 预测的概念和作用

预测作为一门研究未来和探索未来的学科，于20世纪40年代第二次世界大战期间形成并发展起来。一方面是由于大规模军事决策的需要；另一方面是由于应用数学、统计等学科的发展。战后，这门学科在经济、科学技术、社会领域的广泛应用中取得了显著成果，得到了社会经济界的重视。

预测就是对未来的不确定性的事件进行估计或判断。

企业对其生产经营的产品或劳务进行预测，就是要在调查研究的基础上，掌握各种可靠的信息，采用科学的预测方法，对未来一定时期内企业生产、经营的商品或劳务做出估计或判断，预测所要实现的任务。

2. 预测方法的分类

预测的内容十分广泛，有经济预测、科技预测、社会预测及军事预测等，因此，预测方法种类繁多。实际应用的方法一般分为以下两种：

1）定性预测，是指利用直观材料，依靠个人经验的主观判断和分析能力，对未来的发展进行预测。如我国现行的市场调查多属于此类。国外有专家会议法和德尔菲法等。

2）定量预测，根据历史数据和资料，应用数理统计方法来预测事物的未来，或者利用事物发展的因果关系来预测事物的未来。凡利用历史数据来推算事物发展趋势的叫外推法，常用的有时间序列分析法；凡利用事物内部因素发展的因果关系来预测事物发展趋势的叫因果法，常用的有回归分析法、经济计量法、投入产出分析法等。

本章只讨论定量预测方法及其应用问题。

3．预测的程序

预测的基本思想是认为系统的发展变化是有规律的，并且其在过去发展过程中形成的行为规律在将来依然保持基本不变，因此可以根据对系统历史数据的配合来认识其规律，并通过外推预测未来某一时刻或时期内系统的发展情况。一般分为四个步骤：

1）确定预测目标和预测周期，如某地区未来3年内零担货运量需求的预测。

2）选择预测方法。几种常用的预测方法和对这些预测方法的选择与应用，将在下面讲述。

3）调查收集资料。即收集与预测有关的资料，经过对资料的分析、处理、提炼和概括，进行数据可信度分析并用模型刻画出预测对象的基本演变规律。

4）演绎或推论过程。利用得到的基本演变规律，根据对未来条件的了解和分析，计算或推测出预测对象在未来期间所可能表现的状况。在此过程中，需要综合考虑分析各种确定的和不确定的因素对预测对象可能造成的影响，采用多种方法加以处理和修正，进行必要的检验和评价，然后才能得到一个可供决策参考的最终预测结果。

预测过程是一个资料收集、技术处理和结果分析的过程。在整个预测过程中，对预测成败影响最大的是两个分析和处理。一个是对收集到的资料进行分析和处理，这直接影响到预测模型的建立；另一个是对利用模型求得的预测结果进行分析和处理，它直接决定着预测的质量。这两个分析和处理是最能体现预测者水平和能力的两个步骤。

二、需求的特性

因为预测的需求——如一定时期的货物运量和周转量的需求预测，是所有部门（运输、仓储、营销、生产和财务部门）进行规划和控制的基础，所以需求预测的水平对企业整体至关重要。需求的水平和需求的时间极大地影响了生产能力、资金需求和经营的总体框架。物流企业内部每个部门也都有各自特殊的预测问题。运输部门和仓储部门的预测涉及需求的空间特征和时间特征，需求波动的幅度和随机程度。

1．需求的时间和空间特征

需求的时间特性是预测中比较常见的。需求随时间的变化而变化，原因是市场物流服务需求的增长或下降、物流服务需求季节性变化或多个因素共同作用导致的一般性波动。多数短期预测方法都会处理这种时间变化，常常称之为时间序列。

需求的空间特性是指物流管理者必须知道需求量在何处发生、何时发生。他们需要知道需求的空间位置，才能规划仓库位置、平衡物流网络中的库存水平和按地理位置分配运输资源等。

2．规律性需求

物流管理者通过控制库存水平对物流渠道中流动的产品进行分别管理，因为不同种类的产品会随时间形成不同的规律性需求模式。规律性需求模式一般可分为趋势性、季节性和随机性因素，可以用图 8-2 中的某个一般性模式表示。

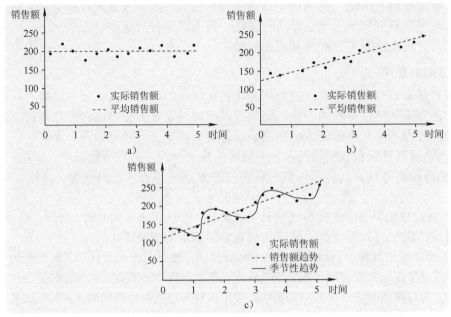

图 8-2　规律性需求模式
a）随机性或水平发展的需求模式　b）随机性需求，呈上升趋势的需求模式
c）随机性需求，有趋势和季节性的需求模式

3．独立需求

物流渠道中流动的产品需求，一种情况下来自许多客户，这些客户多数为独立采购，采购量只构成物流渠道中分拨总量的很少一部分。此时的需求被称作独立需求。另一种情况是，需求是特定生产计划要求派生出来的，这样的需求就称为是派生的。例如，从某供应商处购买新轮胎的数量就是汽车厂要生产的新汽车量的一定倍数。

如果需求是独立的，统计预测方法的效果就很好。多数短期预测模型的基本条件都是需求独立且随机。相反，派生需求模式会有很强的倾向性，而且不是随机的，是确定已知的，不再需要预测。

三、对物流运作主管有用的预测方法

预测可使用的方法很多，每一类方法对长期和短期预测的相对准确性不同，定量分析的复杂程度不同，产生预测方法的逻辑基础不同（历史数据、专家意见或调查）。

一般来讲，物流运作主管不必直接考虑现在的大量预测方法。因为预测信息是企业各部门都需要的，预测活动常常集中在物流公司的市场开发、规划或经济分析部门。中期或长期的预测通常由这些部门来完成。物流运作主管的工作一般仅限于协助库存控制、运输计划、仓库装卸计划及类似活动的管理部门做短期预测。他们只会具体考虑几种有效的预测方法。因此，本章后面的内容仅介绍独立且随机的需求模式下的预测技术方法，它们是常用的以统计分析为基础的、或以事物发展的因果关系为基础的定量预测模型，先简介如下。

1. 时间序列预测法

如果拥有相当数量的历史数据，时间序列的趋势和季节性变化稳定、明确，那么将这些数据映射到未来将是有效的短期预测方法。该方法的基本前提是未来的需求模式将会重复过去，至少大部分重复过去的模式。时间序列定量分析的特点使得数学和统计模型成为主要的预测工具。时间序列预测法中两种常用的预测方法如下：

1) 移动平均法。时间序列上移动平均的每一点都是一系列连续点的算术平均数或加权平均数。需要选择若干数据点以消除季节性影响或不规律性或前两者的共同影响。

2) 指数平滑法。本法类似于移动平均法，只是对更近期的点给予更大的权数。在描述上，新的预测值等于旧的预测值加上过去预测误差的一定比重。

2. 回归模型预测法

回归模型预测是因果预测模型中的一种。因果预测模型的基本前提就是预测变量的水平取决于其他相关变量的水平。例如，如果已知客户服务对销售有积极影响，那么根据已知的客户服务水平就可以推算出销售水平。我们可以说服务和销售是"因果关系"。因果模型在进行中长期预测时会非常准确。

回归模型有很多不同形式：统计形式，如回归和计量经济模型；描述形式，如投入—产出模型、生命周期模型和计算机模拟模型。每种模型都从历史数据模式中建立预测变量和被预测变量的联系，从而有效地进行预测。

第二节　时间序列预测法

时间序列就是将历史数据按时间顺序排列的一组数字序列。如物流企业按年度排列的货运量，仓储部门按季度排列的货物出货量，车队按月排列的完成货物周转量，等等。它是企业日常经营管理工作中的统计数据。

时间序列分析法就是根据预测对象的这些数据，利用数理统计方法加以处理，来预测事物的发展趋势。它是企业经营管理工作中常用的一种预测方法。

时间序列分析法的基本原理是：①承认事物发展的延续性。任何事物的发展总是同它的过去有着密切的联系，因此它的过去也会延续发展到未来，只要运用过去的时间序列数据进行统计分析，就能推测事物的发展趋势，做出定量预测。因为这种方法是用事物的过去推测其未来，故又称其为外推法。这种方法的特点是简便易行。但是，任何事物的发展不可能是它过去的重复，所以对于长期发展趋势的预测准确性较差，一般只适用于短期预测。②考虑了事物发展中随机因素的影响和干扰。这种方法为了消除事物发展的不规律性的影响，将历史时间序列数据作为随机变量序列，运用统计分析中加权平均的方法进行趋势预测。

一、移动平均法

移动平均法又分为简单移动平均法和加权移动平均法。

1. 简单移动平均数预测法

简单移动平均数法实际上是一种算术平均数预测法。

利用算术平均数进行预测的公式为

$$\bar{x} = \frac{x_1 + x_2 + \cdots + x_n}{n} \tag{8-1}$$

式中　$\bar{x}$——算术平均数；

　　　$x_1, x_2, \cdots, x_n$——n 个已知的实际数据；

　　　n——采用的实际数据个数。

例 8-1　某物流货运公司主营省际公路零担业务，过去 6 个月的零担业务对外报价（元/kg）为：1、1.1、1.1、1.2、1.2、1.3；则该公司对过去 6 个月对外报价进行纵向比较，得出算术平均数如下。

$$\bar{x} = \frac{1 + 1.1 + 1.1 + 1.2 + 1.2 + 1.3}{6} = 1.15（元/kg）$$

则这个纵向比较而得出的平均数，可以作为该公司决定第 7 个月的对外报价的定量预测指标。

上述例子是一种最简单的时间序列预测法。如果本例中，该公司总是按前 6 个月的对外报价的平均数来预测下个月的对外报价，那么第 8 个月的报价的预测值就是前第 2 个月至第 7 个月的报价的平均数，而第 9 个月的报价预测值则是前第 3 个月至第 8 个月的报价的平均数，这种逐次往后移动一个月，以计算平均数的方法叫简单移动平均数法，这种方法的通用计算公式如下：

$$\bar{x}_{t+1} = \frac{x_t + x_{t-1} + x_{t-2} + \cdots + x_{t-(n-1)}}{n}$$

式中　$\bar{x}_{t+1}$——$t+1$ 期的预测值；

　　　$x_t, x_{t-1}, x_{t-2}, \cdots, x_{t-(n-1)}$——$t$ 期及 t 期以前相应各期的实际值；

　　　n——所取的实际值的个数。

容易理解，所谓时间序列就是把过去的历史数据，如上述 6 个月的对外报价，按时间顺序排列起来所组成的一个数字序列。如某地每年 7 月份的日平均气温、某地每年 4 月份的总降水量等，常常是描述或预测相应地区、相应时间的自然状态时的时间序列。

例 8-2　某运输公司统计了自 2011 年以来，各年在本地区完成的货运量情况，其数据如表 8-2 所示。

表 8-2　某运输公司本地区货运量统计　　　　（单位：万 t）

年份	2011	2012	2013	2014	2015	2016
货运量（x_i）	7.0	7.3	11.4	13.5	20.1	28.2

1）用算术平均法对 2017 年的货运量做出预测；

2）用移动平均法对 2017 年的货运量做出预测，设 $n=4$。

解：1）算术平均法预测的计算过程如下：

$$\bar{x}_{2017} = \frac{7.0 + 7.3 + 11.4 + 13.5 + 20.1 + 28.2}{6} = 14.58（万 t）$$

2）移动平均法预测的计算过程如下：

$$\bar{x}_{2017} = \frac{11.4+13.5+20.1+28.2}{4} = 18.3（万t）$$

从上述计算结果可以看出移动平均数法要比算术平均数法有所改进。

2. 加权移动平均数预测法

采用加权移动平均数法计算预测值的公式为

$$F_{t+1} = \frac{x_t w_t + x_{t-1} w_{t-1} + x_{t-2} w_{t-2} + \ldots + x_{t-(n-1)} w_{t-(n-1)}}{w_t + w_{t-1} + w_{t-2} + \ldots + w_{t-(n-1)}}$$

$$= \frac{\sum x_t w_t}{\sum w_t} \tag{8-2}$$

式中　F_{t+1}——$t+1$ 期的预测值；

x_t，x_{t-1}，x_{t-2}，…，$x_{t-(n-1)}$ ——n 个已知的实际数据；

w_t，w_{t-1}，w_{t-2}，…，$w_{t-(n-1)}$ ——对应于实际数据所设定的权数；

$t+1$，t，$t-1$，…，$t-(n-1)$ ——顺次往回推算的期数。

例 8-3　以例 8-1 报价问题为例，该公司前 6 个月的对外报价（元/kg）为：1、1.1、1.1、1.2、1.2、1.3。预测人员认为采用加权移动平均数法预测对外报价时，应加大与预测期较近的实际数据的权数（即某个统计数据在整体做平均运算时的重要性，也称权重）。结果他们确定与对外报价对应的权数为 1、2、2、3、3、4。

于是设定该公司第 7 个月零担业务的对外报价预测值为

$$F_7 = \frac{1.3 \times 4 + 1.2 \times 3 + 1.2 \times 3 + 1.1 \times 2 + 1.1 \times 2 + 1 \times 1}{4+3+3+2+2+1}$$

$$= 1.19（元/kg）$$

由于加大了近期对外报价的权数，1.19 元/kg 这个预测值比较更接近于 1.3、1.2 这些实际数据。当然在做出报价决策时，决策人员还应根据当时当地的其他情况，做到定量预测与定性预测的结合。

例 8-4　某运输公司欲在刚进入的东北区货运市场推出其零担专线业务，该区货运市场的零担业务运价情况如表 8-3 所示。

试用加权平均数预测法为该运输公司的零担业务定价。

表 8-3　东北区货运市场的零担业务运价分布

运价/（元/kg）	0.36	0.40	0.42	0.46	0.48
同行企业个数	3	2	2	4	5

解：该运输公司为在市场上具有价格上的优势，必须考虑同行竞争对手的价格情况，这种与其他同行的比较我们称之为横向比较，而例 8-1、例 8-3 的企业内部数据比较我们称之为纵向比较。本例中，我们将同行企业个数视作权数，加权平均数法预测的结果计算如下：

$$F = \frac{\sum x_i w_i}{\sum w_i} = \frac{0.36 \times 3 + 0.40 \times 2 + 0.42 \times 2 + 0.46 \times 4 + 0.48 \times 5}{3+2+2+4+5} = 0.44（元/kg）$$

所以该运输公司的东北区零担业务运价可围绕 0.44 元/kg 这个平均数，再结合市场供求状况等定性分析结果，定出自己零担业务的对外报价。

★ 关于移动平均预测法和加权移动平均预测法的实践应用请看本章第五节应用举例。

二、指数平滑法

指数平滑预测法的公式如下：

$$F_{t+1} = F_t + \alpha(x_t - F_t) = F_t + \alpha e_t \tag{8-3}$$

式中 F_{t+1}、F_t——$t+1$、t 期的预测值；

x_t——t 期的实际值；

α——指数平滑系数；

e_t——t 期的实际值与预测值之间的误差。

从式（8-3）中可以看出，指数平滑预测法实际上是定量方法与定性方法相结合的一种预测方法。当我们发现 t 期的预测值 F_t 与 t 期的实际值 x_t 之间出现较大的正或负误差 e_t 时，我们可以根据当时当地的实际情况，加大平滑系数 α 的值，使 $t+1$ 期的预测值比较接近于 t 期的实际值；如果误差 e_t 的值不大，这说明 t 期的预测值与实际值比较接近，而当时当地的情况又不会有太大的变化时，则 α 的值可取得小些。α 的值一般取值范围是：$0 \leq \alpha \leq 1$。当 α 取 0 时，则表明不考虑 t 期的误差，$F_{t+1} = F_t$；当 α 取 1 时，则表明将误差全部考虑进去，则 $F_{t+1} = x_t$。一般来说，α 的值总是取 0 与 1 之间的一个数值。

在特殊的情况下，α 的值亦可取大于 1 的数值。仍以上述物流公司的例子来说明，当零担业务的运价看涨或看跌时，预测第 7 个月的报价，α 如何取值？该公司零担业务的对外报价前 1 至 6 月的实际值依次为 1、1.1、1.1、1.2、1.2、1.3（元/kg）。

根据加权移动平均数法计算出来的第 7 个月的预测值为：$F_7 = 1.19$ 元/kg；假设第 7 个月根据市场行情，实际的对外报价为：$x_7 = 1.3$ 元/kg。按照前 6 个月的实际数据，再结合 7 月份的实际报价为 1.3 元/kg 来看，第 8 个月的对外报价很可能上涨到 1.4 元/kg，因此采用指数平滑法来进行预测第 8 个月的对外报价的预测时，α 值可加大值到 1.9；有关的计算公式如下：

$$F_8 = F_7 + \alpha(x_7 - F_7)$$

$$F_8 = 1.19 + 1.9(1.3 - 1.19) = 1.399（元/kg）$$

1.399 元/kg 即 1.4 元/kg 这个预测值可能是与实际情况相符合的。由此可见，对于短期预测，更应加强调查研究，摸清当前的实际情况，使定量预测与定性预测更好地结合。

如果我们将式（8-2）变换一下形式，可得

$$F_{t+1} = F_t + \alpha x_t - \alpha F_t$$

$$F_{t+1} = \alpha x_t + (1-\alpha) F_t \tag{8-4}$$

根据式（8-4），我们把 $t+1$ 期以前各期的预测值往回推算到 $t-(n-1)$ 期，则可得

$$F_t = \alpha x_{t-1} + (1-\alpha) F_{t-1}$$

$$F_{t-1} = \alpha x_{t-2} + (1-\alpha) F_{t-2}$$

$$\vdots$$

$$F_{t-(n-1)} = \alpha x_{t-n} + (1-\alpha) F_{t-n}$$

将这些式子依次代入式（8-4），可得

$$\begin{aligned}
F_{t+1} &= \alpha x_t + (1-\alpha) F_t \\
&= \alpha x_t + (1-\alpha)[\alpha x_{t-1} + (1-\alpha) F_{t-1}] \\
&= \alpha x_t + \alpha(1-\alpha) x_{t-1} + (1-\alpha)^2 F_{t-1} \\
&= \alpha x_t + \alpha(1-\alpha) x_{t-1} + (1-\alpha)^2 [\alpha x_{t-2} + (1-\alpha) F_{t-2}] \\
&= \alpha x_t + \alpha(1-\alpha) x_{t-1} + \alpha(1-\alpha)^2 x_{t-2} + (1-\alpha)^3 F_{t-2} \\
&\vdots \\
&= \alpha x_t + \alpha(1-\alpha) x_{t-1} + \alpha(1-\alpha)^2 x_{t-2} + \alpha(1-\alpha)^3 x_{t-3} + \alpha(1-\alpha)^4 x_{t-4} + \ldots + \alpha(1-\alpha)^n x_{t-n}
\end{aligned} \quad (8\text{-}5)$$

若往回推算到较早时期，即推算到 $t-(n-1)$ 那一时期时，根本就没有预测值 $F_{t-(n-1)}$，那么就可以用上一期的实际值 x_{t-n} 来代替 $F_{t-(n-1)}$，于是式（8-5）就变为

$$F_{t+1} = \alpha x_t + \alpha(1-\alpha) x_{t-1} + \alpha(1-\alpha)^2 x_{t-2} + \alpha(1-\alpha)^3 x_{t-3} + \alpha(1-\alpha)^4 x_{t-4} + \cdots + \alpha(1-\alpha)^n x_{t-n} \quad (8\text{-}6)$$

对于式（8-6），我们在这里需要说明的是，此式实际上是加权移动平均法的一种变型，它的权数是 α，$\alpha(1-\alpha)$，$\alpha(1-\alpha)^2$，$\cdots$，$\alpha(1-\alpha)^n$。当 $0<\alpha<1$ 时，后面的权数变得越来越小，而且这些权数的总和等于 1。

从上述讨论可知，指数平滑法是移动平均法的一种，只是会给过去的观测值不一样的权重，较近期观测值的权数比较远期观测值的权数要大。

短期预测中最有效的方法可能就是指数平滑法。该方法比移动平均法数据需要的少，只需要有近期实际值、最近期的预测值及 α 值，而移动平均法需要有 n 个数据。指数平滑法的计算方便简单，因此在经济管理领域中得到广泛应用。指数平滑法在同类预测法中被认为是最精确的，当预测数据发生根本性变化时还可以进行自我调整。

假设本月预测的水平是 1 000 单位。本月的实际需求是 950 单位。平滑系数 $\alpha=0.3$。根据式（8-4），下个月的需求预计为

新预测值 $= 0.3 \times 950 + 0.7 \times 1\,000 = 985$ 单位

当下个月重复这一过程时，该预测值就变为"前期预测值"，依次类推。

在选择指数平滑系数的合适值时，需要一定程度的主观判断。α 值越大，对近期需求情况给的权数越大，模型就能越快地对时间序列的变化做出反应。但 α 过大可能使得预测过于"神经质"，会跟踪时间序列的随机波动，而不是根本性变化。α 越小，预测未来需求时给需求历史数据的权数越大，在反应需求水平根本性变化时需要的时滞就越长。如果 α 的值低，预测结果会非常"平稳"，不太可能受时间序列随机因素的严重干扰。

例 8-5 表 8-4 中的季度数据代表了某产品需求的时间序列。
试预测今年第三季度的需求？假设 $\alpha = 0.2$。

表 8-4　某产品需求的时间序列数据　　　　　　　　　　（单位：t）

季度	1	2	3	4
去年	1 200	700	900	1 100
今年	1 400	1 000	$F_3=?$	

解：我们将去年四个季度的平均数作为以前的预测值。这样，$F_0 = (1\,200+700+900+1\,100)/4 = 975$。

我们从预测今年第一季度的需求开始，继续计算过程直到我们得到第三季度的预测需求。

依据式（8-4），$F_{t+1} = \alpha x_t + (1-\alpha) F_t$

今年第一季度的预测需求为

$$F_1 = 0.2\,(1\,100) + (1-0.2)(975) = 1\,000$$

同理，今年第二季度、第三季度的预测需求为

$$F_2 = 0.2\,(1\,400) + (1-0.2)(1\,000) = 1\,080$$

$$F_3 = 0.2\,(1\,000) + (1-0.2)(1\,080) = 1\,064$$

预测结果如表 8-5 所示。

表 8-5　某产品需求的时间序列数据及预测结果　　　　（单位：t）

季度	1	2	3	4
去年	1 200	700	900	1 100
今年	1 400	1 000		
预测	1 000	1 080	1 064	

基本的指数平滑模型适用于前述图 8-2 所示的那种时间序列时，或者适用于趋势和季节性变化不很显著的时间序列时，可以收到很好的效果。

例 8-6　接前述例 8-2，用指数平滑法对 2017 年的货运量做出预测，设平滑系数 $\alpha = 0.92$、$F_{2012} = 7.0$。

解：指数平滑法预测的计算过程如下：
依据式（8-4），$F_{t+1} = \alpha x_t + (1-\alpha) F_t$

$$F_{2013} = 0.92 \times 7.3 + (1-0.92) \times 7.0 = 7.28$$

同理依次求出各年的预测值，如表 8-6 所示。

表 8-6　货运量需求的指数平滑预测法的预测结果　　　　（单位：万 t）

年份	2012	2013	2014	2015	2016	2017
货运量（x_t）	7.3	11.4	13.5	20.1	28.2	
预测值（F_t）		7.28	11.07	13.31	19.56	27.51

所以指数平滑法预测的 2017 年的货运量为 27.51 万 t，从上述计算结果可以看出指数平滑又比移动平均数法有所改进。

★ 关于指数平滑预测法的实践应用请看本章第五节应用举例。

第三节　回归模型预测法

任何事物的发展主要是由事物内部因素的活动规律来决定的，回归分析法就是依据事物发展的内部因素变化的因果关系来预测事物未来的发展趋势。它是研究变量间相互关系的一种定量预测方法，因此，又称为回归模型预测法，或因果法。由于它依据的是事物发

展的内部规律,所以这种方法是一个比较准确的方法,它多应用于经济预测与科技预测。

事物内部变量间的关系一般分为两类:一类是变量间的确定性关系,如企业的销售额,在产品市场价格不变而又无其他偶然因素干扰的条件下,它与产品销售量的关系就是一个确定性关系。这种变量间的确定性关系,称之为函数关系,是应用常规数学的函数方程加以解决。另一类是变量间的不确定性关系,称之为相关关系。它是指通过资料的分析已经知道变量之间的因果关系,但是由于变量之间的因果存在着随机因素或其他因素的干扰与影响,使变量间的关系出现不确定性。这种比较复杂的不确定性的相互关系,只能通过数理统计方法用回归方程来描述。

不确定情况涉及的状态比较复杂,因此回归分析方法(即回归方程)也有多种,通常分为线性回归方程和非线性回归方程两种。线性回归方程是指变量中自变量与因变量成简单的线性关系,但随着影响变量数目不同又可分为:

1)一元线性回归,是描述一个自变量与一个因果变量间线性关系的回归方程,又称单回归。

2)多元线性回归,是描述一个因变量与多个自变量间线性关系的回归方程,又称复回归。

本节主要介绍一元线性回归分析方法。

非线性回归方程是指变量之间的关系是一种复杂的非线性关系。非线性回归方程内容复杂,种类很多,本节只作很简单的介绍。

一、一元线性回归模型预测法

1. 一元线性回归方程

上述已指出,运用回归分析法进行预测的关键是要建立回归方程。

一元线性回归模型是描述一个自变量与一个因变量之间关系的模型,一般表达式为

$$y = a + bx \tag{8-7}$$

式中　y——因变量;

　　　x——自变量;

　　　a、b——回归模型的参数。

建立回归方程的关键是如何准确地确定 a、b 两个系数值。系数确定的原则是使预测值尽可能地接近实际值,应用的方法是最小二乘法。

最小二乘法是指:寻求使误差平方总和为最小的配合趋势线的方法,或依计算估算点和实际点间平方之和为最小,描绘配合趋势线的方法。使总偏差平方和最小的这个思路,一般称其为最小二乘法,所谓二乘法是指"平方"的意思,它是建立回归方程(包括多元)最基本的原理。

利用一元线性回归模型预测的基本思路是先根据 x、y 的历史数据,求出 a 和 b 的值,建立起回归模型,再运用模型计算出不同的 x 所相对的不同的 y 值。

假设通过抽样取得了有关预测事物发展的一组数据:

因变量(y_i):　y_1,y_2,y_3,$\cdots$,y_i,$\cdots$,y_n

自变量(x_i):　x_1,x_2,x_3,$\cdots$,x_i,$\cdots$,x_n

为了便于直观观察，将数据点分别标在坐标图上，以 x 为横坐标，y 为纵坐标，根据每对数据的 x_i 与 y_i 值确定 $(x_1, y_1), (x_2, y_2), \cdots, (x_i, y_i), \cdots, (x_n, y_n)$ 的点来描述，如图 8-3 所示。

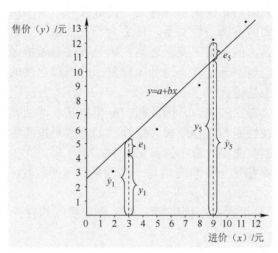

图 8-3　数据分布图

现举例说明图 8-3，并据此引导出一元线性回归方程。

例 8-7　设某仓储货运站点有一统计资料，共统计了最近 6 个月某货品的进价和售价数据，具体数据如表 8-7 所示。

设第 7 个月预计进价为 10 元，试预测第 7 个月的售价。

表 8-7　仓库货品进价、售价统计表　　　　　　　　（单位：元/件）

月次	1	2	3	4	5	6
进价（x）	3	5	2	8	9	12
售价（y）	4	6	3	9	12	14

解：（1）绘制数据散布图和趋势线。先将实际统计下来的数据点，画在直角坐标系图上，看看这些数据点大致形成什么样的图形（见图 8-3）。

（2）建一元线性回归方程。从图 8-3 上看，这 6 个数据点大致形成一条直线的发展趋势，因此我们可以用一条直线来模拟这 6 个数据点的变动趋势，而这条直线的方程式是

$$y = a + bx \tag{8-7}$$

假设我们用来 y_i 代表 y 的 6 个实际值（观察值），$i = 1, 2, \cdots, 6$；用 $\hat{y}_i$ 来代表当 x_i 代入方程式 $y = a + bx$ 时，所得的预测值（计算值），即

$$\hat{y}_i = a + bx_i \qquad (i = 1, 2, \cdots, 6) \tag{8-8}$$

由图 8-3 可知，y_i 与 $\hat{y}_i$ 之间是存在着误差的，我们把这种误差称为 e_i。

我们希望所求出的直线方程式和在图上所画出来的直线能尽可能地接近 6 个数据点的实际值，即方程式与实际情况拟合得最好，换句话说，也就是希望对应于自变量 x 的因变量 y 的各个实际值与预测值之间的误差最小。因为这是确定回归方程系数 a、b 值的唯一根据。

因变量 y 的各个实际值与预测值之间的误差值用公式表示为

$$e_i = y_i - \hat{y}_i = y_i - (a + bx_i) \tag{8-9}$$

要想使直线方程式 $y = a + bx$ 与实际情况拟合得最好，就必须使 $\sum_{i=1}^{n} e_i^2$（误差平方和）最小。

通过运用最小二乘法，使 $\sum_{i=1}^{n} e_i^2$ 达到最小。

令 $G = \sum_{i=1}^{n} e_i^2 = \sum_{i=1}^{n} (y_i - a - bx_i)^2$ 则

$$\begin{cases} \dfrac{\partial G}{\partial a} = \sum_{i=1}^{n} 2(y_i - a - bx_i)(-1) = 0 \\ \dfrac{\partial G}{\partial b} = \sum_{i=1}^{n} 2(y_i - a - bx_i)(-x_i) = 0 \end{cases}$$

我们得到求解回归参数 a、b 的两个方程式：

$$\begin{cases} \sum_{i=1}^{n} y_i = na + b\sum_{i=1}^{n} x_i \\ \sum_{i=1}^{n} x_i y_i = a\sum_{i=1}^{n} x_i + b\sum_{i=1}^{n} x_i^2 \end{cases} \tag{8-10}$$

及回归方程 a、b 系数的计算公式：

$$\begin{cases} b = \dfrac{\sum_{i=1}^{n}(x_i y_i) - \sum_{i=1}^{n} x_i \sum_{i=1}^{n} y_i}{\sum_{i=1}^{n} x_i^2 - (\sum_{i=1}^{n} x_i)^2} \\ a = \dfrac{\sum_{i=1}^{n} y_i - b\sum_{i=1}^{n} x_i}{n} \end{cases} \tag{8-11}$$

（3）计算应用。利用本例 x_i，y_i 的 6 组实际值，建表 8-8。依据表 8-8，从式（8-10）或式（8-11），可计算出参数 a、b 的值。

表 8-8　公式中所需要数据的计算

n（月次）	x_i	y_i	$x_i y_i$	X_i^2
1	3	4	12	9
2	5	6	30	25
3	2	3	6	4
4	8	9	72	64
5	9	12	108	81
6	12	14	168	144
合计	39	48	396	327

计算如下：

将表 8-8 中的有关数字代入式 (8-10),得

$$\begin{cases} 48 = 6a + 39b \\ 396 = 39a + 327b \end{cases}$$

解这个联立方程后,得 $b = 1.143$ $a = 0.571$

所以求得的回归方程式为 $y = 0.571 + 1.143x$

由于第 7 个月的预计进价为 10 元,则预测该月的售价为

$$y = 0.571 + 1.143 \times 10 = 12.001 (元/件)$$

2. 确定相关系数并进行相关性检验

模型建立后,还需要经过各项检验,只有经过检验之后的模型,才可应用于预测。

相关检验就是判定 y 与 x 的相关程度或两者之间的线性关系的检验。

相关性检验与回归方程的一些特性或概念有关,这些特性或概念在数学上比较复杂,本节就不过多赘述。

从前面有关回归方程系数 a、b 的计算中可以看到,对于任何一组数据 (x_i, y_i) 都可以利用公式计算出参数 a、b 的值,从而得到一个线性回归方程: $y = a + bx$。但是 x 与 y 之间相关程度如何,也可以说 y 的值到底由 x 决定的比重有多大?只从数据分布图的观察来检验其相关关系是不准确的。数据多时工作量也大,因此应用误差统计原理,在数学上给出了一种定量检验的方法,即根据已知数据求出一个相关系数 R,然后根据 R 的大小判定 y 与 x 的相关程度,这就叫相关性检验。

相关系数 R 的计算公式为

$$R = \sqrt{\frac{\sum(\hat{y}_i - \bar{y})}{\sum(y_i - \bar{y})}} \qquad (8-12)$$

式中 $\bar{y}$——y_i 的平均数。

R 说明通过回归方程式 $y = a + bx$ 而联系起来的因变量 y 与自变量 x 之间的相关关系或相关程度。当直线方程式 $y = a + bx$ 的斜率是正值时,R 取正值,表明 y 与 x 正相关,即当 x 的值增大时,y 的值也随之增大。R 取负值,表明 y 与 x 负相关,即当 x 的值增大时,y 的值反而减小。R 的取值范围是:$-1 \leqslant R \leqslant 1$。

通过数学分析,我们可以知道,当 $R=0$ 时,y 与 x 之间完全不相关,当 $R=\pm 1$ 时,y 与 x 之间完全相关。当 $R \to \pm 1$ 时,y 与 x 之间的相关程度就高;当 $R \to 0$ 时,y 与 x 之间的相关程度极低。

3. 置信区间

预测未来的因变量 y 的实际值可能落入的置信区间。

利用回归方程进行预测,并确定置信区间。在实际工作中,由于偏差的存在,预测值不可能是一个确定值,应该是一个范围或区间。一般要求实际值位于这个区间范围的概率应达到 95%以上,这个区间称之为预测值的置信区间。置信区间说明回归模型适用的应用范围或精确程度。

假设下一期的自变量 x 的估计值为 x_{t+1},根据所建立的直线方程式,因变量 y_{t+1} 预测值为:$\hat{y}_{t+1} = a + bx_{t+1}$。由于 $\hat{y}_{t+1}$ 表示的是对应于 x_{t+1} 的一个点的纵坐标值,所以,我们把这一

项预测结果称为点预测。实际上未来 $t+1$ 期的实际值 y_{t+1} 不可能正好等于 $\hat{y}_{t+1}$，而是会落在 $\hat{y}_{t+1}$ 的上下的区间中。

置信区间预测的计算：

对因变量的实际值 y_{t+1} 可能落入预测值 $\hat{y}_{t+1}$ 的置信区间的计算是：先求出因变量的点预测值 $\hat{y}_{t+1}$，然后确定置信区间的大小。按照一般的要求，实际值 y_{t+1} 落入预测值 $\hat{y}_{t+1}$ 上下区间内的概率应达到 95%。根据这个概率值的要求，当我们据以计算回归方程式 $y=a+bx$ 的一组实际数据点大致在回归直线上下接近于正态分布时，这个在 $\hat{y}_{t+1}$ 上下的置信区间应是 $\hat{y}_{t+1} \pm 2S$，其中的 S 称为标准偏差。考虑到数学计算的复杂和烦琐，本节不再做深入介绍。

二、二元线性回归模型预测法

二元线性回归模型的一般公式如下：

$$y = a + b_1 x_1 + b_2 x_2 \tag{8-13}$$

式中　y——因变量；

x_1、x_2——两个自变量；

a、b_1、b_2——回归模型的参数。

通过运用最小二乘法，可求得求解回归参数 a、b_1、b_2 的公式：

$$\begin{cases} \sum y_i = na + b_1 \sum x_{1i} + b_2 \sum x_{2i} \\ \sum x_{1i} y_i = a \sum x_{1i} + b_1 \sum x_{1i}^2 + b_2 \sum x_{1i} x_{2i} \\ \sum x_{2i} y_i = a \sum x_{2i} + b_1 \sum x_{1i} x_{2i} + b_2 \sum x_{2i}^2 \end{cases} \tag{8-14}$$

利用二元线性回归模型进行预测时，计算相关系数与置信区间的方法，大致与一元线性回归模型相同，不过计算工作量就要增加许多。

多元线性回归模型预测法在公式的建立与推导基本相同，这里不再赘述。

三、回归预测模型和平滑预测模型的比较

平滑预测模型和回归预测模型是常用的预测模型，但它们各自有不同的特点。它们之间的主要区别有以下几点。

首先，它们的适用范围不同。平滑预测模型只适用于时间序列，而回归预测模型既适用于时间序列，也适用于具有因果关系的非时间序列；此外，由于平滑模型实质上是一种对现有资料数据的外推，所以只适用于做短期预测，而回归模型反映变量间的因果关系，所以也适用做中期预测；对于长期预测问题，由于从长期看，预测对象的结构总会发生变化，这时数据点的演变规律以及变量间的关系也随之发生变化，所以平滑预测模型和回归预测模型都不适用于长期预测。

其次，它们的功能不同。平滑预测模型只用于进行预测，而回归模型除了进行预测外，还可以进行结构分析、政策评价等。

再次，从模型的根据看，回归预测模型是根据统计学原理推导出来的，其数学基础比较严谨，并且可以对预测模型进行统计检验分析，而平滑预测模型则不能进行检验。

当然，平滑预测模型也有其优点。在进行时间序列预测时，平滑预测模型比回预测模型更简单。更重要的是，平滑预测模型可以对数据的远近赋予大小不同的权重系数，而回归预测模型对于时间序列中的每一个数据点都给予同样的重视。

第四节 季节性变动的预测

多数企业是常年生产，常年销售。但有些企业的产品是季节性生产，如棉花、蔗糖加工等；有些企业的产品是常年生产，季节性消费，如电风扇、空调、应时服装等。也有些产品是季节性生产，季节性消费。这些季节性的产量或销量的变化将直接影响对运力、仓储空间的需求量。因此，做好产品季节性波动的预测，认识和掌握各类产品的生产和消费的季节性规律，对加强物流管理的计划性，及时安排好运力和仓储设施设备，提高企业客户的满意度，具有十分重要的意义。

以在销售和运价上具有季节性波动的产品为例，我们在预测其销售量和运价时，应综合考虑两种趋势：

1. 季节性的变动趋势

在需求旺季时，销售量增大，运价可能上扬；在需求淡季时，情况可能相反。

2. 一般的变动趋势

随着人民生活水平的提高，科学技术的迅速发展，竞争对手的增减和他们采取的竞争策略的变动，本年度的旺季可能会与上年度的旺季有所不同，这些不同不仅表现在销售量的多少、运价的高低上，而且会表现在品种、规格、花色的变动上。因此，我们认为对产品销售量及其运价的季节性变动进行分析和预测时，应着重于对市场状况的调查研究，应着重于定性预测与定量预测的结合。

根据上面所说的情况，对定量预测来说，我们考虑以采用指数平滑预测法较好。在式（8-3）中已经介绍过，指数平滑预测法的公式如下：

$$F_{t+1} = F_t + \alpha(x_t - F_t) = F_t + \alpha e_t$$

在这里：F_{t+1} 是我们要预测的本年度某月份（如 11 月份）某产品的销售量。则 F_t 可以是本年度 10 月份该产品的销售量，也可以是上年度 11 月份的销售量的预测值。

而 x_t 可以是本年度 10 月份该产品的实际销售量，也可以是上年度 11 月份该产品的实际销售量。

α 这个平滑系数可以经过对市场状况的调查研究后，协商决定。

第五节 应 用 举 例

货物运输需求量的预测

货物运输需求量计划是编制车辆计划的基础，而货物运输需求量的多少与客户企业的产品销售量大小直接相关。北京易通汽车运输公司为编制来年的货物运输需求量计划，对它的长期合同客户的来年产品销售情况分别进行了自己的预估，以便可以尽早地根据自己的运力情况安排运输。

该运输公司的一个合同客户（木材公司）的产品销售数据如表8-9所示，试估算：

1）3个月和4个月移动平均预测值；3个月加权移动平均预测值。

2）$\alpha=0.4$时指数平滑预测值；$\alpha=0.7$时指数平滑预测值；分析$\alpha=0.4$和$\alpha=0.7$二者的指数平滑预测的结果。

表8-9　某木材公司1-12月份的销售数据　　　　（单位：万元）

月份	1	2	3	4	5	6	7	8	9	10	11	12
销售额	10	12	13	16	19	23	26	30	28	18	16	14

1. 移动平均预测值和加权移动平均预测值的计算

移动平均预测值的计算：

由 $\bar{x}=\dfrac{x_1+x_2+x_3}{3}$ 和 $\bar{x}=\dfrac{x_1+x_2+x_3+x_4}{4}$

式中　$\bar{x}$——移动平均预测值；

x_1、x_2、x_3、x_4——最近1个月、2个月、3个月和4个月的数据。

计算结果如表8-10所示。

表8-10　某木材公司3个月和4个月移动平均值预测的销售额（单位：万元）

月份	实际销售额	3个月移动平均预测值	4个月移动平均预测值
1	10		
2	12		
3	13		
4	16	(10+12+13)÷3=11.67	
5	19	(12+13+16)÷3=13.67	(10+12+13+16)÷4=12.75
6	23	(13+16+19)÷3=16.00	(12+13+16+19)÷4=15.00
7	26	(16+19+23)÷3=19.33	(13+16+19+23)÷4=17.75
8	30	(19+23+26)÷3=22.67	(16+19+23+26)÷4=21.00
9	28	(23+26+30)÷3=26.33	(19+23+26+30)÷4=24.50
10	18	(26+30+28)÷3=28.00	(23+26+30+28)÷4=26.75
11	16	(30+28+18)÷3=25.33	(26+30+28+18)÷4=25.50
12	14	(28+18+16)÷3=20.67	(30+28+18+16)÷4=23.00

由表8-10中所列的结果来看，3个月、4个月的移动平均预测量低于正在增加的实际销售量。这种反应速度减慢的原因，主要受到用作预测的前面月份销售量的影响。为此，运输公司采用加权移动平均的方法。从而提高了预测值对实际销售量的反应速度。这是由于最新最近数据更能反映销售量的趋势。

据此，运输公司在计算3个月移动平均值时，设定：对最近1个月的加权数等于前两个月的加权数之和，对最近两个月的加权数等于前1个月加权数的两倍，按此法计算加权移动平均预测值。

加权移动预测值的计算：

由 $F=\dfrac{3x_1+2x_2+x_3}{6}$

式中　F——加权移动平均预测值；
　　　3——最近 1 个月的加权数；
　　　2——最近 2 个月的加权数；
　　　1——最近 3 个月的加权数；
x_1、x_2、x_3——最近 1 个月、2 个月、3 个月的数据。

计算结果如表 8-11 所示。

表 8-11　某木材公司 3 个月加权移动平均值预测的销售额　（单位：万元）

月份	实际销售额	3 个月加权移动平均预测值
1	10	
2	12	
3	13	
4	16	[（3×13）+（2×12）+10]÷6=12.17
5	19	[（3×16）+（2×13）+12]÷6=14.33
6	23	[（3×19）+（2×16）+13]÷6=17.00
7	26	[（3×23）+（2×19）+16]÷6=20.50
8	30	[（3×26）+（2×23）+19]÷6=23.83
9	28	[（3×30）+（2×26）+23]÷6=27.50
10	18	[（3×28）+（2×30）+26]÷6=28.33
11	16	[（3×18）+（2×28）+30]÷6=23.33
12	14	[（3×16）+（2×18）+28]÷6=18.67

用表 8-11 与表 8-10 相比较，我们发现对最近 1 个月的数据加权越重，就产生更精确的预测值。使用精确的加权数和确定预测中最佳周期的数据，是需要在预测过程中经过多次实验来决定的两件事。必须注意的是，如果对最近 1 个月的加权太重，引起销售预测模型随机干扰反应太快，势必会陷入预测的风险中。

很多管理人员都非常欣赏加权移动平均预测的精确性，但是畏惧由此带来的繁重的工作量。

2．指数平滑预测值的计算

用指数平滑技术能消除用加权移动平均所带来的某些预测计算上的缺点。指数平滑法是用希腊字母 α 表示的单一的加权因素。用不同的 α 值试算能像用非常复杂的加权方案和大量的运算一样有效。

指数平滑预测值的计算：

用下面公式作该木材公司产品的指数平滑预测。

由
$$F_{t+1} = \alpha x_t + (1-\alpha) F_t$$

式中　F_{t+1}——本月销售量的平滑预测值；
　　　x_t——上个月的实际销售量；
　　　F_t——上个月的销售量预测值；
　　　α——指数平滑系数。

现取 $\alpha = 0.4$

经测算，平滑预测结果如表 8-12 所示。

表 8-12　某木材公司产品销售额指数平滑预测　　　　　　　　（单位：万元）

月份(1)	实际销售额(2)	上月实际销售额(3)	α(4)	$\alpha\times$上月实际销售额(3)×(4)	$(1-\alpha)$(5)	上月销售额预测值(6)	$(1-\alpha)\times$上月销售额预测值(5)×(6)	本月销售额预测值(3)×(4)+(5)×(6)
1	10							
2	12	10	0.4	4.0	0.6	⑪（开始）	6.6	10.6
3	13	12	0.4	4.8	0.6	10.6	6.4	11.2
4	16	13	0.4	5.2	0.6	11.2	6.7	11.9
5	19	16	0.4	6.4	0.6	11.9	7.1	13.5
6	23	19	0.4	7.6	0.6	13.5	8.1	15.7
7	26	23	0.4	9.2	0.6	15.7	9.4	18.6
8	30	26	0.4	10.4	0.6	18.6	11.2	21.6
9	28	30	0.4	12.0	0.6	21.6	13.0	25.0
10	18	28	0.4	11.2	0.6	25.0	15.0	26.2
11	16	18	0.4	7.2	0.6	26.2	15.7	22.9
12	14	16	0.4	6.4	0.6	22.9	13.7	20.1

在表 8-12 中，计算了当 $\alpha=0.4$ 时指数平滑预测的木材公司产品的销售量。如果我们用表 8-12 中第二列，即本月份实际销售量和最后一列，即本月份平滑预测值，二者进行比较。我们发现，这些月以来的实际销售量增加了。而预测销售量增减的变化却慢于实际的变化。此外，尽管 9 月份木材公司实际销售量已降低下来，但直到 11 月份预测值方开始降低。经进一步研究后，认为 α 值可能选得不合适。如果增大 α 值到 0.7，或许可能做出更好的预测。

当 $\alpha=0.7$ 时，指数平滑计算预测的结果，如表 8-13 所示。我们注意到，表 8-13 比表 8-12 中所预测的数据，不仅预测的销售额更接近实际，而且反应更灵敏。这项预测的下降是在 10 月份，仅仅慢于实际销售额下降 1 个月。而使用 $\alpha=0.7$ 是不是对木材公司产品销售额预测中的最佳加权值，还要由试验确定。α 值大并非总是能得到最佳预测。

表 8-13　$\alpha=0.7$，木材公司产品销售额指数平滑预测　　　　　（单位：万元）

月份(1)	实际销售额(2)	上月实际销售额(3)	α(4)	$\alpha\times$上月实际销售额(3)×(4)	$(1-\alpha)$(5)	上月销售额预测值(6)	$(1-\alpha)\times$上月销售额预测值(5)×(6)	本月销售额预测值(3)×(4)+(5)×(6)
1	10							
2	12	10	0.7	7.0	0.3	⑪（开始）	3.3	10.3
3	13	12	0.7	8.4	0.3	10.3	3.1	11.5
4	16	13	0.7	9.1	0.3	11.5	3.5	12.6
5	19	16	0.7	11.2	0.3	12.6	3.8	15.0
6	23	19	0.7	13.3	0.3	15.0	4.5	17.8
7	26	23	0.7	16.1	0.3	17.8	5.3	21.4
8	30	26	0.7	18.2	0.3	21.4	6.4	24.6
9	28	30	0.7	21.0	0.3	24.6	7.4	28.4
10	18	28	0.7	19.6	0.3	28.4	8.5	28.1
11	16	18	0.7	12.6	0.3	28.1	8.4	21.0
12	14	16	0.7	11.2	0.3	21.0	6.3	17.5

例如，一个工厂的管理者是基于需求的变化而去决定增加或减少产品的产量，而由此导致成本的变更，都是与允许加班的数量或与工厂雇用或临时解雇工人的数目成比例的。

如果需求逐月作大幅度的随机起伏，管理人员宁可选一个小一点的 α 值，延缓对需求变化反应的速度，以便使"调整"的成本更低。

观察表 8-13 中的预测结果，实际上还不是满意的指数平滑预测值，还需进一步调整（可用趋势调整指数平滑预测法进行调整）。一般来说，表 8-13 已可作为预测参考。

3. 趋势调整指数平滑法

上面已提到，表 8-13 还不是理想的指数平滑预测值。表 8-13 中所列的预测数据中，在 1～8 月销售额增大期间内，预测值偏低。在销售额减少的 8～12 月，预测值偏高。为此，就要考虑设法加上一个趋势因素，使趋势对预测结果的影响最小。采用趋势调整指数平滑法可得到如表 8-14 所示的计算结果。

表 8-14 $\alpha=0.7$，趋势调整指数平滑预测木材公司产品销售额（单位：万元）

月份(1)	实际销售额(2)	表 8-7 中平滑预测值(3)	从这个月到下月平滑预测值变化(4)	α (5)	$\alpha \times$ 平滑预测的变化 (4)×(5)	$(1-\alpha)$ (6)	老的趋势(7)	$(1-\alpha) \times$ 老的趋势 (6)×(7)	趋势调整 (4)×(5)+(6)×(7)	本月销售额预测值(3)×(4)+(5)×(6)
1	10									
2	12	10.3	0	0.7	7.0	0.3	0	0	0	10.3
3	13	11.5	1.2	0.7	8.4	0.3	0	0	0.84	12.3
4	16	12.6	1.1	0.7	9.1	0.3	0.84	0.25	1.02	13.6
5	19	15.0	2.4	0.7	11.2	0.3	1.02	0.31	1.99	17.0
6	23	17.8	2.8	0.7	13.3	0.3	1.99	0.60	2.56	20.4
7	26	21.4	3.6	0.7	16.1	0.3	2.56	0.77	3.29	24.7
8	30	24.6	3.2	0.7	18.2	0.3	3.29	0.99	3.23	27.8
9	28	28.4	3.8	0.7	21.0	0.3	3.23	0.97	3.63	32.0
10	18	28.1	−0.3	0.7	19.6	0.3	3.63	1.09	0.88	29.0
11	16	21.0	−7.1	0.7	12.6	0.3	0.88	0.26	−4.71	16.3
12	14	17.5	−3.5	0.7	11.2	0.3	−4.71	−1.41	−3.86	13.6

趋势调整平滑指数平滑法是指数平滑预测的补充。它是根据预测正在变化的速率对预测做出调整的。表 8-14 中最右边一列的数字表明，尽管 8 月份销售额降低之后两个月，尤其是 10 月份，预测销售额超过了实际销售额，但是趋势调整预测的结果，相当地接近实际销售额。

小 结

在物流规划和控制活动过程中普遍需要需求预测，如库存水平的控制、车辆运力的供应、货运量的需求等都需要进行预测以便提前做好各项准备工作。另外某些物流管理问题如库存采购量、进货提前期、货运价格及成本控制等也需要预测工作，本章中讨论的预测技术方法也同样适用于这些情况。

本章的重点放在物流管理者很可能用到的中短期预测法。主要讨论了一些被证明是中短期预测中很有价值的预测方法——移动平均法、指数平滑法、一元线性回归模型预测法，这些方法都是针对规律性的需求。本章最后也简单讨论了季节性变动的预测法。

预测工作的每一步都需要预测者和专家丰富的知识和经验,它是物流管理者最困难的工作之一。物流管理者也应该知道如果需求非常难以预测、预测结果不令人满意,还可能需要其他解决问题的方法。通过设计灵活和快速反应的供应链,可以随时供给需求,这样就根本不再需要预测了。

习 题

1. 产品或劳务的需求特性有哪些?独立且随机的需求模式下的预测技术方法有哪些?试说明这些方法是以什么为基础构造的预测模型?
2. 什么是时间序列?什么是时间序列预测法?时间序列预测法的特点是怎样的?
3. 试说出指数平滑法与移动平均法的关系?
4. 指数平滑模型对什么样的需求模式的数据预测效果非常好?
5. 为了对需求做出较正确的预测,为什么必须做到定量预测与定性预测的结合?即使在定量预测法诸如加权移动平均数法、指数平滑预测法中,关于权数及平滑系数的确定,是否也带有定性的成分?
6. 试述平滑预测模型和回归预测模型的应用区别?
7. 预测某企业产品的销售量。该企业历史资料如表 8-15 所示,试计算 5 个月的移动平均预测值。

表 8-15 按月份统计的实际销售量 （单位:台）

月份	1	2	3	4	5	6	7	8	9	10	11	12	1	2	3	4
实际销售量	45	52	60	48	52	55	58	62	64	67	69	73	75	80	82	84

8. 某仓储公司现有闲置仓库欲出租,经调查,所在区域内的其他 5 家公司的仓库出租费率如表 8-16 所示。根据仓库类型与该公司的接近程度及出租率的高低,预测人员分配给 5 家公司的权数如表 8-16 所示。试用加权平均数预测其仓库出租费率。

表 8-16 出租费率和权数表

公司	1	2	3	4	5
出租费率/（元/m^2）	1.2	1.5	1.0	1.3	1.4
权数	2	4	1	3	5

9. 已知某综合型物流企业 2016 年前 6 个月的主营业务收入情况如表 8-17 所示。

表 8-17 物流企业主营业务收入表 （单位:万元）

月份	1	2	3	4	5	6
收入额	3 500	3 700	4 000	3 800	3 900	3 700

(1) 运用算术平均数预测法预测该企业 2016 年第 7 个月的主营业务收入额;
(2) 由于第 7 个月的营业收入额受 5、6 月收入额的影响程度较大,因此,5、6 月权重分别为 2 和 3,而其他月份权重为 1,请给出第 7 个月的加权移动平均的预测值。

10．某仓储公司有一冷库房，其1～5月的耗电量如表8-18所示。

表8-18　月份冷库耗电量统计　　　　　　　　　　　　（单位：kW·h）

月份	1	2	3	4	5
耗电量	110	120	100	118	130

1）用算术平均数法预测第6个月的耗电量；
2）用加权移动平均数法预测第6个月的耗电量，前五个月权重分别为1、1、2、4、4。

11．某配送公司根据2016年1～6月的市内配送费用行情，预测7月份的配送费用为60元/车次，但由于其他物流公司也大量开展送货配送业务，实际费用价格仅为55元/车次，而且估计8月份仍是下跌趋势，请用指数平滑预测法预测该配送公司8月份的配送费用价格。设平滑系数为1.6。

12．某地区积累了5个年度的大米销售量的实际值，如表8-19所示，试用指数平滑法，取平滑系数 $\alpha = 0.9$，预测第6个年度的大米销售量（第一个年度的预测值，根据专家估计为4 181.9t）。

表8-19　年度大米销售量统计　　　　　　　　　　　　　　　（单位：t）

年度	1	2	3	4	5
大米销售量实际值	5 202	5 079	3 937	4 453	3 979

13．利用指数平滑法完成本章引导案例中的预测任务。取平滑系数 $\alpha=0.2$，6周前的预测值 F_6 为最早的四周数据的平均值。试预测下一周的货运量。

14．已知某物流公司前6个月接到的货运订单总货运量数如表8-20所示。

表8-20　月货运量统计表　　　　　　　　　　　　　　　　（单位：t）

月份	1	2	3	4	5	6
订单总货运量	1 200	1 300	1 250	1 120	1 400	1 500

1）用算术平均数预测法计算第7个月的订单总货运量 F_7；
2）若已知7月份实际订单总货运量为1 350，且平滑系数 $\alpha = 0.4$，求第8个月份的指数平滑预测值。

15．某仓储公司税后利润的时间序列数据如表8-21所示。

表8-21　税后利润统计表　　　　　　　　　　　　　　　（单位：万元）

t	1	2	3	4	5	6	7	8
利润	2.68	2.93	3.30	2.71	4.30	3.24	2.04	

1）用加权平均数法给出 F_8 的预测值。设权数分别为1.00、1.32、1.52、1.75、2.01、2.31、2.66。
2）用加权移动平均法计算 F_5、F_6、F_7、F_8 的预测值，设 $n=4$，权数顺序为1.00, 1.30, 1.69, 2.20。
3）用指数平滑法计算 F_6、F_7、F_8 的预测值，设平滑系数 $\alpha=0.6$，$F_5=2.89$。

16．某地区货运总量随商品销售总额的变化而变化的资料如表8-22所示，试建立货运量与商品销售额之间的回归方程，并预测当商品销售总额为160、170时的货运总量。

表 8-22 销售总额和货运总量资料表

序号	年份	商品销售总额 x_i（亿元）	货运总量 y_i（万 t）
1	1997	90	1 792
2	1998	95	1 850
3	1999	102	1 927
4	2000	110	2 056
5	2010	114	2 120
6	2011	120	2 230
7	2012	125	2 255
8	2013	129	2 314
9	2014	141	2 435
10	2015	150	2 533

17．某公司预备购入某种原材料，具体数据如表 8-23 所示。现在公司欲购一批原材料的铁路运输距离为 2 000km，试估计在途运输时间。

表 8-23 运输距离与运输时间相关表

供货工厂	铁路运输距离 x_i（km）	在途运输时间 y_i（h）
1	210	5
2	290	7
3	350	8
4	480	11
5	490	8
6	730	11
7	780	12
8	850	8
9	920	15
10	1 010	12

18．表 8-24 统计了 10 个地区的汽车拥有量和汽车配件销售额。

表 8-24 汽车拥有量和汽车配件销售额统计表

地区编号	1	2	3	4	5	6	7	8	9	10
拥有量（万辆）	13.4	15	17.9	10.5	18.8	16.4	20.1	12.1	15.4	17.7
销售额（万元）	1 353	1 697	1 984	1 016	2 146	1 754	2 203	1 247	1 508	1 842

请问，汽车拥有量和汽车配件销售额之间是否存在线性关系？若存在，写出这种关系。试回答，汽车拥有量每增加 1 万辆，汽车配件销售额将平均增加多少？

第九章
库存水平控制

本章知识点

1. 了解库存的特点及库存水平控制的意义。
2. 了解库存管理问题分类及库存管理基本方法。
3. 掌握库存水平控制的目标。
4. 理解库存服务水平的含义及计算。
5. 掌握三大类库存费用的含义。
6. 理解推动式库存控制的思想及库存水平控制的方法。
7. 理解平均库存的概念及影响因素。
8. 掌握经济订货批量的含义及其模型公式计算方法。
9. 理解再订货点、订货提前期、缺货、安全库存量的含义。

本章能力点

能够熟练地运用经济订货批量（EOQ）模型求解供应渠道中的最佳订货批量，确定最佳订货次数、每次订货的最佳总金额，并能根据实际情况对最佳方案进行适时调整。

本章将讨论物流渠道内的库存管理问题。请先看下面的案例：

引导案例

货品库存水平控制策略

天宇物流公司是一家大型公共仓储公司，除仓储业务外，还为客户提供采购与配送业务。目前，该公司基本上凭经验管理货品的采购量、采购周期，对存储费用也没有进行过详细的评估。库中某一种货品的库存情况为：销售周转速度为2t/天，订购费用为20元/次，储存费用为0.2元/（吨·天）。该公司的管理层考虑应用科学管理技术，对该货品的库存情况进行重新评估，目标是在满足客户需求量的基础上，减少货品库存周转总费用（订货成本、储存成本、缺货损失）。如果以一年（按360天计算）为一个计划期，那么计划期内的最小总存储费用下的该货品的最佳存储量、订货量和订货时间应是多少呢？

物资存储是经济生活中的常见现象。例如，生产工厂不可避免地要存储一些原材料和半成品，流通企业必须购进商品存储起来，但对企业来说，如果物资存储过多，不但占用流动资金，而且还占用仓储空间，增加保管成本，甚至还会因库存时间延长而导致存货变质和失效。反之，若物资存储过少，企业就会由于缺少原材料而被迫停产，或由于失去销售机会而减少利润，或由于缺货需要临时增加人力等，导致成本上升。

要正确地回答上述问题，定量分析是必不可少的工具。这是一个库存控制问题，库存控制是运筹学较早研究的一个课题，即存储论。它是专门研究物资最优存储策略及存储控制的理论。库存模型不断发展，有些模型的数学公式还比较复杂，本章只介绍一些基础性方法，包括最佳订货量、最佳订货周期、最佳订货次数及最小总库存成本的计算模型。

第一节　库存控制概述

企业为了保证生产和供应的连续性及均衡性，需要在供应链的不同节点处设立仓库，储备一定数量的物资（原材料、在制品、成品等）。但是储备的数量必须有所限制，数量过多，不仅要占用大量的仓库面积，还可能由于长期积压而使物资损坏变质，造成浪费，因此必须加强对库存物资的控制。

一、库存及库存水平控制的意义

如图 9-1 所示，库存就是在供应链不同节点处堆积的原材料、零部件、在制品和成品。

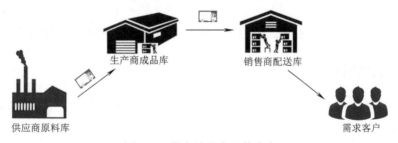

图 9-1　供应链节点处的库存

库存频繁出现在仓库、配送中心、堆场、商店库房、运输设备和零售商店的货架上。持有这些库存每年耗费的成本约合其价值的 20%～40%。因此，仔细地对库存水平进行控制很有经济意义。

库存具有两方面的显著特点：如生产企业的库存，一方面必须有一定数量原材料的存储，以保证生产稳定进行，否则可能会出现停工待料现象；另一方面存储过多又会积压资金，并使仓库保管的费用增加。又如商家或物流配送企业的库存，若存储商品数量不足，发生缺货现象，就会失去销售机会而减少利润，但存量过多，又会造成商品积压，占用流动资金，使资金周转不灵，给经营带来不利。

实际上，供应链运作的各个层面都需要库存，同时又希望将库存保持在最低水平。由于库存的这种两面性，客观上要求我们对库存进行控制管理，也就是对库存实行库存量的控制，既保证物资需求的及时供给，又能切实将相关成本和损失减至最低。

二、库存的种类

库存可以分为五个不同的种类。

1. 流通渠道中的库存

库存可能存在于流通之中。由于运输并非瞬间完成，所以会有这些位于存储点或生产点间的库存，即运输途中的库存。如果运送速度慢和/或运输距离长和/或运输要经过许多阶段，那么在途库存的量可能会超过存储点的库存量。

2. 起伏性的库存

持有这些库存的目的是出于对季节性销售高峰的预期（如服装或空调的需求）或由于先期购买活动（如大量采购可获价格优惠）而累计的库存。

3. 周期性的库存

库存可能具有周期性的特征，这些库存都是为满足连续补货期间的平均需求而储存的必要存货。周期性库存在很大程度上取决于生产批量的规模、经济运输批量、存储空间限制、补货提前期、价格—数量折扣计划和库存持有成本等因素。

4. 安全库存

企业也可能为防范需求和补货提前期的变动而建立库存。这种额外库存，或安全库存，是在为满足平均需求和平均提前期所需的定期性库存之外的一些补充。安全库存由用于处理波动随机性的统计方法来确定。安全库存的保有量则取决于波动的幅度和现货供应的水平。

5. 仓耗

有些库存在存储期间会损坏、被报废、丢失或被盗，这些库存被称为仓耗。

三、库存控制问题

控制库存涉及多种多样的管理问题。它不可能只用一种方法来解决，所以我们需要将问题分成几大类。

1. 库存管理问题分类

（1）最优库存管理决策（传统的方法）　如果需求水平及其变化幅度、提前期及其变化幅度和库存成本已知，在此基础上，我们可以利用数学模型方法做出最优的库存控制决策。

（2）适时（JIT）库存管理决策（现代的方法）　适时管理思想是通过减少需求和补货周期的波动性、减小批量、与少数供应商更紧密地合作来消灭库存，保证产品质量，准确履行订单。

本章接下来讨论的内容主要是最优化库存管理决策方面的问题。

2. 库存管理基本方法

（1）拉动式库存管理法　该管理思想认为每一个存储点（如一个仓库）都独立于渠道中其他所有的仓库。预测需求、决定补货量时都只考虑本地点的因素，而不直接考虑各个仓库不同的补货量和补货时间对采购环节成本节约的影响，但该方法却可以对每个存储点的库存精确控制。拉动式库存管理在供应渠道的零售环节特别普遍。

（2）推动式库存管理法　如果各地点的库存单独进行决策，那么补货批量和补货时间不一定能够与生产批量、经济订货批量或最小订货量很好地协调起来。因此，许多企业选择根据每个存储点的预测需求、可用的空间或其他一些标准分配补货量。其中，库存水平的设定是根据整个仓库系统的情况统一决定的。一般地，当采购或生产的规模经济收益超过拉动式管理法实现的最低总库存水平带来的收益时，就可以采用推动式库存管理法。此外，为了更好地进行整体控制可以集中管理库存，利用生产和采购的规模经济来决定库存水平以降低成本，在总体需求的基础上进行预测，然后分摊到每个存储点来提高准确性。

四、库存控制目标

由上述库存的含义中我们知道，我们既需要一定的库存量，同时又希望将库存量保持在最低水平。需要库存是为了满足客户的订单要求，减少库存是为了节约相关费用的支出。库存水平控制的目标就是要在这二者之间进行权衡。

1．库存可得率

库存管理的首要目标就是保证一定期间内期望数量的产品有现货供应。这个现有存货满足需求的能力，称为库存可得率或订单履行率，我们将其定义为库存的服务水平。

（1）单一产品的库存可得率

$$库存可得率 = 1 - \frac{每年产品缺货件数的平均值}{年需求总量}$$

服务水平以 0 到 1 表示。由于目标服务水平经常是一定的，所以我们的任务就是控制产品缺货件数的期望值。

（2）多产品的库存可得率　如果客户同时需要一种以上的库存产品，那么，人们可能更关心订单完全履行的概率，而不仅仅是单一产品的服务水平。例如，假设某订单订购五种产品，每种产品的服务水平是 0.95，即只有 5%的缺货可能性。那么，没有任何一种产品缺货，全部订单得以履行的概率是

$$0.95 \times 0.95 \times 0.95 \times 0.95 \times 0.95 = 0.77$$

订单完全履行的概率一定程度上会低于单一产品的现货供应能力。

（3）多客户多产品的库存可得率　如果多个客户同时需要一种以上的库存产品，即任何一张订单都可能订购多个品种的商品组合，那么众多客户的订单都得以履行的概率就是加权平均履行比率。此时客户服务水平就表示为加权平均履行比率。假设所订购的产品种类已知，加权平均履行比率就等于订单上每种产品组合出现的频率乘以订单完全履行的概率。如果加权平均履行比率目标值已定，那么就需要调整每种产品的服务水平以达到期望的加权平均履行比率。

例 9-1　某仓储配送中心接到客户订单，订购其存储的某纸业公司的生活用纸。该生活用纸有三个主打品牌"唯洁雅"（A）、"清风"（B）、"真真"（C），客户订单会按不同的品牌组合进行订购。根据一段时间的订单采样统计来看，出现在订单上的七种不同产品组合及其概率如表 9-1 所示。同时，根据配送中心的过去库存记录，三个品牌在库的概率分别为 0.95、0.90、0.80。试评估配送中心的现货供应能力水平。

解：配送中心的现货供应能力计算过程如表 9-1 所示。计算结果是加权平均履行比率为 0.801，说明该配送中心目前提供的生活用纸库存服务水平是 80%，即每 10 个订单中就有二个会发生无法供应客户订购的所有品牌用纸的情况。

表 9-1 加权平均履行比率计算

订单上的品牌组合	在订单中出现的频率（1）	订单完全履行的概率（2）	订单履行边际值 (3)=(1)×(2)
A	0.1	（0.95）=0.950	0.095
B	0.1	（0.90）=0.900	0.090
C	0.2	（0.80）=0.800	0.160
A、B	0.2	（0.95）(0.90)=0.855	0.171
A、C	0.1	（0.95）(0.80)=0.760	0.076
B、C	0.1	（0.90）(0.80)=0.720	0.072
A、B、C	0.2	（0.95）(0.90)(0.80)=0.684	0.137
	∑=1.0		加权平均履行比率=0.801

2．库存费用

有三大类库存费用对库存水平决策起到重要作用，即订货费用（采购费用）、保管费用和缺货费用。这些库存费用与库存量之间的关系如图 9-2 所示。

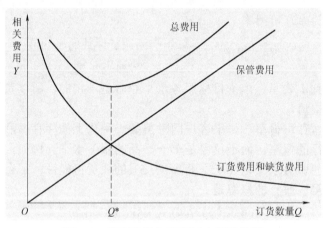

图 9-2 库存费用与库存量之间的关系

（1）订货费用 订货费用是当安排某项订货时，每一次都要承担的费用。订货费用是从发出采购订单开始的，发出采购订单后，就会产生一系列与订单处理、准备、传输、操作、购买相关的费用。具体包括不同订货批量下产品的价格；订单经过财务、采购部门的处理费用；订单传输到供应地的费用；货物运输费用（若采购价格不含运输费用）；在收货地点的所有物料搬运或商品加工费用。如果采用的是运到价格，那么就不涉及运输成本。

（2）保管费用 保管费用是因一段时期内存储或持有存货所要承担的费用。它是与库存物资有关的费用，包括仓库建筑物和仓储设备折旧、保险费、管理费、搬运费、维修费、保管期间物资流失变质的损失费等。这些均属纯保管费。此外，还有投入物资方面的资金利息等。

（3）缺货费用 当客户下达订单，但所订货物无法由平常所指定仓库供货时，就产生了缺货费用。缺货费用有两种：失销费用和延期交货费用。当出现缺货时，如果客户选择收回购买要求，就产生了失销费用。该费用就是本应获得的这次销售的利润，也可能包括缺货对未来销售造成的消极影响。如果客户愿意等待订单履行，那么就不会发生失销的情况，只会出现订单履行的延期，那么就会产生延期交货费用。如果延期交货的订单不是通过正常的分拨渠道来履行，那么可能由于订单处理、额外的运输和搬运费用而产生额外的办公费用和销售费用。

第二节 推动式库存控制法

推动式库存控制是运用推动式思想来控制库存水平的方法。前文谈到该方法适用于生产或采购数量超过库存短期需求量的情况。如果由于缺少仓储空间或其他原因，货品无法存储在生产地点或地区中心仓库，那么就需要将其分拨到基层存储地点，以期获得一定的成本节约。为此，我们需要讨论以下问题：在每一个存储点需要保持多少库存？一批生产或采购应分配到各个存储点的库存是多少？超过需求的供给量在各存储点之间怎样分摊？

将产品推向各存储点的方法涉及以下几个步骤：
1）通过预测或其他手段确定从现在到下一次生产或采购期间的需求量。
2）找出每个仓储点现有的库存量。
3）确定每个仓储点库存的现货供应水平，实质上是确定为防备预测中的不确定性而额外准备的库存量（安全库存量）。
4）计算总需求，即预测值加上安全库存量。
5）确定净需求，即总需求与所持有库存量之差。
6）在平均需求速率的基础上，将超过总净需求的部分分配到各存储点。
7）用净需求加上分摊的超量部分得到需分配到每个存储点的货物总量。

例 9-2 大连某渔业公司的加工中心，每次都会对船队捕捞回来的鱿鱼等海鲜全部快速进行加工，然后将加工后的海鲜品分拨到三个基层仓库中。通常，公司不会将多余的海鲜卖给其他同行公司，所以过剩的产量就会分摊给三个基层仓库。本次的加工总量是 125 000kg。加工中心对各基层仓库下个月的需求进行了预测，检查了现有的存货水平，统计了各仓库的安全库存量，所有这些信息如表 9-2 所示。那么本次过剩的产量如何在各仓库间分摊？

表 9-2　加工中心的存货情况及库存需求统计　　　　　　　　（单位：kg）

仓库	现有库存	预测需求[①]	安全库存[②]
Ⅰ	5 000	10 000	2 560
Ⅱ	15 000	50 000	2 475
Ⅲ	30 000	70 000	2 560
Σ		130 000	

① 需求量是服从正态分布的随机变量，所以此处预测值是一个平均值。
② 为保证库存的现货供应水平（服务水平），平衡预测误差，必须安排一定量的安全库存。

解：本例的计算过程如下。

1. 计算每个仓库的总需求量

仓库Ⅰ：预测量+安全库存量 = 10 000+2 560 = 12 560（kg）
仓库Ⅱ：预测量+安全库存量 = 50 000+2 475 = 52 475（kg）
仓库Ⅲ：预测量+安全库存量 = 70 000+2 560 = 72 560（kg）

2. 找出每个存储点的现有的库存量

仓库Ⅰ：现在库存量 = 5 000（kg）

仓库Ⅱ：现在库存量 = 15 000（kg）
仓库Ⅲ：现在库存量 = 30 000（kg）

3. 计算每个存储点的净需要量

仓库Ⅰ：净需要量 = 12 560−5 000 = 7 560（kg）
仓库Ⅱ：净需要量 = 52 475−15 000 = 37 475（kg）
仓库Ⅲ：净需要量 = 72 560−30 000 = 42 560（kg）

4. 将过剩产量分配到各存储点，依据各仓库的平均需求占平均总需求的比按比例分摊

过剩产量：总生产批量−总净需求 = 125 000−87 595 = 37 405（kg）
仓库Ⅰ需要分摊的产量余额：（10 000÷130 000）×37 405 = 2 877（kg）
仓库Ⅱ需要分摊的产量余额：（50 000÷130 000）×37 405 = 14 387（kg）
仓库Ⅲ需要分摊的产量余额：（70 000÷130 000）×37 405 = 20 141（kg）

5. 计算每个存储点的分配总量

仓库Ⅰ：7 560+2 877 = 10 437（kg）
仓库Ⅱ：37 475+14 387 = 51 862（kg）
仓库Ⅲ：42 560+20 141 = 62 701（kg）
整个计算过程如表 9-3 所示。

表 9-3 海鲜产品在三个仓库间的分配 （单位：kg）

仓库	总需求量	现有库存	净需求	过剩产量的分摊量	分配总量
Ⅰ	12 560	5 000	7 560	2 877	10 437
Ⅱ	52 475	15 000	37 475	14 387	51 862
Ⅲ	72 560	30 000	42 560	20 141	62 701
Σ	137 595		87 595	37 405	125 000

第三节 拉动式库存控制法

本节讨论内容只针对周期性的库存需求，即库存补货不断重复，且所有补货瞬间完成。如前所述，拉动式库存管理会使库存点的库存水平较低，因为拉动式管理法是根据各库存点的需求和成本情况做出反应的。这正是前述的最优库存管理决策问题研究的内容，它通过建立需求和成本的关系模型，找出总成本最低时的库存水平，以此作为最佳的补货量进行订货采购。最优库存管理决策可以对需求和订货提前期（从订货单发出到货物入库经过的时间）均不确定情况下，建立起数学模型，然后求解，找出最优的库存控制决策。其中，有两种最优库存决策构成了大多数拉动式库存管理法的基础，它们是①再订货点法；②定期盘点法。

本节只讨论最优库存管理决策中的最基础的内容，即假定需求和提前期均确定情况下的库存水平决策控制问题。虽然这些假设对于现实的库存问题来说是很少成立的，但是它们确定使我们能够推导出一种简单模型，然后再将更多现实的、复杂的因素引

入其中。

一、库存费用及平均库存的概念

1. 库存费用模型结构

如前所述,库存费用由订货费用、保管费用和缺货费用构成。我们这里假定库存需求量和订货提前期均是恒定的,且补货瞬间完成,那么缺货费用就不存在。所以,库存费用模型结构为

$$库存总费用 = 订货费+保管费$$

即
$$TC = P + K \tag{9-1}$$

(1)订货费的计算 订货费用直接与计划期内的订货次数有关,订货费用计算公式如下:

$$订货费 = \frac{需要量}{订货量} \times 一次订货费用$$

即
$$P = \frac{D}{Q} \times S \tag{9-2}$$

(2)保管费的计算 保管费直接与库存量的大小有关,与库存物资的平均库存量成比例,计算公式如下:

$$保管费 = 平均库存量 \times 单位物资保管费$$

即
$$K = \frac{1}{2} Q \times C_0 \tag{9-3}$$

C_0 为单位物资在计划期内的保管费,也就是说,如果计划期是年,则表示单位物资保管一年的费用,而不是补货的某个周期内单位物资的保管费。

单位物资可按重量或按占用的仓库面积计,在大多数情况下,由于仓库储存物资的品种较多,各个品种的数量、重量和占用的面积不一样,单件保管费计算困难,因而多采用保管费率 I 的计算方法来计算保管费,即用库存资金的百分比率来计算。I 的计算公式如下:

$$I = \frac{全年整个企业所支出的保管费用总额}{全年整个企业各种存货的平均存货总额}$$

这样,式(9-3)也可用下式表示:

$$保管费 = 平均库存量 \times 库存物资单价 \times 保管费率$$

即
$$K = \frac{1}{2} Q \times C \times I \tag{9-4}$$

式(9-3)、式(9-4)中的 $\frac{1}{2}Q$ 为平均库存量,如图9-3所示。就库存来说,补货后库存量达到最大,之后随着生产或销售的需求取用,库存量逐渐减少,直到为零。在再次补货前的期间内库存量用平均库存量来计算。

保管费是一项可观的、不可忽视的费用。

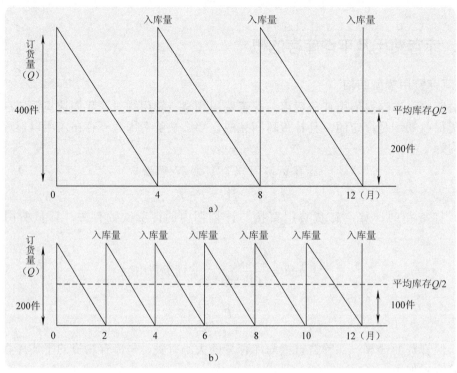

图 9-3 平均库存概念以及订货量和年订货批次对平均库存的影响

a）每年订货 3 次　b）每年订货 6 次

2. 平均库存的概念

1）平均库存量　在上述假设下，以 Q 表示订货量大小，如图 9-3 所示，当每批新订货实际入库时，库存的数量等于 Q。然后存货逐渐用尽，一直到等于零。而它等于零的点正好是下一批订货的入库点。可以看出，平均库存量等于批量大小的一半。图 9-3 中，我们假设库中某货品年需求总量为 1 200 件，如果每年订货三次，每次订货批量 400 件的话，那么平均库量为 200 件；如果每年订货六次，每次订货批量 200 件的话，那么平均库存量为 100 件。由此可知，平均库存受订货量和每年订货次数的影响。

注意：若考虑安全库存的话，我们将平均库存量 $Q/2$ 称为经常性的库存，此时平均库存水平就是经常性库存与安全库存之和。即

$$平均库存=经常性库存+安全库存=Q/2+安全库存量$$

2）平均库存额　平均库存额也称平均存货额。平均库存额的计算公式如下：

$$平均库存额 = 平均库存量×库存物资单价$$

即
$$M = \frac{1}{2}Q \times C \tag{9-5}$$

关于平均库存额的概念，一般来说，有两种解释：

1）就某品种存货来说，假设存货为发动机，年需求量为 12 000 台。经过计算，它的经济订货量为 1 000 台，也即每个月订货及补货 1 000 台。则发动机的最大储备量为月初刚补货时的 1 000 台，而它的最小储备量则为月末的 0 台；因此在一个月中，就每一天来说，它们的平

均储备量为:(1 000+0)÷2=500 台。若每台发动机的到库价格为 20 000 元,则发动机的平均存货额为:20 000 元×(1 000+0)÷2=10 000 000 元。

2)就仓库的全部存货来说,一般较大规模的仓库可能有几百种及至几千种存货。为了节省用于存货方面的流动资金,库存管理最理想的状态是,每一天使不同的存货处在不同的存货量水平:如有的存货处于最高存货量的 10/10 水平,而有的存货则处在最高存货量的 9/10,8/10,…,2/10,1/10,0 的水平。这样,从每天来看,该仓库中的各种存货总额就是全部存货最高存货额的 1/2。要做到这一点,存货管理部门就要实行叉开补货,每天、每周均衡补货的原则。

二、经济订货批量(EOQ)

经济订货批量(Economic Order Quantity,EOQ)是使总的存货费用达到最低的为某个存货品种确定的最佳的订货批量。经济订货批量是这样一种订货量,它在保证满足计划期总需求量的前提下,按该订货量补货,能使保管和订货总费用达到最小值。

目前实践中应用的许多拉动式库存控制方法都以该公式为基础。在这个公式模型中,我们假定计划期(如年)需求量(使用量)是确定的和已知的。下面我们研究它的计算方法。

根据式(9-1)、式(9-2)、式(9-4),我们得到总成本费用等式如下:

$$库存总费用 = 订货费+保管费$$

即

$$TC = \frac{D}{Q}S + \frac{1}{2}QCI \tag{9-6}$$

我们的目标是找出使可变总费用最小的订货量数值,即经济订货批量(EOQ)。

1. 图解方法求经济订货批量

从图 9-2 中,我们看到总费用曲线呈 V 形。它表明每年的库存保管费和订货费用两项的总费用,开始是递减的,然后在保管费用与订货费用相等处达到最低点,最后,随着订货量的增加而递增。这样,我们从图中很容易知道,当两项费用达到均衡时可以求得经济订货批量的数值,实现总成本最小。由式(9-6)得

当订货量等于经济订货批量时:订货费 = 保管费

即

$$\frac{D}{Q^*}S = \frac{1}{2}Q^*CI \tag{9-7}$$

得出 EOQ 公式:

$$Q^* = \sqrt{\frac{2DS}{CI}} \tag{9-8}$$

因此,每年订货次数为

$$N^* = \frac{D}{Q^*} \tag{9-9}$$

两次订货之间的最佳时间间隔为

$$T^* = \frac{Q^*}{D} \tag{9-10}$$

下面我们来验证上述结论。假设某货品的年需求量为 8 000 件,每批的订货费用为 12.5 元,平均库存的保管费用是每年 20%,每件价值是 1 元。现在我们分别计算各种订货量方案下对应的年总成本费用,诸方案的计算结果如表 9-4 所示。

表 9-4　各种订货量方案下的总费用

年订货次数	每次数量（件）	平均库存（件）	保管费用（每年 20%）（元）	订货费用（每批 12.5 元）（元）	年总费用（元）
1	8 000	4 000	800.00	12.5	812.5
2	4 000	2 000	400.00	25.00	425.00
4	2 000	1 000	200.00	50.00	250.00
8*	1 000*	500	100.00*	100.00*	200.00*
12	667	333	66.00	150.00	216.00
16	500	250	50.00	200.00	250.00
32	250	125	25.00	400.00	425.00

表中最后一列总费用中，200.00 元最小，对应的方案是年订货次数为 8 次，每次订货量为 1 000 件，说明 1 000 件就是该货品的经济订货批量。此方案中对应的保管费用与订货费用相等，都是 100.00 元。

2. 数学方法求经济订货批量

库存总费用公式为

$$TC = \frac{D}{Q}S + \frac{1}{2}QCI$$

为使总费用 TC 最小，必须使 TC 对 Q 的一阶导数等于 0，即

$$\frac{\partial(TC)}{\partial Q} = \frac{\partial(\frac{D}{Q}S + \frac{1}{2}QCI)}{\partial Q} = 0$$

求导结果：

$$-DSQ^{-2} + \frac{1}{2}CI = 0$$

移项整理：

$$Q^2 = \frac{2DS}{CI}$$

得出 EOQ 公式：

$$Q^* = \sqrt{\frac{2DS}{CI}} \qquad (9-11)$$

这里我们利用 EOQ 公式，计算上面图解法中的验证例子货品的经济订货批量，其数据整理如下：

$D = 8\,000$ 件/年，$S = 12.5$ 元/次，$C = 1$ 元/件，$I = 20\%$（年）。

将这些数据代入式（9-11），可得

$$Q^* = \sqrt{\frac{2 \times 8\,000 \times 12.5}{1 \times 20\%}} = 1\,000\,(件)$$

每年订货次数为

$$N^* = \frac{D}{Q^*} = \frac{8\,000}{1\,000} = 8\,(次)$$

两种计算方法：图解法和数学公式计算法的结果是完全一样的。接下来我们来看两个例子。

例 9-3　某液化气供应站每天向辖区内用户供应液化气 100 瓶。已知每天每瓶液化气的存储费为 0.2 元，订购费用为每次 40 元。若以 150 天为一个计划期，求该液化气供应站的经济订货批量、最佳订货次数、订货时间间隔以及计划期内的最小库存费用。

解：首先整理数据：若计划期为 150 天，则计划期内的需求量 $D=100\times150=15\,000$ 瓶；订购费用 $S=40$ 元/次；每天每瓶存储费为 0.2 元，则单位物资计划期内的保管费 $C_0=0.2\times150=30$ 元/瓶。

所以，经济订货批量为

$$Q^*=\sqrt{\frac{2DS}{CI}}=\sqrt{\frac{2DS}{C_0}}=\sqrt{\frac{2\times15\,000\times40}{30}}=200（瓶/次）$$

最佳订货次数为

$$N^*=\frac{D}{Q^*}=\frac{15\,000}{200}=75（次/150\text{天}）$$

订货时间间隔为 $T^*=\dfrac{Q^*}{D}=\dfrac{200}{15\,000}=\dfrac{2}{150}$（期）$=\dfrac{2}{150}\times150$（天）$=2$（天）

最小库存费用为

$$\min TC=\frac{D}{Q^*}S+\frac{1}{2}Q^*C_0$$
$$=\frac{15\,000}{200}\times40+\frac{1}{2}\times200\times30=6\,000（元）$$

提醒：类似本例像以瓶、件、辆等作为度量单位的商品或物资，实际中是不能以小数存在的。如果在经济订货批量的计算中出现小数值，应圆整为整数。

例 9-4 某印刷厂下一年度需用印刷纸 2 000 卷。经会计部门核算预测，该种纸的供应商出厂价为 190 元/卷，单位运输费为 10 元/卷。采购该种纸的订货费用为 500 元/次，该种纸的月保管费用率为 2.08%，试确定该种纸的经济订货批量及最佳订货周期。

解：首先整理数据：$D=2\,000$ 卷/年；供应商出厂价为 190 元/卷，单位运输费为 10 元/卷，则印刷厂进厂价 $C=190+10=200$ 元/卷；$S=500$ 元/次；月保管费用率为 2.08%，则年保管费用率为 $2.08\%\times12=25\%$。

所以，经济订货批量为

$$Q^*=\sqrt{\frac{2DS}{CI}}=\sqrt{\frac{2\times2\,000\times500}{200\times0.25}}=200（卷/次）$$

最佳订货周期为

$$T^*=\frac{Q^*}{D}=0.1（年）=36.5（天）$$

故印刷厂每 36 天或 37 天订购一次，每次订 200 卷为宜。

★ 关于经济订货批量（EOQ）模型在实践中的应用，请看本章第四节应用举例。

三、订货时间的确定

在库存水平控制的过程中，除了进行经济订货批量的计算以外，另一个重要的管理问题就是订货时间的确定。

为了满足对库存的需求不会由于缺货而中断，也为了仓库中不要出现储备量太多的情况，对于订货时间的确定，应该综合考虑下列有关的各个因素。

1. 再订货点

再订货点（Reorder Point）有两种含义：一种是时间上的含义，即什么时间为某项存货再订货？另一种是存货水平上的含义，即某项存货达到怎样的存量水平时，就应再订货。上述的"某项存货再订货时的时间""再订货时的某项存货的存量水平"都可称为再订货点。

显然，再订货点是一种状态，在此点我们将得到两个变量（前置时间和存量水平），如图 9-4 所示的再订货点。

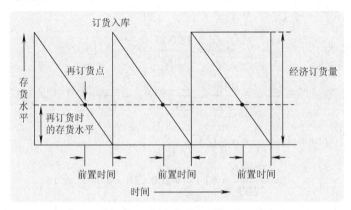

图 9-4 需求量和前置时间均不变时的库存状况

2. 订货提前期

订货提前期即前置时间（Lead Time），对于大型的存货仓库来说，需要花费时间进行这样一些采购工作：向供应商发出订货信息，即订单传输时间、订单处理时间、配货时间或生产时间和送货时间，一直到货物入库为止的各项采购工作。前置时间如图 9-4 所示。

3. 订货提前期内的需求量

前置时间内某项存货的使用量就是订货提前期内的需求量（Lead Time Demand）。由此可见前置时间内的需求量也就是应该再订货时的某项存货的存量水平（再订货点的存量含义）。所以再订货点的计算公式如下：

$$\text{再订货点} = \text{需求速率} \times \text{前置时间}$$

例 9-5 某物流中心的汽车零部件库用仓库库存来供应汽车制造商需上线的零部件。其中某种零件的年需求预计为 750 个，每次的订货成本是 50 元，库存保管费率是每年 25%，每个在库零件的价值为 35 元，需要 1.5 周的时间准备订单处理、零件到货入库。每年按 52 周计。试计算：该零件的经济订货批量、订货时间间隔、再订货点库存量，并确定库存策略。

解：数据整理如下：$D = 750$ 个/年，$S = 50$ 元，$C = 35$ 元，$I = 25\%$（年），订货提前期（前置时间）$=1.5$ 周。得

经济订货批量为

$$Q^* = \sqrt{\frac{2DS}{CI}} = \sqrt{\frac{2 \times 750 \times 50}{35 \times 0.25}} \approx 93 (\text{个}/\text{次})$$

订货时间间隔为

$$T^* = \frac{Q^*}{D} = \frac{93}{750} \approx 0.12344 (\text{年}) \approx 6.4 (\text{周})$$

订货时间间隔 6.4 周应取整为 6 周或 7 周，同时总成本会略有增加。
需求速率为 750（个/年）/52（周/年）≈14.42（个/周）

$$再订货点库存量 = 需求速率 \times 前置时间 = \frac{750}{52} \times 1.5 \approx 22(个)$$

所以该零件的库存策略是：当该种零件库存水平降到 22 个时，发出补货订单，订购数量为 93 个，此时对应的库存总成本将达到最低。

4．缺货

缺货（Out-of-Stock）是指仓库中已没有某项存货可以满足需要的状况。

（1）需求量不变和前置时间不变时的库存状况　需求量不变和前置时间不变时的库存状况可用图 9-4 表示。此时的情况为没有出现缺货的现象。

（2）需求量不变但前置时间过分地延长的库存状况　存货仓库在确定常规的前置时间时，一般来说，都是留有适当的余量的。前置时间出现超常规的过分地延长的原因主要有：供应方出现供货不及时的情况；由于各种自然灾害，造成货车延期到站、货船延期到港等。

需求量不变但前置时间过分地延长的库存状况可用图 9-5 表示。

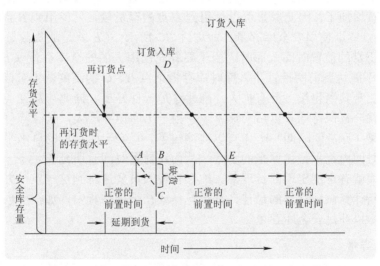

图 9-5　需求量不变但前置时间过分地延长的库存状况

从图 9-5 中，我们可以看到：①A 点是正常前置时间内第二批订货入库点，但由于前置时间的延长，订货延期到 B 点入库。②在 A 点，正常的库存量用完，如果仓库中没有安全库存量储备，生产或销售就会停止；由于仓库中有安全库存量，所以在 A 至 B 的时间跨度内，仓库就会使用安全库存量，图中虚线表示的即为安全库存量被使用而逐渐下降的过程。③在 B 点第二批订货入库，由于要补充被用掉的安全库存量 CB，所以第二批入库时的库存量最高点 D，不能达到第一批、第三批的高度。④安全库存量 CB 就是正常库存量的缺货数量。⑤到 E 点，库存情况又恢复到正常状态。

（3）前置时间不变但需求量增大时的库存状况　前置时间不变但需求量增大时的库存状况可用图 9-6 表示。

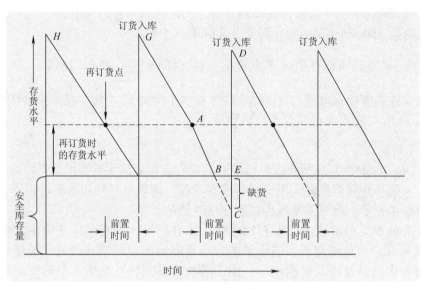

图 9-6 前置时间不变但需求量增大时的库存状况

从图 9-6 中，我们可以看到：①前置时间没有变动。②从 A 点开始，此项存货的单位时间内的使用量增加了，因此原来可以使用到 E 点的存货量，只使用到 B 点就用完了；因此从 B 点到 E 点逐渐使用安全库存量，即虚线 BC 所示；CE 就是缺货数量。③在 E 点，第三批订货按正常的前置时间入库时，由于要补充已用去的安全库存量 CE，所以该批存货量的顶点 D 不能达到前两批订货入库时库存量顶点 H、G 的高度。④对该项存货的需求量的增加，可能是其销售量上已有扩大，因此这是一件好事。据此，从 A 点以后，该项存货的出库速度就一直保持增长以后的速率。⑤由于出库速率增大，从 A 点往右，两个再订货点之间的距离（订货间隔期）比 A 点以前缩短了。⑥安全库存量的总水平，从 B 点以后就不能在所有时间内都保持住原来的水平，从而在前置时间有所延长，下一批订货不能按时入库时，仓库就有可能出现断货现象。库存管理人员要注意到这一点，并采取一些相应的措施，如重新计算该项存货的最佳订货批量；或在某批订货中，加上一项由直线 CE 所代表的缺货量，以补足安全库存量。

5．安全库存量

安全库存量（Safety Stock）是为了预防可能出现的缺货现象而保持的额外库存量。

安全库存量的存在会产生两方面的结果：一方面，安全库存量会降低甚至完全消除由于缺货而造成的费用损失；另一方面，安全库存量却会增加存货的保管费用。安全库存费用的计算如下：

$$安全库存费用 = 缺货费用损失 + 安全库存保管费用$$
$$缺货费用损失 = 缺货单位数量 \times 单位缺货损失$$
$$安全库存保管费用 = 安全库存额 \times 保管费用率$$

其中，缺货费用如前文所述，它包括失销费用和延期交货费用，对这两项费用精确计算是不容易的；一般情况下，库存控制的方法是适当加大安全库存量，避免因缺货而产生费用损失。

安全库存量平时并不动用，它是连续地、长久地保存着的，从而它的库存金额数应按全额，而不是像常规的库存量那样，以平均库存金额计算。

安全库存量平时虽不动用，但应注意定时更换，以免腐蚀变质。

第四节　应　用　举　例

库存采购方案及对采购数量折扣的评估

某汽车轮胎经销商的地区储存库，计划今年全年将从某轮胎生产厂订购四种车型的某品牌轮胎，按到货价估计，共计为 10 万元。根据地区储存库过去的采购和存储资料，经过测算可知，每订购一次的订购费用总额为 250 元；库存保管费用，按年率计算，约占平均存货额的 12.5%。

地区储存库现在需要评估：①最佳的库存采购方案；②是否接受供应商提供的数量折扣方案。

1. 最佳库存采购方案评估

根据这些数据，地区储存库规划人员按年订货次数的不同，确定了 8 个采购方案来进行测算对比分析，然后从中选出总库存费用最小的方案作为今年的最佳采购方案。

对 8 个采购方案测算对比的分析过程如表 9-5 所示。

表 9-5　采购方案测算对比的分析数据　　　　　　　　（单位：元）

采购方案	全年订货次数（1）次/年	每次订货额（2） $(2)=\dfrac{\text{全年订货总额}}{(1)}$	仓库中平均库存额（3） $(3)=(2)\times\dfrac{1}{2}$	年保管费总额（4） $(4)=(3)\times 12.5\%$	年订货费用（5） $(5)=(1)\times 250 \text{元/次}$	年存货费用总额（6） $(6)=(4)+(5)$
1	1	100 000	50 000	6 250	250	6 500
2	2	50 000	25 000	3 125	500	3 625
3	3	33 333	16 667	2 083	750	2 833
4	4	25 000	12 500	1 563	1 000	2 563
5*	5	20 000	10 000	1 250	1 250	2 500*
6	6	16 667	8 334	1 042	1 500	2 542
7	10	10 000	5 000	625	2 500	3 125
8	20	5 000	2 500	313	5 000	5 313

从表 9-5 中我们可以看到：最佳的采购方案是全年订货 5 次，每次的订货额为 20 000 元；采用这个订货方案时，全年的存货费用总额为 2 500 元，是所测算的 8 个采购方案中最低的。

从最佳的采购方案中，我们可以看到：它的年保管费用总额与年订货费用是相等的，都是 1 250 元，这也印证了前述图解方法求经济订货批量的结论，即在保管费用与订货费用相等时，可求得经济订货量数值，实现总成本最小。

从表 9-5 中我们还可以看到：接近最佳采购方案的两个方案：方案 4 是全年订货 4 次，每次的订货额为 25 000 元，年存货费用总额 2 563 元；方案 6 是全年订货 6 次，每次的订货额为 16 667 元，年存货费用总额 2 542 元。这两个方案与最佳采购方案在经济上的优越性方面是相近的，因此当储存库规划人员考虑到供应方提供的销量优惠和运输企业提供的运量优惠时，可以向最佳采购方案的附近两侧进行修匀调整。

2．供应商数量折扣的评估

该地区储存库原来全年需要采购该品牌轮胎数（平均到库价格为 500 元）为

$$100\ 000\ 元/500\ 元 = 200\ 条$$

按表 9-5 的计算结果，最佳的采购方案为：每次订货 40 条，每一条到库价格为 500 元，每次订货的金额为 20 000 元，全年共订货 5 次。

现在轮胎生产厂（供应商）提出，若地区储存库每次能订货 100 条，则他们就能给予价格优惠。储存库规划人员进行了仔细核算，若储存库接受供应商的价格优惠，再加上运输费用的节省（大批量运输，承运商会提供运价优惠），每条轮胎的到库价格就可由原来的 500 元降至 450 元；由于轮胎不会陈旧变质，订货批量提高到 100 条后，不会产生库存损失费用。根据这些条件，储存库规划人员应否接受此项数量折扣，将订货批量提高到 100 条？

地区储存库规划人员对数量折扣问题评估如下：

（1）原方案（每次订货 40 条）的全部采购费用

轮胎的全年购买费用（到库价格）：200 条×500 元/条 = 100 000 元

全年订货费用：$(\dfrac{200\ 条}{40\ 条}) \times 250\ 元/次 = 1\ 250\ 元$

全年保管费用：$\dfrac{1}{2}$（40 条×500 元/条）×12.5% = 1 250 元

所以，原方案的全部采购费用：100 000 元+1 250 元+1 250 元 = 102 500 元

（2）接受数量折扣方案（每次订货 100 条）的全部采购费用

轮胎的全年购买费用（到库价格）：200 条×450 元/条 = 90 000 元

全年订货费用：$(\dfrac{200\ 条}{100\ 条}) \times 250\ 元/次 = 500\ 元$

全年保管费用：$\dfrac{1}{2}$（100 条×450 元/条）×12.5% = 2 812.5 元

所以，接受数量折扣方案的全部采购费用：90 000 元+500 元+2 812.5 元 = 93 312.5 元

（3）评估结果

$$10\ 2500\ 元 - 93\ 312.5\ 元 = 9\ 187.5\ 元$$

根据 3 项金额合计数的比较，每次订货 100 条的接受数量折扣方案比原方案可少支出金额 9 187.5 元，因此，该地区储存库决定接受供应商的数量折扣方案。

小 结

有些企业对库存费用没有给予足够的认识，有的甚至还认为库存越多对企业的生产和经营越安全。库存量的增加会降低资金周转率，还可能造成其他更好的投资机会流失，从而影响企业的赢利能力。

降低供应渠道中的库存持有水平是降低物流成本的一个极其重要的手段。良好的库存水平控制可以使存货保持在最低水平，同时，使保持最低库存水平和一定现货供应能力的总成本费用达到最小。这正是本章讨论库存水平控制所追求的目标。

本章介绍了经实践证明有用的定量模型库存控制方法，指出了推动式与拉动式库存计划和管理方法的区别；讨论了拉动式库存控制方法中的基础模型公式（EOQ）的计算和应用；阐述了库存控制中的库存费用构成、平均库存概念、订货点、订货提前期及安全库存等基本内容，并展示了实践应用案例。

本章重点关注的是库存水平控制的定量模型分析方法。随着库存管理实践的发展，人们已经将 JIT 理念应用到库存管理中来，定量模型分析方法的出发点是以库存满足需求，而 JIT 库存管理是通过对需求的合理计划来满足需求，这给我们提供了另一种可能更好的思路，这里提醒你也要关注这一部分内容。

习 题

1. 简述库存的特点及库存控制的经济意义。
2. 对比推动式库存管理思想和拉动式库存管理思想。两种管理方法各在什么情况下最适用？
3. 如何理解平均库存的概念？其大小受什么因素影响。
4. 简述经济订货批量（EOQ）的含义。
5. 解释什么是安全库存，为什么需要安全库存？
6. 某消费者到杂货店买六种产品。该店所存储物的库存可得率如表 9-6 所示。

表 9-6 库存可得率

产品	现货供应比率（%）
牙膏	95
漱口水	93
电池	87
剃须膏	85
阿司匹林	94
除臭剂	90

假设该消费者每种货物只购买一件，那么其订单得以完全履行的概率是多少？

7. 某生活快速消费品配送中心仓库的库存政策是在 92% 的时间里可以直接履行客户订单。如果订单中某种产品缺货，整个订单就会被作为延期交货订单而延期履行，以避免产生额外的运输成本。订单通常包括 10 种产品。对去年订单的抽样分析表明以下六种产品组合在订单中频繁出现，如表 9-7 所示。

表 9-7 产品组合及其订单频率

订单种类	产品组合	订单频率
1	A、C、E、G、I	0.2
2	B、D、F	0.15
3	E、F、I、J	0.05
4	A、B、C、D、E、H、J	0.15
5	D、F、G、H、I、J	0.30
6	A、C、D、E、F	0.15
Σ		1.00

服务水平设定为：存货分二组，A、B、C、D、E、F 各种产品的订单履行率同为 0.95，其余产品的订单履行率都为 0.90。

1）该配送中心仓库是否达到了其库存服务目标？

2）如果没有，为达到 92% 的订单履行率，两组产品的服务水平应定在多少？

8．某外贸经销公司从欧洲进口某种电器产品，然后利用国内 4 个地区仓库将产品分拨到全国各地需求市场。运送的产品每月收到一次，本月运量是 120 000 台。由于提前期长，电器产品的需求和供给很难协调。因此，要根据月需求预测和各仓库的服务水平将产品分配到各仓库。各地区仓库的存货情况和下月的预测需求量如表 9-8 所示。

表 9-8　地区仓库的存货情况及库存需求统计　　　　　（单位：台）

仓库	库存持有量	需求预测	安全库存
1	700	10 000	1 280
2	0	15 000	1 248
3	2 500	35 000	2 340
4	1 800	25 000	4 230

如果运到仓库需要一周，货物运到后办理进口手续需要一周，那么应如何将电器产品分配到各仓库？

9．某汽车制造厂年产汽车 12 000 辆，故年需用发动机 12 000 台套（存货单元，包括有关的各种单项存货）。经过计算和修匀调整，应每月订货和进货发动机 1 000 台套。设每台套发动机的进厂价为 20 000 元，试计算发动机的平均库存量和平均存货额。

10．某产品中有一外购件，年需求量为 20 000 件，单价为 100 元。由于该件可在市场随时采购，故订货提前期为零，并且不允许缺货。已知经济订货批量为 2 000 件/次。试求该件的平均存货额；又采购这种零件每次所需的订货费用为 2 000 元，试求该件的年保管费用和年保管费用率。

11．某公司备件库采用无安全存量的存贮策略，每年使用某种零件 100 000 件，每件每年保管费用为 3 元，每次订货费用为 60 元，试求经济订货批量。

12．某物流中心仓库每年需要贮存某种原料 1 800t，该原料单价为 20 元，且不需每日给客户配送，但不得缺货。又该原料的年保管费用率为平均存货额的 10%，且每次订货款费用为 200 元，试求经济订货批量。若已求出经济订货批量为 400 t/次，试求该原料的平均存货额。

13．某机械厂下一年度需用某种钢材 2 000 t。若这种钢材的进厂价是 2 000 元/t，订货费用是 4 000 元/次，年保管费用率为平均存货额的 20%。试求这种钢材的经济订货批量和平均存货额。

14．某印刷厂下一年度需用印刷纸 2 000 卷。经过会计部门核算预测，该种纸的进厂价为 200 元/卷，采购该种纸的订货费用为 500 元/次，该种纸的年保管费用率为平均存货额的 25%，试求该种纸的经济订货批量（EOQ）。

15．某物流中心为某汽车制造商生产线供应配套零部件，零部件需要在库中用专门的设备进行清洗、调整、组合等加工处理后才能送上线。该零部件每天用量 100 个，每年 250 个工作日。每次启动清洗、组合等加工作业需要耗费 250 元。加工处理后的该零部件的成本是 75 元/个，物流中心的库存保管费率每年 25%。问：

1）每次加工处理批量应为多少？
2）每一次加工处理周期应持续多长时间？
3）该零部件每年要加工处理几次？

16．某制造厂每周购进某种机械零件 50 件，每次订购费用为 4 元，每周每件保管费用为 0.36 元。

（1）求经济订货批量；

（2）该厂为少占用流动资金，希望存贮量达到最低限度，决定宁可使总存贮费用超过最低费用的 4%作为存贮策略，问这时订购批量为多少？

17．某计算机邮购的供应仓库存有内存条，面向全国消费者销售。内存条生产商为其补货。具体情况如表 9-9 所示。

表 9-9　内存条需求供应情况

平均年需求（t）	3 200
补货提前期（周）	1.5
库存保管费率（%）	15
购买价格（运到价）（元/t）	55
采购订货成本（元/订单）	35

1）试为该产品设计一个再订货点库存管理办法。（每年按 52 周计算）
2）如果采用你的设计，那么年订货成本和年保管成本是多少？

18．位于 A 地区的某大型化工厂开采玻璃制造行业使用的纯碱。纯碱按每年的协议销售给众多的制造商。这些玻璃公司在协议中写明他们对纯碱的需求。采矿公司将需求折合成火车的整车运量。通常一周内的需求量为 40 车。纯碱价格为 30 元/t，平均每车皮的运量是 45t。企业的年库存保管费用率为 25%，采矿的生产启动成本是 500 元/订单。开采矿产品和安排运输需要 1 周的时间。采矿公司必须调集铁路公司的火车履行订单。试计算采矿公司：（每年按 52 周计算）

1）一次应调集多少车？
2）库存纯碱剩余多少时必须联系火车？

19．某汽车制造厂年产小汽车 1 000 辆。每辆小汽车须配置外购发动机 1 台，单价为 10 000 元。已知发动机的经济订货批量为 100 台/次，订货费用是 3 000 元/次，年保管费用率为 6%。供货商提出，该厂若能每次订 200 台发动机，则他们将给予优惠：发动机的单价由 10 000 元/台降至 9 500 元/台。假定不考虑发动机的保管损耗，试问该厂是否应接受此项数量折扣，将发动机的经济订货批量提高到 200 台/次？

参 考 文 献

[1] 沈家骅. 现代物流运筹学[M]. 2版. 北京：电子工业出版社，2009.
[2] 白晓娟. 物流运筹学技术及方法应用[M]. 北京：北京大学出版社，2011.
[3] 陶谦坎，汪应洛. 运筹学与系统分析[M]. 北京：机械工业出版社，2001.
[4] 张学群，崔越. 运筹学基础[M]. 北京：经济科学出版社，2005.
[5] 张文会. 交通运筹学[M]. 北京：机械工业出版社，2014.
[6] 陈立，黄立君. 物流运筹学[M]. 北京：北京理工大学出版社，2015.
[7] 王凯阳. 物流运筹学[M]. 北京：清华大学出版社 北京交通大学出版社，2009.
[8] Ronald H. Ballou. 企业物流管理——供应链的规划、组织和控制[M]. 北京：机械工业出版社，2007.
[9] 王东生，李本庆. 管理运筹学[M]. 成都：西南交通大学出版社，2015.
[10] 彭秀兰，毛磊. 物流运筹方法与工具[M]. 北京：机械工业出版社，2006.
[11] 王星，陈涛. 实用物流运筹学[M]. 上海：上海财经大学出版社，2009.
[12] 徐永仁. 经济管理运筹学[M]. 哈尔滨：哈尔滨工业大学出版社，1996.
[13] 缪兴锋. 现代物流运筹学技术与方法[M]. 广州：广东高等教育出版社，2014.
[14] 翟玲，鲁艳萍，王爽. 物流运筹实务[M]. 南京：南京大学出版社，2014.
[15] 李军，叶艺勇. 管理运筹学实验教程[M]. 广州：华南理工大学出版社，2015.
[16] 贾春霞. 配送与配送中心管理[M]. 北京：清华大学出版社，2016.
[17] 刘满凤等. 运筹学模型与方法教程例题分析与题解[M]. 北京：清华大学出版社，2001.
[18] 彭秀兰. 道路运输管理实务[M]. 北京：机械工业出版社，2010.
[19] 秦明森. 物流作业方法[M]. 北京：中国物资出版社，2003.
[20] 胡运权. 运筹学教程[M]. 2版. 北京：清华大学出版社，2003.
[21] 蔡临宁. 物流系统规划——建模及实例分析[M]. 北京：机械工业出版社，2002.
[22] 刘鹤. 物流运筹优化[M]. 重庆：重庆大学出版社，2013.
[23] 郝英奇. 实用运筹学[M]. 北京：机械工业出版社，2016.
[24] 薛声家，左小德. 管理运筹学[M]. 广州：暨南大学出版社，2010.
[25] 陈军，马毅. 现代物流运筹学[M]. 武汉：武汉理工大学出版社，2008.